Reinhard Raffalt

Wohin steuert der Vatikan?

Reinhard Raffalt

Wohin steuert der Vatikan?

Papst zwischen
Religion und Politik

R. Piper & Co. Verlag
München Zürich

ISBN 3-492-02025-9

Gesetzt aus der Linotype-Janson
Gesamtherstellung:
Graph. Werkstätten Kösel, Kempten
Printed in Germany

Inhalt

Mein Vorbehalt

»Ich bin nicht Tausende von Meilen gereist, um hier Tarantella zu tanzen«, sagte der afrikanische Bischof N'Daymen auf der römischen Synode im Herbst 1971.

»Traurig wäre das Los jener, die der Versuchung nachgäben zum Separatismus – und zum Schisma«, sagte Papst Paul VI. auf dem Eucharistischen Kongreß zu Udine im Herbst 1972.

Antirömisch und aggressiv das erste Wort, balancierend zwischen Drohung und Klage das zweite. Beide sind typisch für die römischen Tage, von denen ich berichte.

Zuvor einige Schwächen, die dieser Bericht haben wird. Ich glaube an Gott als den Herrn der Geschichte. Also zweifle ich an der Kraft menschlicher Intelligenz, die Gegenwart zu durchschauen. Kommenden Zeiten traue ich nicht ein Gran mehr an Vollkommenheit zu, als der Welt, in der wir leben. Ich kann mich nicht zu der Zukunftsgläubigkeit aufraffen, aus der die »Kirche der Kapläne« den Elan zieht, zu zerstören, was mir einst ein Vaterhaus gewesen ist. Ebensowenig kann ich mich zu der Intoleranz bekennen, mit der die sehr geschrumpfte »Kirche der Prälaten« von mir Kritiklosigkeit verlangt, als ob sie ein Glaubensakt wäre. Ich bin überzeugt, daß der religiöse Mensch schöpferisch sein muß – und kann daher die katholische Kirche nicht ohne die Schönheit sehen, die sie selbst geschaffen hat. Die Kulturfeindlichkeit ihres progressistischen Lagers scheint mir eine wider die menschliche Natur gerichtete Anmaßung zu sein, die geistige Starre ihrer Traditionalisten ein Mißbrauch des geschichtlichen Erbes, das heute verwandelt werden müßte, anstatt zu verdorren. Den größten Widerwillen aber verursachen mir jene, die konservativ sind ohne Phantasie und sich progressiv gebärden aus Angst. Somit sitze ich zwischen allen Stühlen.

Belastend mögen noch die 21 Jahre meines Lebens in Rom hinzukommen. Ich bin außerstande, in dem katholischen Weltphänomen Rom die große Hure Babylon zu erkennen – ebensogut könnte man von mir verlangen, im Vatikan einen Vorgriff auf das himmlische Jerusalem zu erblicken. Daß der Vatikan von Menschen gemacht ist, bedingt seine Unvollkommenheit – und seinen Wert. Nirgends spürt man mehr als dort, daß Gott auch auf krummen Zeilen gerade schreiben kann. Wie krumm die Zeile ist, der mein Bericht folgt, mögen jene beurteilen, die die Kirche der Zukunft mit dem Lineal entwerfen.

Der Leser möge sich nicht daran stören, daß ich dem Text durchwegs die sprachliche Form der Vergangenheit gab, obgleich zur Zeit der Niederschrift viele der geschilderten Zustände die flüchtige Gegenwart noch erreichten. Da wir – Notkers gewaltiger Sequenz zufolge – mitten im Leben schon vom Tod umfangen sind, schien es mir angemessen, den notwendig unvollkommenen Inhalt des Buches dieser Wahrheit unterzuordnen.

Rom, am Fest des Apostels Petrus, 1973 R

»Una data fausta«

»Ein glückverheißendes Datum« – schrieb der Osservatore Romano zum 26. September 1972, dem 75. Geburtstag Pauls VI. In der tönenden Laudatio ist ein einziger Satz bedeutsam: »Der Herr hat ihn ausersehen zur innigen Teilnahme am Mysterium seines Kreuzes.« Man wußte, daß der Papst in letzter Zeit immer intensiver über sein Leiden an der Kirche meditiert hatte. Er wollte es als Opfer verstehen, das darzubringen ihn Gott berufen habe. An jenem Septembertag aber mußte man aus dem Gedanken einen konkreten Schluß ziehen. Wer nicht nur sein eigenes Kreuz zu tragen hat, sondern dazu noch am Kreuze Christi mitträgt, der kann nicht zurücktreten – weder von seinem Opfer noch von seinem Amt. In diesem einen Satz schlug sich ein Sinneswandel nieder, den Paul VI. vollzogen hatte.

Durch das ganze Jahr – seit der römischen Bischofssynode im Herbst 1971 – war das Gerücht nicht verstummt, der Papst werde nach der Vollendung seines 75. Lebensjahres die Bürde seines Amtes ablegen. Vatikanische Prälaten beantworteten die Frage mit sardonischem Lächeln. In der alten Benediktinerabtei Monte Cassino, so hörte man, werde ein Appartement mit 22 Zimmern eingerichtet, das den zurückgetretenen Papst, einen Kardinal und einen kleinen Hofstaat aufnehmen solle. Vatikanische Sprecher zuckten die Achseln: »Unnütz, auch nur einen Gedanken daran zu verschwenden.« Unter den neun Kongregationen (Ministerien) und den drei Sekretariaten der päpstlichen Kurie wurde eine Umfrage veranstaltet. Resultat: 65 Prozent der Befragten hielten den

Rücktritt für ausgeschlossen. Von den restlichen 35 Prozent erklärte ein Drittel die Abdankung unter gewissen Bedingungen für denkbar, zwei Drittel behaupteten, sie sei längst beschlossene Sache.

Der ursprüngliche Anlaß für solche Spekulationen liegt in dem Dekret »Christus dominus«, das vom Zweiten Vatikanischen Konzil im Jahre 1966 verabschiedet worden war. Es verknüpft das Problem des Alterns mit der Frage, wie lange unter heutigen Belastungen ein Bischof fähig sei, sein Amt auszuüben. Die Konzilsväter kamen zu dem Schluß, sich selbst das 75. Lebensjahr als Altersgrenze zu setzen. Am 6. August des gleichen Jahres verwandelte Paul VI. den Konzilsbeschluß in praktische Richtlinien. In dem apostolischen Schreiben »Ecclesiae sanctae« sprach er an alle Bischöfe die unmißverständliche »Einladung« aus, am genannten Zeitpunkt »aus freiem Willen der zuständigen Autorität ihren Rücktritt vom Amte einzureichen«.

Der nächste Schritt war das »Motuproprio« vom 21. November 1970. Unter dem Titel »Ingravescentem aetatem« (des Alters steigende Last) wurde, was bisher für die Bischöfe galt, auf die Kardinäle ausgedehnt. Überdies ist ihnen seither nicht mehr gestattet, nach ihrem achtzigsten Geburtstag an einem Konklave teilzunehmen und den künftigen Papst zu wählen.

In beiden Fällen wurde das Ausscheiden aus dem Amte bezogen auf die Urteilsfähigkeit der Person. Im Gegensatz zu allen Erfahrungen, die die Kirche mit sehr alten Päpsten und Bischöfen in der Geschichte gesammelt hat – Johannes XXIII. war 77, als er gewählt wurde –, ging der Papst davon aus, körperlicher Verfall müsse die Minderung geistiger Kraft wie ein Naturgesetz nach sich ziehen. »Weisheit«, so sagte mir ein Kardinal, der betroffen war, »ist eine Tugend der jungen Leute geworden.«

Damals hat man sich gefragt, wie der Papst wohl in seiner eigenen kritischen Stunde handeln werde. Schon am 1. September 1966 hatte es den Anschein, als wolle Paul VI. darauf eine Antwort geben – wie sooft in der verschlüsselten Sprache einer Geste. Von Castel Gandolfo aus unternahm er eine Pilgerfahrt nach Fumone, einem mittelalterlichen Nest auf der Kuppe eines 700

Meter hohen Bergkegels, etwa 70 Kilometer südlich von Rom. Der Wirt der einzigen Trattoria des Dorfes heißt Ugo und schenkt einen dunkelblütigen Rotwein aus. Wenn man diesen lobt, setzt er sich zum Tisch und erzählt: »Zu Fuß ist er gekommen (es ist unmöglich, mit dem Wagen in die Gassen hineinzufahren), und dann hat er lange gebetet in der Zelle oben – und ein Kreuz hat er auch dagelassen.« Die Zelle ist ein lichtloses Gelaß im Schloß, das den Gipfel krönt. Dort verstarb als Gefangener am 19. Mai 1296 Papst Cölestin V. – der einzige Papst der Kirchengeschichte, der feierlich und offiziell von seinem Amt zurückgetreten ist. Das Kreuz, das der apostolische Pilger von 1966 als Votivgabe hinterließ, ist eine Nachbildung des Hirtenstabes, dessen er sich auch heute noch bei Papstmessen bedient. Wollte Paul VI. – so rätselte man damals – seinem abgedankten Vorgänger in Fumone symbolisch den Hirtenstab anvertrauen, den er vielleicht einmal selber aus der Hand legen würde?

Noch im Frühjahr 1972 schien sein Rücktritt nicht ausgeschlossen. Es wurde erzählt, der Papst habe einer geheimen theologischen Kommission den Auftrag erteilt, ein Gutachten über seine mögliche Abdankung und ihre Konsequenzen auszuarbeiten. Ein Hauptproblem dabei mußte die von ihm selbst geförderte Kollegialität zwischen dem Papst und den Bischöfen sein. Denn als erster Bischof des Weltepiskopats konnte Paul VI. sehr wohl beanspruchen, für seine Person den gleichen Gesetzen zu folgen, die für die anderen Bischöfe Geltung haben. Bestand er auf der restlosen Erfüllung des Prinzips der Kollegialität, so war sein Rücktritt inbegriffen. Preisgegeben hätte er damit aber die eminente Sonderstellung des Papsttums innerhalb der Hierarchie. Sollte diese gehalten werden, so war die Kollegialität relativ und eine Abdankung ausgeschlossen.

Das Papsttum selbst und seine künftige Gestalt bildeten also das oberste Kriterium für die Entscheidung Pauls VI., zu gehen oder zu bleiben. Das Urteil der theologischen Kommission soll den Rücktritt entschieden verworfen haben. Es wäre aber zu schlicht, anzunehmen, Paul VI. hätte sich diesem Urteil einfach gebeugt. In vielen Fällen hat er gegen den Spruch seiner Kommissionen entschieden – so in der Frage der Geburtenverhütung. In der Abdankungsfrage konnte der Entschluß nur persönlich sein. Seiner analytischen Natur gemäß hat er monatelang gerungen – und es ist nicht gesagt, daß die Würfel gefallen sind, weil das Datum verstrich. Paul VI. zeigte stets eine gewisse Vorliebe, ein Dilemma jahrelang in der Schwebe zu halten, besonders wenn es ihn selbst betraf.

So kam es, daß er seinen 75. Geburtstag nach außen einfach verleugnete. Glückwunschadressen wurden vom Staatssekretariat aufgefangen, Privataudienzen nicht gewährt. Künstlich erzeugte man im Vatikan das Klima eines gewöhnlichen Arbeitstages. Nach innen aber war dieser Tag der Schnittpunkt zweier Bewegungen. Die eine ist die Unruhe, die in den letzten Jahren von der Kirche auf den Heiligen Stuhl übergriff. Die andere ist die Antwort, die Paul VI. seit der Bischofssynode darauf gegeben hat.

Im dritten Stockwerk des apostolischen Palastes, auf gleicher Höhe mit dem Appartement des Papstes, liegen die Räume der Segretaria di Stato. Wer sich dort zu einem Gespräch anmeldet, wird kaum jemals in ein Arbeitszimmer geführt. Denn warum sollte man den Besucher vor einem Schreibtisch mit hochinteressanten Dokumenten dem Zwang zur Diskretion aussetzen? Vielmehr empfangen die Mitglieder der obersten päpstlichen Behörde ihre Gäste in Salons, die je nach dem Range der Person und des Anliegens prunkvoller oder bescheidener möbliert sind. Bis in unsere Tage herauf benützte man, wenn es um kritische Fragen ging, mit Vorliebe ein Zimmer, das von einem Bild dominiert wurde, zu dessen Betrachtung der Besucher vor Beginn der Konversation eine winzige Zeit allein gelassen wurde. Ein schäumendes Meer, ein stürmischer Himmel. In der Ferne, gleich einer Insel, die Peterskirche, auf die aus dem Schwarz der Wolken in diagonalem Strahl die Sonne fällt. Erstklassiger halbreligiöser Kitsch vom Anfang des Jahrhunderts – zugleich aber Symbol für eine Sicherheit, die das Wort vom Felsen Petri wörtlich nahm und die Macht der Geschichte als Beweis anführte.

Inzwischen hat sich das geändert. Die Unruhe, die seit dem Zweiten Vatikanischen Konzil über die katholische Kirche gekommen ist, machte vor Rom nicht halt. Früher von der Kirche als Wohltat empfunden, erschien Roms Festigkeit in der Erscheinungen Flucht einem bedeutenden Teil der katholischen Welt plötzlich als das hauptsächliche Hindernis für den Fortschritt. Man schmähte die »Felsengestalt« und ihren Widerstand gegen die Zeit, weil man eine Kirche wollte, die dem Augenblick keine Reibungsflächen mehr bot. Vor einer solchen Forderung gab es kein größeres Ärgernis als den Vatikan.

Ohne Frage – Disziplin, Höflichkeit, Intelligenz und Verschwiegenheit machen den Vatikan auch noch in unseren Tagen zu einem hochdifferenzierten Instrument in päpstlicher Hand. Vorurteilsfreie Zeitgenossen, Nichtkatholiken zumal, betreten den labyrinthischen Palast neben St. Peter immer noch unter dem Eindruck, der stabilsten Institution der Welt zu begegnen. Architektur, Dekor und Zeremoniell demonstrieren die Meisterung einer stürmereichen Vergangenheit durch Flexibilität in den Mitteln und Treue zum Prinzip. Doch der Schein trügt. In den letzten Jahren stand der vatikanische Hügel unter dem Beschuß von Imperativen, die zu erfüllen einer Selbstauflösung gleichkäme. Der revolutionäre Prozeß, der die katholische Kirche im ganzen erschüttert, drang langsam auch in ihr Zentrum ein. Die Kraft des Ausgleichs, ein Wesenszug des Vatikans, schien gemindert, die Kunst, Widersprüche zu höherer Wirksamkeit zusammenzufassen, verfiel. Noch in den fünfziger Jahren war es eine vatikanische Verhaltensregel, auf Impulse von außen entweder mit gezielter Entscheidung zu reagieren oder durch den Einsatz von Zeit. Beides geschah auch später noch. Aber die Kategorien hatten sich verschoben. Man antwortete hektisch, wo es besser gewesen wäre, die Reifung des Problems der Zeit anzuvertrauen, und man schwieg, wo die katholische Welt dringend nach dem befreienden Wort verlangte. Solche Unsicherheit legte alsbald offen, daß die bewahrenden und die verwandelnden Kräfte einander nicht mehr die Waage hielten.

Die zukunftsgläubigen Priester und Laien sprachen schon jahrelang von einer kopernikanischen Wende in der Kirche, die auch für Rom zu erwarten sei. Noch verstand sich der Vatikan als Zentrum – nicht nur im herrschenden, sondern durchaus auch im dienenden Sinne. Aber allmählich fragte man sich auch im apostolischen Palast – hinter vorgehaltener Hand, versteht sich –, ob man anstelle eines Zentrums nicht eher ein Monstrum des Zentralismus sei. Die Macht traditionsfeindlicher Schlagworte stieg. Gleich der Kirche geriet auch ihre römische Mitte allmählich unter die Zwangsvorstellung, nicht genügend modern zu sein. So glich der Vatikan immer mehr einer belagerten Zitadelle, deren Verteidiger sich voller Sorge fragen, wieweit ihnen die äußerste Anstrengung schon anzumerken ist – zugleich ahnend, daß viele aus den eigenen Reihen längst mit den Belagerern im Bunde stehen.

Die päpstliche Autorität, einstmals souverän gehandhabt und aus Glaubensgründen hingenommen, wurde von den Mitgliedern der Kirche selbst überall in der Welt mit steigender Heftigkeit angegriffen. Der Vatikan steuerte dagegen einen schwankenden Kurs zwischen dem Willen zur Brüderlichkeit und dem Recht auf Gehorsam. Von den drei höchsten Ämtern des Papstes war nur das Hirtenamt halbwegs unbestritten geblieben. Das Lehramt wurde als unverbindlich empfunden, zum Teil auch einfach nicht mehr beachtet, das Richteramt schließlich mit fröhlichem Ungehorsam außer Kraft gesetzt. Der Vatikan reagierte beim Hirtenamt mit dessen sozialer Interpretation, beim Lehramt mit einer Toleranz in der Doktrin, vor der die Glaubenskämpfe früherer Zeiten zur Farce wurden, beim Richteramt mit der Unbeweglichkeit, die entsteht, wenn dem Gedanken die Tat nicht mehr folgt. Die Faszination des Fortschritts hatte auch jene ergriffen, denen die Erkenntnis von der gleichbleibenden Unvollkommenheit der menschlichen Natur bislang eine Wahrheit schien, die keines Beweises bedarf.

Die Folge war die Abkehr von der Geschichte. Der progressive Flügel vollzog sie militant, indem er die eineinhalb Jahrtausende, in denen die Kirche katholisch und römisch war, als ein Zeitalter der Irrtümer verwarf. Der konservative Teil – in der Kirche längst eine Minderheit, im Vatikan noch eine knappe Mehrheit – versuchte zwar zu hindern, daß alles Ererbte ins Feuer geworfen wurde, mochte aber keinesfalls als reformfeindlich gelten. Die Largesse, mit der man sich in früherer Zeit zu den Fehlern bekannte, die die Kirche begangen, wich vor der Angst, sie immer wieder vorgeworfen zu bekommen. Auch das heitere und feierliche Bild, das der päpstliche Hof an den großen Kirchenfesten entfaltet hatte, fand sein Ende. Die Fronleichnamsprozession mit ihrer Vermengung von geistlichem und weltlichem Prunk zog nicht mehr durch die Kolonnaden des Bernini. Die Vesper am Tage des heiligen Petrus mit dem Blumenmeer am Hochaltar der Basilika und den großen doppelchörigen Motetten war Vergangenheit. Verstummt waren die Silberfanfaren, die Pfauenwedel eingemottet, die Tiara blieb im Schrank. Denn von den drei Erscheinungsformen der Kirche galt nur noch die leidende; die streitende Kirche war verpönt, die triumphierende ein Ärgernis. Schon während des Konzils gipfelte der Vorwurf, den viele Väter gegen die kirchliche Vergangenheit erhoben, oftmals in dem Begriff des »Triumphalismus«, den abzuschaffen als Verdienst empfunden wurde. Daß mit diesem Triumph in früheren Jahrhunderten der endgültige Sieg des Guten über das Böse vorweggenommen werden sollte, kam als stichhaltiges Gegenargument nicht mehr in Frage – denn das Böse figurierte in den Konzilstexten nur noch am Rande, ungeachtet der Schreckensbilder, die Gegenwart und Zukunft boten. Der Antagonismus zwischen Himmel und Hölle, dessen Schauplatz der Mensch nach katholischer Lehre so lange gewesen war, hatte seine Kraft verloren – zugunsten der Idee, der Mensch könne jetzt und hier gebessert werden, ohne verheißenden Lohn und drohende Strafe nach seinem Tode nötig zu haben. Die Bilder einer Kirche der Armut, der Demut, der gewollten Ohnmacht rückten der Verwirklichung näher. Das Ideal religiöser Gemeinschaft war die kleine Schar, die Universalität dagegen verblaßte zum Synonym für Konformismus. Eine solche

Umwälzung mußte das römische Konzept der Kirche in der Tiefe berühren. Es war also weder müßig noch wirklichkeitsfremd, sich die Frage zu stellen, welche Wandlung das Amt des Pontifex maximus in naher Zukunft erfahren werde. Denn daß das Papsttum nicht bleiben würde, was es bisher gewesen war, gaben auch jene zu, die seine Traditionen mit letzter Kraft verteidigten.

Wohlgemerkt, das Konzil hatte die Rechte des Papstes in keinem Punkte geschmälert. Soweit sie profaner Natur sind, werden sie auch heute noch von den meisten Staaten der Welt entweder ausdrücklich anerkannt oder – bei ideologischer Differenz – wenigstens ohne Schwierigkeit toleriert. Es war also nicht die Welt, die den Papst zur Preisgabe von Vorrechten gezwungen hätte, es waren die nachkonziliaren Bewegungen in der Priesterschaft, die den Papst in Bedrängnis brachten. Gefordert wurde zum Beispiel, von extremen Progressisten, die Abschaffung der weltlichen Souveränität des Heiligen Stuhles samt den Nuntiaturen und Direktkontakten mit den Regierungen der Völker. Begründung: Es sei erwiesen, daß die Herrschenden ihre Macht mißbrauchen, auch wenn sie sie der Form nach an Gesetze binden. Die Kirche aber habe auf der Seite der Unterdrückten zu stehen. Dies sei unmöglich, solange ihr Oberhaupt seinen Platz unter den Machthabern der Welt einnehme. Er räume ihn also und führe die Kirche ihrem wahren Wesen zu – der progressiven Illegalität.

Gemäßigtere verlangten die Rückführung des Papsttums auf den Zustand vor dem Jahre 1000. Das bedeutete den Ehrenvorrang des Bischofs von Rom im Weltepiskopat, dessen Mitglieder im übrigen ihre Gemeinden autonom regieren sollten. Auch in diesem Konzept entfiel die Souveränität, denn sie ist kein Ehrenamt, sondern ein Instrument des Einflusses auf den Gang der Welt, das kein anderer Bischof sein eigen nennt. Um das Dilemma nicht zu vergrößern, versuchte der Papst ein für sein Pontifikat sehr typisches Entgegenkommen. Durch die Betonung der Kollegialität zwischen Bischöfen und Papst hob Paul VI. den Episkopat in Richtung seiner Höhe ein wenig empor und bettete gleichzeitig sein eigenes Amt in das breite Forum der Bischöfe ein – beides auf der geistlichen Seite. Auf der weltlichen Seite des Problems reagierte er mit einem sozialen Argument. Er erklärte, die Kirche müsse sich ihrer materiellen Güter entäußern, und es ist keine Frage, daß er damit eine freiwillige Machtminderung kundgeben wollte. Am Anfang einer solchen Maßnahme – so hat man damals gefolgert – könnte nur die Revision der Lateranverträge und einer Reihe von Konkordaten stehen. Wenn nämlich die Kirche wirklich verarmen will, bleibt ihr kein anderer Weg als die Preisgabe des bestehenden Gesamtvermögens, der Verzicht auf die Kirchensteuern und die Verunsicherung der Bezüge ihrer Kleriker. Träte dies ein, dann wäre die Position jedes einzelnen katholischen Priesters auf der Welt eine andere als bisher.

Eine weitere, ebenfalls laut erhobene Forderung würde sich dann verdichten: daß der Priester der Gesellschaft nicht als ein durch Weihe und Amt gesonderter Mensch gegenüberzustehen, sondern als ein Jedermann in ihr aufzugehen habe. Die wirtschaftliche Konsequenz für den Priester wäre der bürgerliche Beruf, also das Freizeit-Priestertum, oder der Entschluß zur franziskanischen Milde-Gaben-Existenz. Im ersten Falle trüge die Bindung an die Gemeinde den Charakter der Zeitweiligkeit, im zweiten wäre sie nicht mehr Partnerschaft, sondern Abhängigkeit. Unmöglich wäre in beiden Fällen der disziplinäre Gehorsam, den die Kirche bisher von ihrem Klerus gefordert hat. Entfällt dieser, dann werden Priester und Gemeinde zusammen zu einem autonomen Wesen, demgegenüber der Bischof nur noch versuchen kann, eine Koordination zu Nachbargemeinden zustande zu bringen, soweit deren Eigengesetzlichkeit sie zuläßt. In diesem Zustand hat es keinen Sinn mehr, daß der Papst mit Regierungen Verhandlungen führt, weil deren Resultat von jeder einzelnen Gemeinde mit existentiellen Gründen zurückgewiesen werden könnte. Somit wäre die weltliche Souveränität des Papstes zu einer Formsache geworden, auf die zu verzichten nicht ein Opfer erforderte, sondern einen Vorteil einbrächte: Man könnte in Freiheit die christliche Lehre verwirklichen, ohne Gehorsam und Vorgesetzte, so wie es für die jeweilige, und nur für diese Gemeinde zuträglich ist. Die Universalität wäre zusammengeschrumpft auf die kleine Schar, die Gemeinschaft Gleichgesinnter, in der der Mensch von der Last seiner Individualität endlich Befreiung findet. Am Ende dieser nicht mehr ganz utopischen Entwicklung steht also die kleine Gemeinschaft, die dem Massenstaat dadurch Widerstand leistet, daß sie die Einsamkeit des Individuums in christlicher Liebe aufhebt. Jedoch ergäbe selbst eine unendliche Zahl solcher Gemeinschaften, mit geistigem Bande zusammengefaßt, keine universale Kirche mehr, denn jede einzelne würde, nicht zu Unrecht, den Anspruch erheben, selber die Kirche zu sein. Was aber sollte angesichts dieser unendlichen Zahl von autonomen Gemeinschaften ein Papsttum, das geschaffen wurde, die eine universale Kirche durch die Weltgeschichte zu führen?

Rom hatte der katholischen Kirche die Verschwisterung von Religion und Gerechtigkeit vererbt, die Heiligkeit des Priestertums und die Verteidigung der Person. Über alle Fehler hinweg, die der Kirche in Denken, Urteil und Tat durch die Jahrhunderte unterlaufen sind, hat sie an diesen Prinzipien festgehalten. Der Kirche unserer Tage war es beschieden, den Glauben an die Gerechtigkeit Gottes von der Ordnung der menschlichen Verhältnisse abzutrennen und diese autonom zu behandeln, das Priestertum von einer Würde in eine Funktion zu verwandeln und den Menschen in erster Linie als Glied einer Gemeinschaft zu sehen, nicht mehr als Person. Die Konsequenzen daraus müssen zuerst jenen treffen, der bisher die Verantwortung für die katholische Kirche allein getragen hat, gleichviel wie gut oder schlecht er sie regierte: den Papst.

Paul VI. begann sein Pontifikat in der Spannung zwischen Sendungsbewußtsein und Demut. Als man ihn im traditionellen römischen Glanz zu seiner Krönung trug, hoffte die Welt, er werde die Staatskunst seines Lehrers Pius XII. mit der Menschlichkeit seines väterlichen Freundes Johannes XXIII. vereinen. Er selbst aber war entschlossen, nicht einen Zwischenweg, sondern seinen eigenen, neuen Stil zu suchen. Dafür gab es ein erstes äußerliches Zeichen. Die Tiara, mit der er sich krönen ließ, war nicht die seiner Vorgänger. Man hatte eine neue – eigens für ihn – gefertigt, und er in Person hatte ihre mittelalterliche Form gewählt. Im Lateran gibt es ein Fresko von Giotto, worauf der Papst dargestellt ist, der diese Form der Tiara kreiert hat: der umstrittene Bonifaz VIII., der um das Jahr 1300 die Kirche auf den Gipfel ihrer Macht führte und wenig später ihren tiefsten Fall verschuldete. In der von Bonifaz verfaßten Bulle »Unam sanctam« steht das folgenschwere Wort: »Es ist für jeden Menschen um seines Heiles willen notwendig, sich dem römischen Pontifex zu unterwerfen.« Als Paul VI. noch Erzbischof von Mailand war, zitierte er dieses Wort in seiner Rede zur Wahl Johannes' XXIII. öffentlich und bekannte sich somit zu dem absoluten Anspruch, den es enthält. Fünf Jahre später war er selber Papst. Seine erste Rede schien zu bestätigen, daß er seinen Sinn nicht gewandelt hatte. Ein Jahr später jedoch gab Paul VI. der Welt das Gegenteil zu verstehen. In einem feierlichen Akt legte er seine juwelenbesetzte Tiara auf dem Hochaltar von St. Peter nieder, um sie niemals mehr zu tragen. Er wollte das Geschenk der Mailänder Katholiken an ihren ehemaligen Erzbischof »symbolisch« weiterreichen an die Armen der Welt, denen der Erlös aus dem beabsichtigten Verkauf der Tiara zugedacht war. Die Mailänder ärgerten sich, die Sache selbst mißglückte. Kardinal Spellman nahm die Tiara mit nach New York, fand aber keinen Käufer. Heute ziert sie den Ausstellungsraum von »Time«. Dennoch hatten Öffentlichkeit und Presse den Papst verstanden. Man bestätigte ihm Demut.

Sendungsbewußtsein und Demut – Giovanni Battista Montinis ganzes Leben stand unter dieser Spannung. Sein Pontifikat begann mit dem Konflikt zwischen seinen Fähigkeiten und seiner Absicht. Intellekt und Sensibilität befähigten ihn, die Machtverhältnisse auf dem Erdball in ihren Verzweigungen zu erkennen und dahinter noch die feinsten Regungen des Zeitgeistes aufzuspüren. Seine Absicht aber war, nicht etwa »der Papst der modernen Welt« zu sein, sondern der modernen Welt einen Papst anzubieten, der für sie akzeptabel war. Er wußte, daß Millionen von Katholiken in Zweifel oder Gewissensnot stürzen mußten, wenn er bedingungslos an dem Wort festhielt, das seine Vorgänger für andere Zeiten gesprochen hatten. Setzte er es aber außer Kraft, so geriet er in Zwiespalt mit seinem Amt und dessen Autorität, die er der kirchlichen Tradition verdankte. Als Papst in der modernen Welt mußte er zu ihren Problemen Stellung nehmen. Fällte er aber sein Urteil zugunsten der Tradition, so ging er das Risiko ein, als Reaktionär zu gelten. In solcher Bedrängnis unterschrieb Paul VI. in einsamer Verantwortung sein schwierigstes Dokument, die Enzyklika »Humanae vitae«.

Mit vielfach angefochtenen Begründungen wird darin den Katholiken der Gebrauch künstlicher Mittel zur Empfängnisverhütung verboten. Katholische Ärzte waren bereit, alles zu billigen, was Paul VI. über Ehe und Keuschheit vorausgeschickt hatte, erhoben aber bittere Klage über eine Darstellung des Menschen und seiner Sexualität, die sich teilweise am Tierreich zu orientieren schien. Politiker und Wirtschaftler fragten, ob der Papst blind sei vor der Gefahr, die der Menschheit aus ihrer wuchernden Vermehrung erwächst. Es mag absurd klingen – aber eine der Wurzeln der päpstlichen Entscheidung reicht ausgerechnet in das am stärksten übervölkerte Land der Welt, nach Indien.

Indien ist nur zu sehr geringem Teil christlich, aber bis in die Geringfügigkeiten seines Alltags hinein tief religiös. Als der Papst zum Eucharistischen Weltkongreß nach Bombay kam, wußte er nichts von den »Mantras«, die gleichzeitig in den Hindutempeln ausgegeben wurden. Ein Mantra ist ein Spruch, meist ein Vers aus den Veden oder Upanischaden. Wenn ein Hindu im Tempel eine Handvoll Reis oder Blüten opfert, gibt ihm der Brahmane als Dank einen solchen Mantravers zum Meditieren mit. Während der Anwesenheit Pauls VI. in Indien beschäftigten sich viele der ausgegebenen Mantras mit Christus. Die Brahmanen gaben zu verstehen, man müsse ihnen Christus nicht bringen, denn er sei ihnen längst vertraut – als zehnte Inkarnation des Erlösergottes Vischnu. Der Staatspräsident Radhakrishnan ließ es nicht an Höflichkeit fehlen, als er Paul VI. begrüßte – aber er wandte sich an den unermüdlichen Mahner zum Frieden, nicht an den Papst der katholischen Kirche. Von dieser hatte er schon vor Jahren erklärt, sie sei eine äußerliche Maschinerie, die an die Stelle des Geistes trete. Somit war die Basis für Gemeinsamkeit recht eng. Die einzige tiefere Übereinstimmung gab es mit dem orthodoxen Hinduismus. Sie bestand in der Auffassung von der Unantastbarkeit und Heiligkeit des Lebens, an der der Hinduismus gleich dem Papst, zum Kummer der indischen Regierung, auch heute noch bedingungslos festhält.

Hinzu kam für Paul VI. das Erlebnis indischer Kinder. Man zeigte ihm nicht nur die wohlgenährten. Er war tief beeindruckt von ihren beseelten Augen, von den zarten Linien der sprechenden Gesichter, in denen Unschuld zur Schönheit wird. »Ich mußte sie pausenlos segnen«, sagte er bei der Rückkehr, nachdem er beim Abschied versichert hatte, in Indien bleibe sein Herz zurück. Hier hatte er seine Überzeugung bestätigt gefunden, »das Zusammenfügen aller jugendlichen Kräfte könne die Zukunft der Welt verändern«. Und daraus resultierte seine Forderung, man müsse das Brot vermehren – und nicht die Tischgenossen verringern. Ein utopisches Konzept. Es setzt voraus, die menschliche Natur könne hier und jetzt zu größerer Selbstlosigkeit geführt werden, als ihre eingeborene Unvollkommenheit erlaubt. Eine selbstlose Menschheit auf dieser Erde – das war ein Ideal, dessen Verwirklichung zu fördern Paul VI. für seine vornehmste Pflicht hielt. Hier – unter anderem – war sein Sendungsbewußtsein verankert.

Die Hochschätzung, die dieser Papst der Jugend und ihrem Recht auf Leben entgegenbrachte – denn sie allein könnte sein Ideal in Realität verwandeln –, hat bis in die päpstliche Liturgie hineingewirkt. Jedes Jahr am Gründonnerstag nahm Paul VI. in der Basilika des heiligen Johannes vom Lateran die Zeremonie der Fußwaschung vor. Im Gedächtnis an die Geschehnisse im Abendmahlssaal zu Jerusalem, die dem Leiden Christi vorausgingen, wurde hier liturgisch nachvollzogen, wie Jesus sich mit Linnen gürtete und den Aposteln die Füße wusch. Dabei war es bislang üblich gewesen, die Apostel durch Greise zu repräsentieren. Paul VI. hat Jugendliche an ihre Stelle gesetzt. Eine komplexe Situation, typisch für den Montini-Papst. Waschung und Fußkuß waren traditionell, ihr öffentlicher Vollzug ein Akt der Demut, die Präsenz der Jugend ein Programm. Johannes XXIII. wäre nie auf die Idee gekommen, soviel auf einmal sagen zu wollen.

Dabei hatten die Kardinäle Paul VI. hauptsächlich deshalb zum Papst gewählt, weil er ihnen der einzig Geeignete erschien, den stürmischen Impulsen Johannes' XXIII. Tragfähigkeit zu geben. Womit sie nicht rechneten, waren die eigenen Initiativen des neuen Papstes, der in seinem fortschrittlichen Engagement zumindest in den ersten Jahren weit über die Absichten seines Vorgängers hinausging, selbst wenn er sich immer wieder auf ihn berief. Tatsächlich gab es zum Zeitpunkt seiner Wahl ein Bündel schwerer Fragen, die aufgeworfen, aber ungelöst geblieben waren: die Öffnung der Kirche zur Welt, sichtbar gemacht durch den Beginn des Konzils, das Gespräch mit den Christen aller Bekenntnisse und den Menschen aller Religionen, schließlich die Fortführung der Kontaktnahme mit den sozialistischen Staaten. Man wußte, wen Papst Johannes für die Meisterung dieser Probleme im Sinne hatte – und man erinnerte sich sehr wohl der auffälligen Zurückhaltung, die der Kardinal Montini in der ersten Sitzungsperiode des Konzils gezeigt hatte. »Er will nichts vorwegnehmen«, sagte mir damals ein Prälat, der ihn gut kannte.

Überdies hatten die Kardinäle noch genau vor Augen, was in der schwierigsten Diözese Italiens, in Mailand, geschehen war, als Monsignore Montini, der sein ganzes bisheriges Priesterdasein als Diplomat des Heiligen Stuhles verbracht hatte, dort die Seelsorge übernahm. Bis heute ist ungeklärt, ob Pius XII. seinen engsten Vertrauten durch die Arbeit in Mailand auf ein noch höheres Amt vorbereiten wollte, oder ob es politische Differenzen waren, die zu Montinis Abschied aus dem Vatikan führten. Jedenfalls ließ der Mailänder Erzbischof Montini, der mit 90 Bücherkisten in sein Palais einzog, über eines keinen Zweifel: Sein Hauptaugenmerk sollte der modernen Arbeitswelt gelten. Er gab zu, heute seien Arbeit und Religion einander oftmals entgegengesetzt. Aber dieses gegenseitige Unverständnis habe keine Daseinsberechtigung. An der Kirche läge es, Versäumtes nachzuholen.

Im Falle seiner Wahl – das war den Kardinälen klar – würde Monsignore Montini ein progressiver Papst sein. Nicht alle Mitglieder des Heiligen Kollegiums waren damit einverstanden. Zwar konnte der Flügel der Traditionalisten nicht damit rechnen, einen Gegenkandidaten durchzusetzen, aber eine länger anhaltende Opposition war nicht auszuschließen. Daß das Konklave schließlich doch nur zwei Tage gedauert hat, ist nicht zuletzt das Verdienst eines Mannes, der als einer der Führer der Konservativen galt und später, auf dem Konzil, zum Prügelknaben der Fortschrittler und der Presse werden sollte: Kardinal Ottaviani. Am zweiten Tag des Konklaves bewog dieser Mann in einem bemerkenswerten Akt der Selbstüberwindung seine Partei zum Einlenken, indem er eine herzliche Rede auf Montini hielt und zur Einigkeit mahnte. Wenig später war er es, der als ältester Kardinaldiakon über den Petersplatz das alte Wort rief: »Annuntio vobis gaudium magnum – habemus Papam!« – Ich verkünde euch eine große Freude, wir haben einen Papst. – Es wurde ihm nicht gedankt.

Paul VI. wählte seinen Namen nach dem Völkerapostel, dessen Beispiel zu folgen er sich vornahm. Auf eine neue Weise sollte die Stimme der Kirche in der Welt von heute vernehmlich werden. Seine Absicht war, das Evangelium für die Krisenkette der Gegenwart so brauchbar zu machen, daß die Botschaft Christi auch von jenen aufgenommen werden konnte, denen Macht anderes und mehr bedeutete als Religion. Dazu bedurfte der Papst für sich selbst eines existentiellen Standortes, den er von Johannes XXIII. entlehnte. Vater zu sein war für Papst Johannes etwas Natürliches gewesen, worüber man kein Wort verlor. Paul VI., vergleichsweise erlebnisarm, dafür hochreflektiv, machte den Vatergedanken zum Gegenstand persönlicher Meditation.* Zu sei-

* Das folgende Zitat und die meisten späteren sind formal gerafft, jedoch wurde das Wesentliche nicht angetastet. Die Sprache des Papstes ist blumenreich. Im Italienischen kann wohltönend sein, was im Latein gerade noch korrekt wirkt, in deutscher Übersetzung aber strapaziert.

nem Freund Jean Guitton sagte er: »Ich glaube, von allen Aufgaben des Papstes ist diejenige am beneidenswertesten, Vater zu sein. Ich fühle mich als Vater der ganzen Menschheitsfamilie. Selbst wenn die Kinder den Vater gar nicht kennen, ist er's trotzdem. Das Wissen um diese Vaterschaft fixiert einen auf jede einzelne Person, macht diese Person zu einer ganzen Welt, auch wenn man ihr nur einmal begegnet oder wenn sie ein Kind ist. Ich meine, das Bewußtsein, Vater zu sein, ist das Wesentliche eines Papstes.«

Paul VI. verwirklichte den Vatergedanken des Papsttums in der immer wachen Bereitschaft, zu helfen und zu trösten. Aber es war sein Amt, nicht seine Person, wovon er die Wirkung dieser Hilfe und Tröstung ableitete. Soweit es sein Amt betraf, war sein Sendungsbewußtsein kräftig genug, ihn eine Stärke fühlen zu lassen, die persönlich zu besitzen er oft in Zweifel zog. Denn als Person hielt er sich immer für einen Bedürftigen, war er in der Tat ein Wanderer innerhalb der eigenen Existenz, der zwischen Intellekt, Sensibilität, gutem Willen und Schicksal vergebens einen Ort der Ruhe suchte. So wandte er sich in willentlicher Demut an die Menschheit, bat um Verständnis und Vertrauen – in einer Welt, die gänzlich aus den Fugen geraten, und in einer Kirche, die zur Hälfte rebellisch geworden war. Selbst seine schärfsten Kritiker werden ihm die Lauterkeit der Absicht zubilligen. Die Welt bot genügend desperaten Anlaß für Pauls VI. wichtigste Forderung.

»Die Gerechtigkeit und der Friede sind noch immer so gefährdet, daß sie vielen als ein Wunschbild erscheinen, dessen Verwirklichung unmöglich ist.« Mit solchen und ähnlichen Worten versuchte Paul VI. immer wieder, die Gläubigen auf dem sonntäglichen Petersplatz und die Teilnehmer an den Mittwochsaudienzen an seine Überzeugung heranzuführen, Gerechtigkeit sei in der Menschheit durchsetzbar und der Weltfriede möglich. »Pacem in terris« war der Titel einer Friedensenzyklika Johannes' XXIII. gewesen. Diesem geistigen Erbe fühlte sich Paul VI. verpflichtet, wenn er in der Stille des apostolischen Palastes, in der – Sommer und Winter auf 23 Grad Celsius fixierten – Temperatur seines

Appartements einen Friedensplan nach dem andern entwarf. Allen haftete eine gewisse Sterilität an, die jedoch im Falle Montini nicht aus klerikaler Weltfremdheit stammte, sondern aus jener »Blässe des Gedankens«, welche die Intellektuellen auf der Welt zu einer Tugend proklamiert hatten, während sie dem Papst zur Qual wurde.

Innerhalb des Vatikans war Paul VI. ein liebenswürdiger, aber durchaus bewußter Souverän, der sich in erwogenen Grenzen demokratische Neigungen erlaubte. Folglich begann er mit seinen Restriktionen dort, wo sie am deutlichsten ins Auge fielen und am meisten Einsparung brachten. Er fühlte durchaus den Widerwillen vieler puristischer Katholiken (insonderheit aus der nördlichen Hemisphäre) gegen das zeremonielle Farbenspiel des vatikanischen Lebens – also schaffte er die Garden ab. Nur die Schweizer nahm er aus, weil selbst er sich erinnern mußte, daß sie einmal – beim »Sacco di Roma« 1527 – bis zum letzten Mann für einen Papst ihr Leben geopfert hatten. Die Gendarmerie dagegen, seit langem mäßig bezahlt und überfordert, büßte ihre Galauniform ein und ging fortan in Zivil, um den »protestantischen« Katholiken nicht länger mehr durch mißverständlichen Glanz ein Ärgernis zu sein. Die Palatingarde, eine Art freiwilligen Bürgerkorps, das niemand weh tat, aber hübsch anzusehen war, wurde schlicht aufgelöst. Die Nobelgarde, bestehend aus Mitgliedern des italienischen Adels, nutzlos aber prachtvoll im Stolz auf ihren Dienst im apostolischen Palast, ward rüde davon in Kenntnis gesetzt, sie sei überflüssig geworden. Kammerherren, Geheimkämmerer, fürstliche Thronassistenten zogen ihre malerischen Trachten aus, weil ihnen künftiges Auftreten verboten war. Der Patriarch Maximos IV. Saigh hatte auf dem Konzil gesagt: »Der gegenwärtige Hofstaat des Papstes erschwert es, die ökumenische Fülle der Kirche zu sehen.« Demütig tilgte Paul VI. zwei Drittel. Sendungsbewußt behielt er den Rest. Die Schweizergarde, auf ein Minimum reduziert, geleitete auch weiterhin einen Staatsbesuch nach dem anderen in die päpstlichen Gemächer. Paul VI. war bereit, auf Pomp zu verzichten, aber nicht auf Souveränität.

Er mußte mit den Männern des Weltgeschehens im persönlichen Gespräch auf höchster Ebene bleiben. Da die Macht des Heiligen Stuhles weder berechnet noch geschätzt werden kann, hing es vom Papste ab, wieviel politischer Respekt damit zu gewinnen war.

Mit dem amerikanischen Präsidenten Kennedy teilte Paul VI. die Überzeugung, es bedürfe totalen politischen Umdenkens, um die Menschheit an der Selbstvernichtung durch den Krieg zu hindern. Dazu war es nötig, alte Konflikte zu beenden. Für die Kirche sah der Papst die Möglichkeit einer Vermittlerposition zwischen den Machtblöcken, was wiederum den Abbau des Gegensatzes erforderte, der zu den Ländern kommunistischer Doktrin bislang bestanden hatte. Immer wieder versuchte Paul VI. darzulegen, die katholische Lebensform als solche sei noch kein Widerspruch zur Annäherung an sozialistische Systeme. Der Staatsbesuch des sowjetischen Präsidenten Podgorny im Vatikan war ein Höhepunkt dieser Bemühungen.

Italiens Antwort auf diese neue Politik des Heiligen Stuhles war eine doppelte. Zunächst entfiel der altgewohnte von Pius XII. proklamierte Grundsatz, ein Katholik könne sich nicht zum Kommunismus bekennen, weil dieser atheistisch sei. Sodann stellte die kommunistische Partei fest, die durch sie gelenkten Volksmassen könnten nur gemeinsam mit den katholischen die gewünschte Veränderung der Verhältnisse herbeiführen. Bald verging kein hohes Kirchenfest mehr, an dem Paul VI. nicht in eine Vorstadtpfarrei Roms geeilt wäre, um seine Solidarität mit denen zu bekunden, die sich sozial benachteiligt fühlten. Ein Wort des Papstes bezeichnet die Sklaverei als eine »entsetzliche Plage, die leider noch immer nicht ganz von der Erde verschwunden ist«. Aber »die heutige Auffassung von Arbeit wurzelt in einem grundlegenden Prinzip, das das Christentum besonders herausstellt: In der Arbeit hat der Mensch den ersten Rang.« Der Mensch müsse die Übermacht der Technik und der Wirtschaft abschütteln, wenn er seine Persönlichkeit in der Gemeinschaft entfalten wolle.

Ein Mann, der seit vierzig Jahren an globales Denken gewöhnt war, mußte als Papst solche Gedankengänge notwendig auf die Menschheit projizieren. Dies führte zu der kühnen Enzyklika »Populorum progressio« – vom Fortschritt der Völker. Sie enthält eine deutliche Distanzierung vom kapitalistischen System und eine kaum verhüllte Absage an dessen Auffassung vom Privateigentum. Von hier aus verlangt Paul VI. internationale Programme, die sich um die Strukturen der Welt kümmern und dadurch den Menschen aufwerten. Ihr Feld ist die »Nord-Süd-Spannung«, das heißt der Mangel an sozialem Ausgleich zwischen Industrie- und Entwicklungsstaaten. »Entwicklung ist der neue Name für Friede.« – »Nur eine weltweite Zusammenarbeit, für die ein gemeinsamer Fonds Mittel und Symbol wäre, würde unfruchtbare Realitäten überwinden und ein friedliches Gespräch unter den Völkern zustande bringen.«

Um zu beweisen, wie ernst es ihm mit solchen Forderungen war, gründete Paul VI. selber einen solchen Fonds – für Lateinamerika. An kaum eine seiner Reisen hat der Papst so große Hoffnungen geknüpft wie an die Pilgerfahrt nach Bogotá im August 1968. Er wollte seine Anwesenheit als Impuls verstanden wissen, den Völkern Lateinamerikas, die der Kirche schon halb verloren sind, ein modernes Christentum erstrebenswert zu machen, indem er dessen soziale Grundsätze propagierte. »Jedem muß geholfen werden, daß er zum Bewußtsein der eigenen Würde kommt, daß er voll um seine Rechte und Pflichten weiß, daß er frei am wirtschaftlichen, bürgerlichen und sittlichen Fortschritt der Gesellschaft teilhat, der er angehört.« Wenn man die Zielsetzung mit dem Erreichten vergleicht, war die Reise fast ein Fehlschlag zu nennen. Denn vor allem der jüngere Klerus Lateinamerikas war längst von der Bewegung einer »christlichen Revolution« erfaßt, die ganz anders argumentierte: Wenn soziale Mißstände den Menschen in solche Verzweiflung treiben, daß er Gewalt für sein letztes Mittel hält, muß er für entschuldigt gelten. Denn nicht er war es, der die Zwangslage geschaffen hat. Somit folgt er dem Plane Gottes, wenn er – um überleben zu können – seine Fesseln sprengt. So gesehen ist die soziale Revolution christlich, folglich hat die Anwendung von Gewalt eine legitime Theologie. Paul VI., dem es um Frieden ging, konnte solchen Gedanken nicht zustimmen. Doch hat er durch manche spätere Geste angedeutet, daß er zumindest für die Zwangslage tiefes Verständnis aufbringt. Priesterrevolutionäre wie Camillo Torres konnte er nur beklagen, sie zu verdammen fiel ihm schwer. Denn von seiner eigenen Jugend her war ihm durchaus bekannt, was politischer Widerstand ist.

Als Paul VI. ein junger Priester war, erlebte er, wie Italien unter die Herrschaft des Faschismus geriet. »Credere, obedire, combattere« – glauben, gehorchen, kämpfen – war die fanatische Parole, die der Jugend des Landes eingehämmert wurde. Montini war damals Minutant im Staatssekretariat und folgte dem Beispiel seiner älteren Kollegen, die Stunden der Freizeit zur Seelsorge zu nutzen. Seinen intellektuellen Neigungen gemäß, suchte er ein adäquates Betätigungsfeld im akademischen Milieu. Die katholische Hochschuljugend Roms forderte ihn auf, ihr geistlicher Assistent zu werden – und bald war er es für ganz Italien. Die meisten der von ihm betreuten Studenten standen damals in einem militanten Gegensatz zum faschistischen Regime, und Montini war unermüdlich tätig, ihren politischen Widerstand von der Kirche her zu stützen. Da der Faschismus eine extrem rechts gerichtete Bewegung war, orientierten sich die Widerstandsgruppen ganz von selbst nach links. Montinis unleugbarer Hang zur sozialistischen Ideenwelt stammt aus dieser Zeit, die er später als die glücklichste seines Lebens bezeichnete. Konsequent blieb Montini während seiner dreißigjährigen Tätigkeit im Staatssekretariat der virulenteste Antifaschist der Kurie. Noch heute können Gegner des Faschismus bei ihm auch dann auf Verständnis zählen, wenn er ihre Methoden nicht billigt.

Politischer Widerstand kennzeichnete schon den Alltag in Montinis Elternhaus. Der Vater war das Vorbild eines christlichen Journalisten, der furchtlos gegen kirchenfeindliche Tendenzen ankämpfte, wie sie im Italien der Jahrhundertwende – in Erinnerung an das Risorgimento – zum guten Ton gehörten. Die Familie Montini lebte im Sommer in Concesio, einem Dorf bei

Brescia, wo Montini am 26. September 1897 (laut sorgfältiger Pfarrbucheintragung um 22 Uhr) geboren wurde. Das Geburtshaus, das noch existiert, ist behäbig und hat einen weiten Garten, der allmählich in die Landschaft hinausgleitet. Vergil, der aus dem nahen Mantua stammte, beschreibt in den »Georgica« den Lebensrhythmus des Landstrichs: »Zurück in sich selbst kehrt des Landmanns kreisende Arbeit – und in sich selbst rollt immer durch eigene Spuren das Jahr.« Erstaunlicherweise hat die gleiche Gegend einen Mann hervorgebracht, der in Stil und Zuschnitt ein vitaler Gegensatz zu Montini war: Angelo Roncalli, den späteren Johannes XXIII., der ebenfalls unweit Brescia, in Sotto il Monte geboren ist. Johannes verkörperte die bäuerliche Substanz des lombardischen Landes, Montini seine großbürgerlich-aristokratische Tradition.

Die Kindheit war wohlbehütet. Mit der rührenden Familienanhänglichkeit aller Italiener erinnerte sich Paul VI. der Großmutter, die seine ersten Schritte lenkte. Seiner Mutter, so bekannte er später, verdanke er das Beispiel gänzlicher Hingabe, seinem Vater aber den Entschluß, sich niemals mit dem Schlechten in Bequemlichkeit abzufinden. In der Schule gab es nur eine Schwierigkeit: Der junge Montini war von schwächlicher Konstitution. Er kränkelte fast immer, mußte monatelang dem Unterricht fernbleiben und versäumte – gleich vielen Kindern, die unter Erwachsenen leben – den natürlichen Anschluß an seine Altersgenossen.

Das Elternhaus sorgte für private Ausbildung. In Brescia, dem eigentlichen Wohnsitz der Familie, wurde ein Hauslehrer engagiert – der Graf Aristide Miglioni Viarigi, ein erklärter Liebhaber der französischen Kultur. (Vielleicht hat er den ersten Keim gelegt zu der fast schon irrationalen Vorliebe des Papstes für alles Französische.) Montini war, nach dem Zeugnis seines Bruders, »sehr ordnungsliebend. Er studierte planmäßig, eifrig, energisch und hartnäckig.« Das Kolleg in Brescia, das Montini – mit den üblichen Unterbrechungen – eine Zeitlang besuchte, bewahrt noch einige Erinnerungen an seinen bedeutendsten Schüler.

Hochtrainiertes Gedächtnis und geistige Frühreife befähigten ihn damals schon zu Leistungen, die über sein Alter hinausgingen. Als er einmal ein volles Jahr fehlte, enthielt das Klassenbuch anstelle von Noten die Eintragung: »Von den Examina befreit und zum Aufsteigen zugelassen aufgrund seiner Eignung, die von allen Professoren anerkannt wurde.« Als Kompensation für körperliche Schwäche und schulische Sonderposition hatte Montini sich schon sehr früh die Idee zu eigen gemacht, er müsse Begabung und Kraft über Alter und Gesundheit hinaus anstrengen und dürfe sich niemals eine Leistung verzeihen, die unter dem selbstgesteckten extrem hohen Niveau bliebe. Als Relikt seiner damaligen, fast fanatischen Anstrengung hat er die Gewohnheit behalten, mit beinahe zusammengebissenen Zähnen zu sprechen. Auch der Zitatenreichtum seiner Schriften früher Jahre und noch der Stil seiner späteren Reden und Enzykliken deuten auf die gleiche Entschlossenheit. Er wollte seinen Lesern und sich selbst den Nachweis liefern, mit erschöpfenden Studien nicht gespart zu haben. Im ganzen bildete sich schon in dem Jugendlichen der Wunsch aus, die Perfektion zum Gesetz seines Geistes und seiner Existenz zu machen. Die Formung seines Charakters gipfelte in dem unbeugsamen Willen zu einer vollkommenen Intelligenz namens Montini. Der Grund dafür lag in seiner Frömmigkeit. Denn auch maximale geistige Leistung ist für den Dienst an Gott noch immer schlecht genug. Mit sechzehn Jahren entschloß er sich, Priester zu werden. Sieben Jahre später wurde er geweiht.

Seine Frömmigkeit war sicher nicht nur ein zartes Reis am Stamme familiärer Tradition, sondern ebenso ein direkter Impuls aus der Heiligen Schrift. Ob seine Beziehung zu Christus mehr von Golgotha oder von der Apokalypse her beeinflußt war, ist nicht festzustellen. Den Zugang zur Gestalt Mariens öffnete ihm zweifellos seine Mutter, die eine Frau von natürlicher Heiligkeit und großem Zauber gewesen sein muß. »Engel meines Lebens« nannte sie Montinis Vater mit seinem letzten Wort auf dem Sterbebett. Bisweilen pflegte sie ein Marienbild der Gegend zu besuchen, ohne zu beten, einfach »per far compagnia alla Madonna«

– um der Madonna Gesellschaft zu leisten. Den Sinn für Gefühlsfrömmigkeit hat Montini von ihr empfangen. Ein entscheidenderes Element seines spirituellen Jugendalters war aber sicher das Phänomen »Kirche«. Hier konnte seine rationale Kraft im Ergreifen einer weltumspannenden Idee zu der Stärke aufwachsen, die die Grenzen der eigenen Natur zu sprengen verhieß. Mit den Mitteln des Geistes die Pläne Gottes auf Erden der Verwirklichung anzunähern, könnte das Ideal gewesen sein, das ihn während seiner Studienzeit an der päpstlichen Diplomatenakademie in Rom beseelte. Nachdem er sie 1923 absolviert hatte, schickte man ihn an die päpstliche Nuntiatur nach Warschau – auf seinen einzigen Auslandsposten. Schon fünf Monate später zwang ihn seine angegriffene Gesundheit zur Rückkehr nach Rom. Die kurze Zeit in Polen genügte jedoch, ihm dieses Land zu einem Erlebnis werden zu lassen, das er nie vergaß.

48 Jahre nach seinem Aufenthalt in Warschau lud Paul VI. die polnische Nation zu einer Zeremonie in die Peterskirche ein, die weit mehr war als eine Seligsprechung. Anlaß gab die heroische Gestalt des Franziskanerpaters Maximilian Kolbe, dem Paul VI. die Vorstufe zur Heiligkeit zuerkannte, wobei er – entgegen dem Herkommen – die kirchenrechtliche Urkunde in Person verlas. Kolbe war »Volksdeutscher« gewesen, hatte aber während des Krieges die angebotene deutsche Staatsbürgerschaft abgelehnt und auf polnischer Seite im Widerstand gegen die deutsche Besatzungsmacht gekämpft. Während der Zeremonie näherte sich dem Papst ein alter, bäuerlich aussehender Mann, kniete vor ihm nieder und wurde von Paul VI. in sichtbarer Erschütterung umarmt. Es war jener Familienvater, der zusammen mit Pater Kolbe im Konzentrationslager von Auschwitz gewesen und dort – als Repressalie für entflohene Häftlinge – zum Tode durch Verhungern verurteilt worden war. Im letzten Augenblick war Pater Kolbe an die Stelle dieses Mannes getreten und hatte sein Leben für ihn geopfert. Der Schützling Pater Kolbes repräsentierte in St. Peter das katholische Polen – ein Land, das immer noch in ungebrochener Treue zur Kirche und zum Heiligen Stuhl hält,

obwohl es zugleich ein sozialistischer Staat ist. Paul VI. hat um Polen lange und beharrlich geworben, denn es schien ihm ein mögliches Modell für die Lebensform zu sein, die er zwischen katholischer Kirche und modernem Massenstaat in der Zukunft voraussah. Pater Kolbe aber war für ihn zugleich noch der Priester, den der Schwur zur Ehelosigkeit befähigt hatte, dem Familienvater das Leben zu retten.

Weit auseinander liegende Ziele in einer einzigen Handlung zu umgreifen und zu fördern, hatte Montini schon unter Papst Pius XI. gelernt. Nicht zufällig geriet er in die Einflußsphäre eines Mannes, der durch Undank, Härte und Größe sein Prägestock werden sollte: der Kardinalstaatssekretär Eugenio Pacelli, später Papst Pius XII. Durch lange Jahre war Pacelli unablässig bemüht, die letzten Überbleibsel von Ehrgeiz in Montini umzuschmelzen in eine sakrale Vorstellung von Pflicht. Die Grundlage dazu war geschaffen, als Montini zum erstenmal empfand, unvollkommene Pflichterfüllung sei gleichbedeutend mit Sünde. Die maßlosen Arbeitsforderungen Pacellis kamen Montinis Vorstellung von der eigenen Perfektion nur entgegen. Übermüdung wurde die normale Form seines täglichen Lebens, Schlaf empfand er als lästige Unterbrechung, Entspannung war ihm unbekannt. An ihrer Stelle triumphierte die Leidenschaft, an sich selbst zu arbeiten – das einzige, was Pacelli niemals an ihm kritisierte. Auf solche Weise verbrachte Montini dreißig Jahre im Vatikan. Als sich Pacelli 1954 – aus welchen Gründen immer – von Montini trennte, sagte dieser: »Heute habe ich das Gefühl, verwaist zu sein.« Deutlicher konnte man die Bindung nicht kennzeichnen, die bis in die Diktion der Sprache und den Duktus der Schrift den Schüler an den Meister kettete.

Neun Jahre blieb Montini in Mailand, vier davon ohne den Purpur der Kardinäle, den ihm Pius XII. schweigend verweigerte. Seine Stellung in der stolzen Erzdiözese wurde dadurch nicht einfacher – denn jedermann sah im Ausbleiben des roten Hutes das Urteil Pius' XII. über seinen engsten Vertrauten. Der Pacelli-Papst hielt Montini für einen hervorragenden Kurialen, mutete ihm das härteste Bistum Italiens zu, erkannte aber doch das hinter gelebter Demut verborgene elitäre Sendungsbewußtsein – und machte den bäuerlichen Roncalli zum Kardinal, nicht Montini.

Roncalli, als Patriarch von Venedig Montinis Nachbar, war über dessen Brüskierung sehr erregt. Die beiden Männer verband eine lange ungewöhnliche Freundschaft. Während Montini zuerst als Substitut, dann als Pro-Staatssekretär im Vatikan tätig war, aber noch nicht einmal Bischofsrang hatte, mußte sich der Erzbischof Roncalli, Nuntius in Paris, mit einer Reihe von Problemen herumschlagen, die ihn zu sorgfältigen Analysen zwangen. Das war seine schwächste Seite. Auch als Nuntius in erster Linie Seelsorger, versuchte er, Differenzen mehr durch spontane Liebe aus der Welt zu räumen als mit behutsamer Diplomatie. Erwies sich letztere aber als Notwendigkeit, so brauchte Roncalli Beistand – und fand ihn stets bei dem hervorragenden Frankreichkenner Montini im Vatikan. Als Roncalli zum Papst aufstieg, ließ er keine sechs Wochen vergehen, und Montini war Kardinal. Nicht nur Bewunderung, mehr noch Dankbarkeit bewogen Johannes, das absichtsvolle Versäumnis Pius' XII. auszugleichen.

Die Zeit in Mailand hat Montinis Leidenschaft zur Perfektion nicht zu mildern vermocht. Ein Beispiel dafür ist sein Verhalten nach dem Tode Johannes' XXIII. während der Sedisvakanz von 1963. Der Kardinal von Mailand konnte sich damals ausrechnen, daß er »papabile« war. Aber er kannte die Imponderabilien eines Konklaves zu genau, als daß er sich hätte sicher sein können. Wer hatte schließlich nach dem Tode Pius' XII. vorausgesehen, daß der lachend und scherzend ins Konklave schreitende Roncalli als Papst daraus hervorgehen würde? Die Klugheit gebot, mit der Möglichkeit zu rechnen, aber nicht mit mehr. Jeder Kardinal ist verpflichtet, für den Fall seiner Wahl eine kurze Erklärung vorzubereiten. Montini verfaßte eine einstündige Thronrede in geschliffenem Latein, die ein detailliertes Programm enthielt. Er konnte sich nicht vorstellen, eventuell zum Papst erhoben zu werden und dann außerstande zu sein, der Welt sofort ein ausgefeiltes Dokument seiner Absichten und seines Willens vorzulegen. Montini als

Papst mußte ebenso perfekt sein, wie er es als Schüler, Diplomatenzögling, Substitut und Erzbischof von sich verlangt hatte. Die Rede war hervorragend. Die Welt war überzeugt, für ihre Zeit den rechten Papst zu haben, und Paul VI. war entschlossen, der rechte Papst zu sein.

Sein erster Fehler war, sich keine Zeit zu gönnen. An Pacellis Schreibtisch schien er das unerbittliche Pflichtgebot seines Lehrmeisters noch intensiver zu verspüren als zu dessen Lebzeiten. Er arbeitete rastlos, ohne eine Minute des Zurücklehnens. Kein Gedanke an ein lächelnd genossenes Glas Wein, wie es Papst Johannes geliebt hatte. Die Kurie zitterte. Seit Menschengedenken hatte es keinen Papst mit vergleichbarer Kenntnis des vatikanischen Apparates gegeben. Denn selbst Pius XII., der ihn meisterhaft handhabte, war als Nuntius viele Jahre von Rom fern gewesen, bevor er in den Vatikan zurückkehrte. Montini aber hatte drei Jahrzehnte ohne Unterbrechung in der Kurie verbracht, hatte auch später von Mailand aus den Kontakt mit seinen früheren Kollegen gesucht und war schließlich unter Johannes vielfach beratend auf dem Gipfel des Vatikans tätig geworden. Er wußte alles und kannte jeden. Natürlich kannte die Kurie auch ihn und reagierte auf den neuen Papst mit angespannter Vorsicht. Die Kunst der Sekretäre, Gehorsam in Macht zu verwandeln, verlor die Unbekümmertheit, mit der sie unter Johannes geübt worden war. Die Kunst der Prälaten, einen Nebensatz zu sagen und dabei ein Gerücht zu planen, wurde wirkungslos, weil der Papst sie einrechnete. Die Kunst der Kardinäle, die Gewichte oppositioneller Gruppen lautlos gleitend zu verschieben, war gestört, denn Paul VI. sorgte für Überraschungen. Jeder Kuriale mußte auf Fragen gefaßt sein, von denen er bisher kaum geahnt hatte, daß sie in seine Kompetenz fielen. Dabei behandelte der neue Papst seine Mitarbeiter betont liebenswürdig, lobte persönliche Leistung und bedankte sich für jeden Dienst. Er stellte wenige, stets präzise Fragen und bewies die alte Meisterschaft im Zuhören. Aber er bezog niemals Stellung. »Reservatio mentalis« – der nicht ausgesprochene innere Vorbehalt – war die gleichbleibende Form seines Umgangs. So nahmen bald nur noch die Naiven – auch solche gibt es in der Kurie – seine Anerkennung entgegen, ohne in Zweifel zu fallen.

Der Vatikan änderte seinen Stil. Zwar pflogen die Kanzleien in Wort und Schrift auch weiterhin anmutige Höflichkeit, doch wurde der Ton kühler, die Eleganz zur Floskel, je mehr Paul VI. das Arbeitstempo steigerte. Der Apparat mußte versachlicht werden, um die Perfektion zu erreichen, die der Papst für sein erstes Vorhaben beanspruchte – für die denkbar genaue Analyse des Verhältnisses von Kirche und Welt. Die größte Chance, das riesige Werk fehlerlos zu vollenden, ergab sich durch das gleichzeitig in der Peterskirche tagende Zweite Vatikanische Konzil. Montini hatte es nicht einberufen, sondern geerbt. Nun wollte er es nützen. Die Anwesenheit des Weltepiskopats in Rom bot ihm die Möglichkeit, das Problem »Kirche und Welt« auf universale Weise zu prüfen. Erst später trat zutage, daß das Konzil für Paul VI. nicht nur eine Chance, sondern auch eine Belastung war.

Johannes XXIII. hatte als Grund für die Wahl seines Namens die Kürze aller Johannes-Pontifikate angegeben. Er war überzeugt, nur wenige Jahre zu regieren. Um so mehr lag ihm daran, innerhalb der zugemessenen Zeit die Kirche in so heftige Bewegung zu versetzen, daß eine Rückkehr zu ihrem fast byzantinischen Charakter unter Pius XII. unmöglich war. Schon in der ersten Periode des Konzils, die noch unter Johannes fiel, zeigten sich die Folgen. Freiheitsjubel und Fortschrittsglaube bei den Progressiven, monolithischer Verteidigungswille bei den Konservativen, dazwischen die Spannung der Ratlosen, die sich in Verfahrensfragen entlud und den Einfluß der Experten weit über deren Aufgabe hinauswachsen ließ. »Glaube und Recht« war die Devise der Beharrlichen, »Glaube und Zeitgeist« das Fanal der Reformer. Bereits fünf Wochen nach seinem Beginn hatte das Konzil die Leitgedanken für eine Neuordnung der Liturgie gebilligt, wobei die Eile ziemlich durchsichtig war. Man nahm zu Recht an, das Thema Liturgie werde sich am schnellsten verabschieden lassen, und man brauchte die Demonstration der Einigkeit, damit die Welt nicht vorzeitig inne werde, wie tief die Differenzen bei anderen Problemen gingen. Nur eine winzige Minderheit der Konzilsväter hat damals geahnt, welchen Erdrutsch die verfrühte Entscheidung über die Liturgie auslösen würde. Die Mehrheit gebrauchte alsbald das Schlagwort vom »Ende des konstantinischen Zeitalters«. Damit war das Urteil gesprochen über fünfzehnhundert Jahre Kirchengeschichte. Denn das diffamierte Zeitalter hatte einstmals begonnen mit dem Entschluß des Kaisers Konstantin des Großen, die moralische Kraft des Christentums zur staatstragenden Idee des Römischen Reiches und seiner Völkergemeinschaft zu machen. Die dadurch eingeleitete Verflechtung von »Ecclesia« und »Imperium« diente zwei weltgeschichtlichen Phänomenen als Grundlage: der kirchlichen Hierarchie und der europäischen Kultur. Es war klar, daß die Kirche, wenn sie das eine verwandeln wollte, sich von dem anderen trennen mußte. Das Ende des konstantinischen Zeitalters war in Wirklichkeit die Absage der Kirche an die Kultur, die sie selbst geschaffen hatte.

Als Paul VI. zur Eröffnung der zweiten Phase in das Konzil einzog, war dieser Prozeß schon hoch gediehen. Die traditionelle Vorstellung von der durch Rom verkörperten Katholizität hatte an Tragfähigkeit eingebüßt. Zwar war die Sprache Roms, das Latein, als Konzilssprache beibehalten worden, doch schien dies nur noch eine belanglose Äußerlichkeit im Vergleich zu dem bereits sanktionierten Einzug der Nationalsprachen in die katholische Messe. Eine durch brüderliche Kollegialität beschwingte Vielfalt kirchlichen Lebens sollte das römische Prinzip ablösen, in dessen »starren Formen« aufgewachsen zu sein die meisten Väter nunmehr als unbegreiflich empfanden. Während in der Weltpolitik der Begriff »Stabilität« immer mehr in das Zentrum des Wunschdenkens rückte, begann der alte römische Grundsatz »stat crux dum volvitur orbis« – fest steht das Kreuz, indes der Erdkreis sich dreht – den Charakter einer verbrauchten Perspektive anzunehmen. Somit wandelte sich allgemach die Auffassung des Terminus »katholisch«. Hatte er bislang als Vorgriff auf die endgültige Gestalt der Welt an ihrem Jüngsten Tage gegolten, so sah man jetzt darin das Synonym für eine »Entwicklung«, die unter christlichem Vorzeichen auf dialektische Weise stattfinden sollte – angetrieben durch das Prinzip Hoffnung, das sich seinerseits bestätigt finden konnte durch die soziale Tat. Die Begegnung der Kirche mit der Welt hatte auf dem Boden der Praxis zu geschehen. Die daraus entstehenden Konsequenzen verdichteten sich in der Vorstellungskraft Pauls VI. zur halbmystischen Schau auf eine künftige Friedenswelt. Aus ihr zog der Papst die Sicherheit, ohne Rücksicht auf die Größe des Risikos ein neues Bild der katholischen Kirche zu verkünden, das von menschlichem Respekt entworfen, durch Kommunikation mit Leben erfüllt und im Dialog vollendet werden sollte. Nicht mehr Anspruch, sondern Zusammenarbeit, nicht mehr Macht, sondern Dienst, nicht mehr Autorität, sondern Diskussion waren die wünschenswerten Merkmale einer Kirche, die sich aus den Relikten der Vergangenheit zu erheben gedachte wie der Phönix aus der Asche.

Es ging dem Papst von Anfang an um eine in der Gegenwart gültige Glaubwürdigkeit. Durch Toleranz und Hilfsbereitschaft hatte die Kirche ihre Wendung zur modernen Welt zu vollziehen, denn nur so konnten alte Vorurteile fallen. Dabei waren drei Menschheitsgruppen anzusprechen. Den Nichtreligiösen, deren Verhältnis zur katholischen Kirche bisher von Indifferenz bis zum Haß reichte, mußte die Achtung nahegebracht werden, mit der die Kirche ihnen auch dann begegnen wollte, wenn nicht die geringste Basis der Verständigung bestand. Gegenüber den anderen Weltreligionen galt es, wenigstens die Übereinstimmung in der Auffassung von der religiösen Grundstruktur des Menschen zu betonen, bei Judentum und Islam darüber hinaus noch die gemeinsame Wurzel des Monotheismus. Schließlich sollten die von Rom getrennten christlichen Bekenntnisse veranlaßt werden, ihre durch Tradition verhärteten Ressentiments gegen die katholische Kirche im Lichte des päpstlichen Versöhnungswillens zu überprüfen. Sichtlich bewegt lud Paul VI. die Abseitsstehenden ein, sein Angebot anzunehmen und fügte namens der Kirche die berühmte Bitte um Vergebung an: »Wenn uns eine Schuld an dieser Trennung zuzuschreiben ist, so bitten wir Gott demütig um Verzeihung, wie wir auch die Brüder um Vergebung bitten, die sich von uns verletzt fühlen.«

Diese Worte sind gewissermaßen die Spitze der Wertpyramide, die Paul VI. in das Konzil einbrachte. Der Schauplatz aller Auseinandersetzung war die Welt im ganzen, das heißt die in der Gegenwart lebende Menschheit. Davon ausgesondert sollten die zahllosen Menschen betrachtet werden, die eine wie immer geartete religiöse Bindung als die unabdingbare Mitte ihres Daseins verstanden. Von diesen zu unterscheiden waren alle, denen die Person Christi in irgendeiner Form Maßstab und Halt bedeutete. Innerhalb der Christen mußte man jenen mit Aufmerksamkeit begegnen, die nicht im Splitterbereich der Sekten angesiedelt waren, sondern sich zu einer Kirche bekannten. Unter den Kirchen wiederum wiesen nur zwei keine einschneidenden Unterschiede zur katholischen auf – die anglikanische und die orthodoxe. Von diesen war die High-Church nach dem Alter des Getrenntseins die jüngere. Folglich richtete sich des Papstes Bitte um Vergebung erstrangig an die Orthodoxie. Er hatte aufrichtigen Herzens gesprochen. Niemand, am wenigsten Paul VI., konnte die Wendung ahnen, die mit seinen Friedensworten einsetzte.

Ein halbes Jahr später, gegen Ende der zweiten Session des Konzils, wurde erkennbar, was inzwischen geschehen war. Nach außen stand die zweite Konzilsphase der ersten an Elan beträchtlich nach. Die Endformulierung des Liturgieschemas hatte den traditionellen römischen Ritus zwar bestätigt, seine weltweite Verbindlichkeit jedoch aufgehoben. Damit war Raum geschaffen für nationale, regionale und lokale Sonderformen, die alsbald zum Ausweis pfarramtlicher Modernität werden sollten. Der Beschluß über die Stellung der Kirche zu den Medien publizistischer Kommunikation erwies sich als ein dünnblütiger Text, diktiert vom ahnungslosen Wohlwollen der Väter gegenüber der robusten

Welt unserer Tage, der man nicht glauben wollte, daß sie für Information alles, für Takt nichts übrig hat. Wären die beiden Dokumente das einzige Resultat der zweiten Sitzungsperiode gewesen, der Aufwand hätte kaum gelohnt.

Indessen entrollte sich hinter der schmalbrüstigen Schauseite ein Drama von geschichtlicher Dimension. Auf dem Spiel stand das Papsttum selbst. Denn es ging um die Erweiterung des Rechtes der Bischöfe gegenüber dem Heiligen Stuhl. Für die Konservativen war die Sache gleichbedeutend mit Sakrileg. Die Progressiven aber, die die Frage aufgerührt hatten, fragten umgekehrt: War es nicht hohe Zeit, vom Heiligen Stuhl die Rückgabe jener Vorrechte zu verlangen, die er sich im Lauf der Geschichte als Monopol angemaßt hatte, obwohl sie eigentlich den Bischöfen zustanden? Nur der Weltepiskopat in seiner Gesamtheit konnte eine derartige Veränderung im Konzept des Papsttums der Verwirklichung annähern. Die Kräfteverteilung in der zweiten Konzilssitzung schien den Progressiven günstig genug, um in der prekären Frage auf Mehrheitsbeschlüsse zu hoffen. Denn nicht nur von den meisten Vätern, auch vom Papst selbst waren Zeichen der Ermutigung ausgegangen. Durch die Betonung der Kollegialität zwischen Papst und Bischöfen hatte Paul VI. angedeutet, er wolle das bisher vorwiegend väterliche Verhältnis eindämmen zugunsten eines brüderlichen. Zudem hatte er die Reform der Kurie angekündigt und damit dem Konzil die Handhabe zugespielt, die Auseinandersetzung um das Papsttum in Gang zu bringen.

Die Kurienreform ist ein altes vatikanisches Problem. Unter Pius XI. wurde sie wegen drohender Kriegsgefahr verschoben. Pius XII. hatte mehrfach angesetzt, dachte aber zu »römisch«, um dem Apparat, der ihm so reibungslos diente, eine Krise zuzumuten. Johannes XXIII. fühlte sich außerstande, seine persönliche Güte den Härten aufzuopfern, die der Eingriff erfordert hätte. Jedoch zeigte er sich hocherfreut, als in der ersten Konzilsperiode das Verlangen nach der Kurienreform immer drängender wurde. Am Zeitpunkt seines Todes war die Forderung genügend kompakt, um dem Nachfolger konkrete Verpflichtung zu sein.

Zwei Monate nach seiner Wahl kündigte Paul VI. an, er werde die Kurie internationalisieren.

Dieses Versprechen bildete für die Progressiven im Konzil die Basis ihres Angriffs. Die Internationalisierung des Vatikans bedingte die Preisgabe der darin herkömmlichen Vormacht der Italiener, an deren Stelle nunmehr Vertreter des Weltepiskopats rücken sollten. Nur gering war von hier aus der Schritt zum Entwurf eines ständigen Senates der Bischöfe, der als kontinuierliche Körperschaft mit wechselnden Mitgliedern die Kirche der Zukunft zu regieren hatte – nicht unter dem Papst, sondern gemeinsam mit ihm. Allein die Möglichkeit, solche Gedanken ohne das Risiko der Maßregelung zu diskutieren, schien den Reformern die Bestätigung eines neuen Freiheitsraumes zu sein. Die Konservativen dagegen, ohnehin in der Minderheit, schlossen sich zu einem Block zusammen, der den schrankenlosen Gehorsam gegenüber dem Papst bis zum Äußersten zu verteidigen gedachte, obwohl jeder einzelne von ihnen ausreichend erfahren hatte, wie oft der Verzicht auf den eigenen Willen in der Kirche Gottes mit Undank gelohnt wird. Bald erkannte jedermann den Kern der Debatte: die päpstliche Autorität schlechthin. Nach konservativer Auffassung entstand sie auf der Spitze einer hierarchischen Pyramide durch Kristallisation des göttlichen Willens im Papste. Für die Progressiven dagegen sollte der Papst der große Moderator sein, der ein durch den Glauben zusammengebundenes Menschheitskollektiv zum Bewußtsein gemeinsamen Willens brachte, worin sich der göttliche niederschlug. Praktisch hieß das: Entweder regiert der Papst die Kirche mit Hilfe der Bischöfe, oder die Bischöfe regieren die Kirche gemeinsam mit dem Papst. Am 30. Oktober 1963 kam es in der Aula zu einer Abstimmung über fünf Punkte, von denen zwei entscheidend waren. Hat die Gemeinschaft der Bischöfe zusammen mit dem Papst die Nachfolge der Apostel inne? 1808 Väter stimmten mit Ja, 336 mit Nein. Ist die volle und oberste Regierungsgewalt über die Kirche Sache der Bischöfe gemeinsam mit dem Papst? 1717 Väter waren dafür, 408 dagegen. Das bedeutete eine vernichtende Niederlage der

Konservativen und eine unmittelbare Gefahr für den Heiligen Stuhl.

Paul VI. fand sich in einem säkularen Dilemma. Einerseits sah er zu seinem Schrecken, wie die Progressiven die von ihm gewünschten Grenzen des Episkopats achtlos überschritten und sich dabei auf seine eigenen Worte von der Brüderlichkeit beriefen. Andererseits wußte er sehr genau, daß er die kaum erwachte Kollegialität nicht mehr einschränken konnte, ohne gerade bei jenen verheerende Wirkungen hervorzurufen, denen seine Bitte um Vergebung hauptsächlich gegolten hatte – bei den Repräsentanten der Orthodoxie. Für sie war die Tatsache des Konzils als solche schon von gewaltigem Wert gewesen. Denn nur die konziliar gelenkte Kirche wurde vom christlichen Osten seit alters als Möglichkeit anerkannt, den göttlichen Willen unverfälscht zu repräsentieren. Die Papstkirche im Sinne des militanten Gehorsamsprinzips dagegen hatte stets den Angelpunkt gebildet für das Zerwürfnis zwischen Rom und der Orthodoxie. Pauls VI. Problem hieß also, innerhalb des Konzils Papst und Bischöfe einander soweit anzunähern, daß sie von außen her als eine gemeinsame Autorität begriffen werden konnten – und dennoch den Heiligen Stuhl nicht bewegungsunfähig zu machen. Die Glaubwürdigkeit des neuen Papstes hing folglich davon ab, wie überzeugend er die Relativität seiner Sonderrechte zu demonstrieren vermochte. Wollte er indessen gleichzeitig verhindern, daß sein Amt zur leeren Formel herabsank, so konnte er das traditionelle Konzept der Papstkirche schwerlich preisgeben, obwohl die Orthodoxie gerade daran so großes Ärgernis nahm. Somit galt es, Brüderlichkeit zu üben ohne das Papsttum zu schmälern. In diesem Zwiespalt lag für alle weiteren Jahre die Tragik des paulinischen Pontifikats.

Wie immer, wenn er mit scheinbar ausweglosen Situationen konfrontiert wurde, suchte Montini eine dritte Position. Sie konnte das Ergebnis dialektischer Überlegung, ebensogut ein Fluchtweg, oder auch beides zugleich sein. In dem Dilemma von 1963 hieß die dritte Position Jerusalem. Mit einer Ansprache voller Zierrat entließ Paul VI. die Konzilsväter aus der zweiten Sitzungsperiode. Die Bischöfe verfolgten seine Worte am vorher verteilten Manuskript, wobei manche Mitra mitunter weit nach vorne sank. Als der Text zu Ende war, kam die Überraschung. Der Papst fuhr zu sprechen fort, und die Aula horchte auf. »Wir werden«, so sagte er, »jener Erde unsere Verehrung zollen, von der der heilige Petrus aufgebrochen ist.« Durch die Ankündigung seiner Pilgerfahrt ins Heilige Land hatte der Papst den Ostkirchen, vor allem der Orthodoxie deutlich gemacht, daß er die Bitte um Vergebung ernst nahm. Gleichzeitig aber hatte er den Bischöfen die Handlungsfreiheit des Heiligen Stuhles vor Augen geführt – unabhängig von aller Kollegialität. Durch die Reise des Papstes nach Jerusalem sollte das Konzil seine Grenzen erkennen, während es selber zugleich gegenüber dem Osten das Mittel war, das die Reise überhaupt ermöglichte. Die Bischöfe hatten eine Rechtsfrage gestellt, Paul VI. antwortete mit einer Tat.

Damals, Anfang 1964, gehörte die Altstadt von Jerusalem noch zu Jordanien. Die Menge, die den weißgekleideten Pilger in der »Via dolorosa« bedrängte, bestand zum größten Teil aus Mohammedanern. Niemals vorher hatte ein Papst seinen Fuß auf ein Gebiet gesetzt, über dem der Halbmond herrschte. Von den drei Tagen seines Aufenthaltes verbrachte Paul VI. einen in Israel. Es war noch keine fünf Jahre her, daß die Kirche durch den Beschluß Johannes' XXIII. endlich aufgehört hatte, beim Gebet für die Juden in der Karfreitagsliturgie den Ausdruck »pro perfidis Judaeis« zu gebrauchen. Mehrmals wies Paul VI. auf den »Gott Abrahams« hin, der den drei Religionen gemeinsam ist. Selten wurde ein theologisches Wort mit soviel verschwiegener Hoffnung auf positive politische Konsequenzen befrachtet. In Jerusalem glaubte Paul VI. zum ersten Mal, er habe festen Boden gewonnen für seinen Plan, in den Differenzen der Mächte als Vermittler aufzutreten. Um so größer mußte seine Eile sein, die Differenzen der Kirchen beizulegen.

»Hierher, o Herr«, so betete der Papst am Heiligen Grabe, »hierher sind wir gekommen, wie jener, der Dir nachgefolgt ist und Dich dennoch verraten hat, getreue Ungetreue, die wir so oft gewesen sind.« Die Demut Pauls VI. hatte sich verwandelt in das Schuldbekenntnis seiner Kirche. Nur von hier aus ist der große Augenblick zu verstehen, der wenig später in der apostolischen Delegation zustande kam. Seit fünfhundert Jahren war es nicht mehr geschehen, daß ein römischer Pontifex mit dem höchsten Repräsentanten der orthodoxen Kirche, dem Patriarchen von Konstantinopel, zusammentraf. Nun umarmten sie sich. Mit dem gemeinsam gebeteten Vaterunser war der erste Schritt getan, die Kirchenspaltung zu beseitigen, die fast ein Jahrtausend gedauert hatte.

Der zweite Schritt sollte dreieinhalb Jahre später folgen – wieder durch den Papst. Paul VI. wollte der Welt zeigen, daß die Aussöhnung mit der Orthodoxie für ihn einen Rang hatte, vor dem Protokollfragen belanglos wurden. So reiste er, der Souverän, nach Istanbul, um dem machtlosen Patriarchen Athenagoras an dessen Amtssitz einen offiziellen Besuch abzustatten. Damit war der 261. Nachfolger des Apostels Andreas als ebenbürtig anerkannt durch den 261. Nachfolger des Apostels Petrus. Beide waren kühn genug, sich über die Vorbehalte hinwegzusetzen, die ein Teil der Orthodoxie und ein Teil der Kurie gegen diesen neuen Stil der Kirchenpolitik hegten.

Als Antwort auf die päpstliche Anerkennung überreichte Athenagoras dem »Patriarchen des Westens« das Zeichen seiner Amtsvollmacht, die Stola. Mit dieser Geste war dem Papst erneut der Ehrenvorrang zugestanden, den die Kirchen des Ostens zwar nie geleugnet, aber vergessen hatten. Schon in Jerusalem hatte Athenagoras gesagt: »Wenn die Umarmung unserer Seelen und unserer Leiber ein Vorspiel wird für wechselseitige Kommunion, dann werden wir die brennenden Hoffnungen vergangener Jahrhunderte mit der Sehnsucht der Gegenwart vereinen können.«

Dabei wußte der Patriarch genau, wie schwer es halten würde, die Orthodoxie auf den Weg nach Rom zu bringen. Er war für seine Person bereit, ihn zu gehen. Aber er besaß, gemäß dem konziliaren Selbstverständnis der Orthodoxie, keine Autorität über seine Brüder im Bischofsamt. Für diese war nicht nur der Primat des römischen Papstes ein Hindernis. Denn immerhin konnte man gemeinsam segnen. Aber konnte man auch gemeinsam handeln – in einer gespaltenen Welt? 92 Prozent aller der Orthodoxie angehörenden Christen leben in Staaten kommunistischer Doktrin. Sie bilden Kirchen, die mit den politischen und sprachlichen Grenzen ihrer Völker zusammenfallen und vollständig staatsgebunden sind. Von den restlichen acht Prozent der Orthodoxen machen sieben die autokephale Kirche Griechenlands aus. Nur ein Prozent fällt unter den geistlichen Herrschaftsbereich des heutigen Patriarchen von Konstantinopel. Daß er trotzdem einen Ehrenvorrang besitzt, verdankt er der Anerkennung durch den Patriarchen von Moskau. Dieser aber ist jurisdiktionell nicht das Oberhaupt der hundert Millionen Orthodoxen in Rußland, sondern abhängig vom sowjetischen »Kirchenminister«, der das alte Vorrecht der Zaren administrativ ausübt. So gesehen gewann der Dialog zwischen Paul VI. und Athenagoras eine eminente politische Perspektive. Sie kennzeichnete genau den Reifegrad, an dem die von Johannes XXIII. eingeleitete vatikanische Ostpolitik das Stadium des Vortastens überwunden hatte und zu konkreten Verhandlungen fortschritt. Belastend war dabei nur, daß Athenagoras nicht sprechen konnte ohne einen Seitenblick auf Moskau und daß Paul VI. die sowjetrussische Politik anders einschätzte als der Patriarch.

Drei Monate nach dem Besuch des Papstes in Istanbul, im Oktober 1967, traf Athenagoras in Rom ein. Mittlerweile hatten beide Kirchen die gegenseitige Exkommunikation aufgehoben. Um diesen Tag nicht zu gefährden, entschloß sich Paul VI. mit großer Willenskraft, eine dringend gewordene Operation zu verschieben. Beide Männer waren einig in der Hoffnung, nicht nur die Kirchen, mehr noch die Staaten des Ostens müßten erkennen, daß die vollzogene Versöhnung als Brücke gedacht war, die auch dem weltlichen Frieden dienen konnte. Wenig später kam Athenagoras zu der Einsicht, es werde ihm nicht vergönnt sein, über das Erreichte hinauszugelangen. Er zog sich zurück ins Gebet und starb 1972. Paul VI. aber klammerte sich unter dem logischen Zwang seines Intellekts weiterhin an die damals gefaßte Hoffnung, den kommunistischen Osten samt der Orthodoxie der römischen Kirche anzunähern. Erst im Januar 1973 hat er verschlüsselt eingestanden, daß diese Hoffnung von Zweifeln belastet war.

Je schwerer die Bürde wurde, die dem Papst aus seinen eigenen Initiativen erwuchs, um so wichtiger empfand er die Zeit kreativer Ruhe, die er jährlich in seinem Sommerschloß Castel Gandolfo verbrachte. Wie um zu rechtfertigen, daß er sich erlaubte, hier auszuspannen, sagte er einmal den Teilnehmern einer Audienz: »Sie werden verstehen – der Papst ist ein wenig müde.« In den weiten Gärten konnte er den Neigungen nachgeben, zu denen er sich selbst bekannte – »zur Sammlung, zur Innerlichkeit, zum betenden Nachdenken, zum nachdenkenden Gebet«. Die Inversion der letzten beiden Formulierungen verrät, daß sein Intellekt ihn nicht einmal beim Beten verließ. Seiner reflektiven Natur war es nicht vergönnt, das naive Gottvertrauen Johannes' XXIII. aufzubringen, von dem erzählt wird, er habe einmal von der Dachterrasse aus auf die päpstliche Sternwarte geblickt und gesagt: »Dort sind die Jesuitenpatres, die kennen die Himmelszeichen, ich nicht. Ich gehe Schritt für Schritt in der Nacht, wie Abraham.«

Von der Sternwarte auf Abraham zu kommen, wäre für Paul VI. kaum möglich gewesen. Seine Gedanken wären in den Weltraum geeilt und hätten sich bei den Problemen der Naturwissenschaft niedergelassen, obwohl diese beim Namen zu nennen ihm noch schwerer fiel als dem Konzil. Andererseits gehört Paul VI. durchaus in die Reihe jener Päpste, die von den Erfindungen der Technik fasziniert waren und mit der Zeit zu gehen vermeinten, wenn sie sich zu ihren Produkten bekannten. Diese Reihe hatte begonnen mit Pius IX., den es schon 1857 mit Stolz erfüllte, die Lokomotiven zu segnen, die den Kirchenstaat durchdampfen sollten. Der im dritten Rokoko dekorierte Hofzug, mit dem Pius IX. damals nach Frascati fuhr (er ist im Museo di Roma heute noch zu sehen), war vielleicht eine größere Sensation als die erste Flugreise Pauls VI. Beiden gemeinsam aber ist das Bekenntnis zu künftiger Entwicklung und der gleichzeitige Versuch, die traditionelle kirchliche Lebensform in den profanen Fortschritt einzubringen. Diesen Gedanken hat Montini schon in Mailand vorzuleben versucht, oftmals in Gesten, wie er sie liebte. So erschien er etwa, um in ein Bergwerk einzufahren, in der offiziellen Kleidung des Erzbischofs, die durch einen Schutzhelm ergänzt war. In idealer Form allerdings war die Verschränkung von kirchlicher Tradition mit dem technischen Zeitalter nur dann zu verwirklichen, wenn Ironie und Skepsis schwiegen. Die Voraussetzung dafür bot allein der Kontinent, dem Pauls VI. alte Vorliebe galt – Afrika.

Als der Papst in Uganda erschien, war der Biafra-Konflikt noch in vollem Gange. Paul VI. bemühte sich um seine Beilegung – erfolglos, wie sooft, wenn er vermitteln wollte. Obwohl er immer wieder betont hatte, die päpstliche Hilfe solle keineswegs auf die Christen beschränkt bleiben, mußte er sein Unvermögen erkennen, die Feindschaft der Stämme zu kühlen. Denn zu seinem Unglück stand das Recht keineswegs auf der Seite Biafras, obwohl dieses katholisch war. Demütig küßte der Papst den afrikanischen Boden.

Die Geste war Ausdruck einer weiteren Utopie, an der Paul VI. festhielt, obgleich die Umstände ihm unrecht gaben. Er hegte die Hoffnung, es könne sich in dem heftig bewegten Erdteil ein neuer, unbelasteter Katholizismus entwickeln, der die Kirche von dem Vorwurf europäisch-kolonialer Bevormundung befreien werde. »Von nun an«, so sagte der Papst den schwarzen Bischöfen, »müßt ihr Afrikaner eure eigenen Missionare sein.« In Afrika, so glaubte er vorauszusehen, könnte es der Kirche leichter als anderswo gelingen, sich von den politischen Mächten abzugrenzen und nur sie selbst zu sein. Sie selbst zu sein bedeutete aber in solchem Kontext, den Ballast abzuwerfen, den die europäische Kultur der Kirche aufgebürdet hatte – was einer Umkehrung der geschichtlichen Wahrheit gleichkam. Es sollte nicht lange dauern, bis Paul VI. an die Problematik seiner eigenen Gedankengänge erinnert wurde – durch einen ebenholzfarbenen Kardinal, der auf der römischen Bischofssynode von 1971 den Vorschlag machte, die Zölibatsfrage nach dem Vorbild afrikanischer Stammesgepflogenheiten zu lösen. Andererseits lag es noch gar nicht lange zurück, daß afrikanische Bischöfe rollenden Auges auf dem Konzil gegen die Abschaffung des Lateins protestiert hatten, mit der Begründung, sie seien durchaus in der Lage, den heiligen Augustinus und den heiligen Thomas von Aquin in deren Sprache zu lesen, wobei sie es dem Urteil der Väter anheimstellten, ob der Rückfall in irgendeinen afrikanischen Dialekt die Teilnahme an der Weltkultur fördern würde, auf die auch sie ein Anrecht hätten. Paul VI. aber war weit entfernt, sich von alldem beirren zu lassen.

Das Vorstellungsbild, das der Papst von der Kultur des modernen Menschen hegte, reichte mit seinen Wurzeln hinab ins 19. Jahrhundert, aber selten tiefer. Die Kategorien, unter denen er das vorige samt der bisher durchmessenen Zeitspanne des gegenwärtigen Jahrhunderts beurteilte, entstammten fast ausschließlich dem französischen Geist. Der Vatikan hatte seit Napoleons Sturz jene Abkehr von der Welt propagiert, die der Kirche, vor allem in Beichte und Priestererziehung, die Feindseligkeit gegenüber allem »Irdischen« zur Pflicht machte. Im katholischen Frankreich aber war allmählich die Idee von einer Art spiritualisierten Zivilisation entstanden, in der die Annäherung von Kirche und Welt wieder möglich schien. Dieser Prozeß verhielt sich zunächst antagonistisch zu der ökonomischen Entwicklung des angelsächsischen Kapitalismus, entwickelte sich aber später dialektisch genug, um das System von Karl Marx nicht in Bausch und Bogen zu verwerfen. Derartige Gedankengänge erlaubten zu früheren Epochen der europäischen Kultur kaum eine andere Beziehung, als die der Ästhetik und gelegentlicher Sentimentalität. Die spiritualisierte Zivilisation auf die Welt unserer Tage zu applizieren, schien am besten dort möglich, wo eine Bindung an ältere Traditionen von vornherein nicht bestand. Afrika in seinem neu gewonnenen Freiheitsbewußtsein konnte für die christliche Kultur der Zukunft denselben unverbrauchten Boden aufweisen, den die germanischen Länder am Ende der Antike für die Kultur des Mittelalters geboten hatten. Diese war europäisch gewesen, jene würde universal sein. Gemessen an solcher Möglichkeit verschlug es wenig, wenn einige afrikanische Bischöfe über den Verlust des Lateins lamentierten oder in Zölibatsdebatten entgleisten.

Abgesehen vom Problem der Kultur hatte Paul VI. bei seiner Begegnung mit dem afrikanischen Episkopat ein Erlebnis, das ihm zubrachte, wessen er dringend bedurfte: Ergebenheit. Mit diesen Bischöfen war die Kollegialität so zu gestalten, wie der Papst sie sah. Der Heilige Vater sollte die Freiheit haben, nach Ermessen von seinem hohen Thron herabzusteigen, um sich von der warmherzigen Obsorge seiner bischöflichen Brüder umfangen zu lassen, ohne daß diese selber nach den Stufen schielten, die zum Heiligen Stuhl hinaufführen.

Mehr als alle anderen Bischöfe der katholischen Welt schienen die Afrikaner Paul VI. zu verstehen. Für sie blieb der Papst die Spitze der Hierarchie. Er konnte die neuerlich gültige Beziehung zwischen Pontifex maximus und Episkopat getrost als Kollegialität definieren, die Afrikaner würden trotzdem auch künftig darunter einen Gnadenakt verstehen, wodurch der Papst den Bischöfen Ehre erwies, nicht aber Unabhängigkeit verlieh. Paul VI. dachte nicht anders. Petrus zeigte guten Willen, wenn er zeitweilig ins Glied der Apostel-Gemeinschaft zurücktrat. Aber das konnte unmöglich bedeuten, daß er die »Schlüssel des Himmelreiches« aus der Hand gab, die nur ihm allein verliehen waren. Montini wollte ein demütiger Papst sein. Er konnte es schwierig finden, sich gleichzeitig als den erstgeborenen Bruder und den Vater aller zu begreifen. Er mochte daran in einer Art leiden, die fast schon zu öffentlich war. Aber wer hatte die Vollmacht, ihm die Einsamkeit des Petrus-Amtes abzusprechen und es zu vervielfältigen? Ob der Papst den Dienern Gottes der eine Diener war oder den Vätern der Gemeinden der eine Vater – immer war er nur einer, wohlunterschieden von jeder Art Gemeinschaft. »Ich bin Petrus«, sagte Paul VI. vor dem indignierten Weltkirchenrat auf dessen Vollversammlung in Genf. Der Generalsekretär Visser't Hooft sah darin fast eine Provokation. Paul VI. aber war der Überzeugung, ein Bekenntnis abgelegt zu haben. »Ich bin Petrus« – das war eine Feststellung, mit der er in seiner hintersinnigen Sprache vor nichtkatholischen Christen zu erklären versuchte, warum er im eigenen Haus keine Kompromisse schließen konnte, selbst wenn dadurch die Chancen der Verständigung mit anderen Konfessionen verringert würden. »Ich bin Petrus« – das war, viereinhalb Jahrhunderte nach der Reformation, ein Kontrastwort zu Luthers großem Spruch: »Hier stehe ich! Ich kann nicht anders!« Der Weltkirchenrat hörte es, ohne zu verstehen. Von den katholischen Bischöfen hörten es viele, die nicht verstehen wollten.

Jahrelang litt Paul VI. unter der Rebellion, die einen bedeutenden Teil seines Episkopats erfaßt hatte. Viele Bischöfe fühlten sich von Rom gegängelt: in der Bischofswahl, im Kirchenrecht, in der Pillenfrage, am meisten im Problem des Zölibats. Immer war die Entscheidung dem Papst vorbehalten, der auf seine Legitimität pochte, obwohl sie vielen zweifelhaft erschien. Andererseits brachten die unzufriedenen Bischöfe keineswegs den Mut auf, selber polemisch zu werden. Sie schickten Theologen ins Treffen. Zwischen diesen schwelte der Streit durch die Jahre nach dem Konzil. Man griff die Kurie an, den Hofstaat, die Finanzen, die Verflechtung des Vatikans mit Italien, die Identität von Papsttum und römischem Bischofsamt, schließlich die Unfehlbarkeit. In voller Vehemenz aber brach der Kampf erst aus, als im Herbst 1971 die dritte Bischofssynode zusammentrat.

Schon vor Beginn der Sitzungen war dem Papst klar, daß der Heilige Stuhl, wollte er im bisherigen Sinne weiterbestehen, die aufsässigen Bischöfe zur Raison bringen mußte. Dafür gab es nur ein geeignetes Mittel. Man mußte die Kurie mobilisieren. Die Klugheit Pauls VI. hatte ihn veranlaßt, die Internationalisierung der Kurie mit einer Sorgfalt vorzunehmen, die verhinderte, daß das erstklassige Instrument der Hand des Papstes entglitt. Das lohnte sich jetzt. Denn nun wurde offensichtlich, wie sehr die Kurie auch nach der Reform dem Weltepiskopat gegenüber und nicht zur Seite stand. In der Zitadelle gab es zwar viele, die mit den Belagerern verbündet waren. Aber wenn es zum Schwur kam, schossen sie doch, wie der Kommandeur es befahl.

Den ersten Sieg trugen indessen die Bischöfe davon. »Gerechtigkeit und Frieden« war das Thema, das Paul VI. der Synode gestellt hatte. Den »Priester in der modernen Welt« zu diskutieren, hatten die Bischöfe verlangt. Es war ihnen gelungen, ihrem Argument gegenüber dem päpstlichen Thema den Vorrang zu erkämpfen. Aber schon am Nachmittag der Eröffnung konnte man erkennen, daß nicht der Priester in der Totalität seines sakralen Auftrags, sondern nur ein Teilproblem seiner Existenz alle anderen Fragen in den Schatten stellen würde. Fast zwei Wochen lang kamen die Bischöfe nicht mehr los von der Auseinandersetzung um den Zölibat. Das war kein Zufall. Paul VI. versuchte auf vielen Wegen, seinen Wunsch nach einer konservativen Lösung deutlich zu machen. Der progressive Flügel hingegen antwortete mit Vorschlägen, die bis zur Zulassung von Frauen zum Priesteramt reichten. Das mochte modern gedacht sein, aber nach der Struktur seiner Persönlichkeit konnte Paul VI. darauf kaum positiv reagieren. Obwohl er in Einzelfällen die Dispens für ehewillige Priester mit Toleranz erteilt hatte, schien ihm das Paket von Forderungen nach weiblicher Emanzipation bis hinein in die sakrale Sphäre nunmehr übertrieben genug, um die Aufhebung des Zölibats grundsätzlich zu verneinen. Dies führte vielfach zu dem falschen Schluß, der Papst habe damit endlich zugegeben, hinter der Maske seiner Liberalität ein dumpfer Reaktionär zu sein. In Wahrheit handelte es sich ausschließlich um die innerkirchliche Disziplin, die der Papst im konservativen Sinne verwirklicht sehen wollte. Der Grund, den er dafür hatte, ist den meisten Synodalen erstaunlicherweise entgangen.

Für Paul VI. wog das Thema »Gerechtigkeit und Frieden« von Anfang an weit schwerer als die Zölibatsfrage. Durch das Gewicht jedoch, das jener Frage von den Bischöfen zugemessen wurde, geriet das Ziel ins Schwanken, um dessentwillen der Papst die Synode überhaupt einberufen hatte. Pauls VI. ursprüngliches Programm sah drei Stufen der Entwicklung vor. Erstens sollte die Diskussion über »Gerechtigkeit und Frieden« die Zustimmung der Bischöfe zu einer vatikanischen Politik erbringen, die sich immer mehr zugunsten eines eher radikalen Sozialismus engagierte. Da die meisten Bischöfe zwar nicht wußten, warum Paul VI. linksorientiert war, aber wenigstens in der Politik mit ihm konform gehen wollten, schien dieses Resultat greifbar nahe. Zweitens sollte nach dem Willen des Papstes die Organisation des Klerus den Charakter einer veralteten Hierarchie abwerfen und statt dessen den Stil einer straffen Funktionalität annehmen. Gemütliche Weiblichkeit, legal oder illegal, hatte darin natürlich keinen Platz – was das Zölibatsproblem von selbst erledigte. Drittens erwarb sich die so verjüngte Kirche vor der Welt das Recht, an der Verwirklichung irdischen Friedens mitzuarbeiten – selbst gegen den Willen jenes verstockten Teiles der Menschheit, der die Freiheit des Individuums höher einschätzte als das Programm des Papstes.

Demgegenüber zeigte die Synode in ihrer progressiven Mehrheit ein Verhalten, das für Paul VI. unbegreiflich sein mußte, wenn nicht sogar ein Affront. Erstens blähten die Synodalen die periphäre Zölibatsfrage zur Überlänge auf und bewerteten damit den klerikalen Egoismus der Gegenwart höher als den paulinischen Entwurf von der Kirche der Zukunft. Zweitens nahmen sie des Papstes politischen Linkskurs zum Anlaß, statt der gebotenen Straffung eine Lockerung der kirchlichen Disziplin zu verlangen. Das war absurd, denn ein klerikaler Funktionär, der tut, was man ihm sagt, mußte ihnen weit bequemer erscheinen, als ein Priester, der sich seinem Amt aus Ewigkeitsgründen verpflichtet fühlt. Drittens gaben sie zu verstehen, man könne es keinesfalls dem Papst oder dessen Hintermännern überlassen, ohne Konsultation der Synode darüber zu befinden, was künftig unter Gerechtigkeit und Frieden in der katholischen Welt verstanden werden solle, wenn darüber der Pfarrer zu kurz kam, der Komfort und Anonymität als Bedingung forderte, um für Seelen zu sorgen.

Tatsächlich tendierte der Papst mit Zustimmung der Progressiven politisch nach links. Um aber die Konservativen darüber zu beruhigen, mußte er sich im hierarchischen Bereich nach rechts orientieren. Dieser Balanceakt barg eine doppelte Gefahr. Die Progressiven fanden es natürlich, die politische Linie des Papstes umzumünzen in innerkirchliche Freiheits-Forderungen, die Paul VI. ihnen mit Rücksicht auf die Konservativen nicht gewähren konnte. Diese wiederum distanzierten sich von seiner Politik, erklärten die ihnen zugestandenen Konzessionen für fadenscheinig und zeigten sich entschlossen, den Heiligen Stuhl selbst gegen den Papst zu verteidigen. Dabei beriefen sie sich – leider zu Recht – auf die katholischen Bischöfe der kommunistischen Hemisphäre, die mit erschütternden Tatbeständen begründet hatten, daß ihre Gläubigen nur durch das klare Festhalten an ererbten Glaubensformen bei der Kirche gehalten werden konnten. Daß in jenen Ländern ein Bruch des Zölibats immer noch zum öffentlichen Skandal führt, war für Paul VI. ein Grund mehr, schließlich das Gebot der Ehelosigkeit für den Klerus der Gesamtkirche aufrechtzuerhalten, obwohl deren größerer Teil unter liberalen Bedingungen lebt. Ärgerlich blieb, wie sehr den Bischöfen insgesamt der Blick für die mindere Proportion des Problems fehlte. So mußte Paul VI. sich endlich dazu durchringen, die Schlußabstimmung der Synode indirekt, aber energisch in seinem Sinne zu beeinflussen. Dies war nur mit Hilfe der Kurie möglich, deren Vertreter in den Wandelgängen der Aula alsbald Gelegenheit fanden, vor schwankenden Bischöfen mit künftigen Kardinalshüten zu winken. Natürlich blieben diese aus. Aber die Abstimmung brachte für Paul VI. ein positives Ergebnis. Der Zölibat wurde nicht gelockert, der politische Kurs des Vatikans nicht behindert. Dennoch wußte der Papst genau, daß dieses Resultat der wirklichen Meinung des Episkopats widersprach. Er hatte einen Pyrrhussieg errungen. Von da an fühlte er sich allein wie nie zuvor.

Er hatte viele Rückschläge erlitten. Die Friedensbemühungen in Vietnam, im Nahen Osten und in Afrika waren erfolglos, die Rede vor der UNO versandete, seiner Indienfahrt war eine fühlbare Unterdrückung der dortigen Christen gefolgt, die Reise nach Lateinamerika hatte auf dem ganzen Kontinent das Ansteigen der christo-marxistischen Violenz gebracht, die großartig begonnenen Unions-Gespräche mit der Ostkirche erlahmten. Schlimmer noch war der progressive Abfall katholischer Priester, die Auflösungserscheinungen in den Orden, die absinkende Teilnahme am Sonntagsgottesdienst. Am schlimmsten war der Denkfehler, der alldem zugrunde lag. Der Papst hatte geglaubt, es sei notwendig, sich ganz auf die Zustände in der Welt dieses Augenblicks zu konzentrieren. Nur dadurch, so war er überzeugt, konnte er den globalen Beweis erbringen, daß sich das Evangelium auch den Forderungen der modernen Welt anpassen ließ. Das Evangelium aber ist eine Wahrheit, der sich die Menschen anpassen müssen. Tun sie es nicht – wie heute in der katholischen Welt tausendfach Mode geworden –, dann nimmt sich schließlich jeder, was er davon brauchbar findet und fühlt gegenüber dem Rest keine Verpflichtung mehr. So zog der Papst vom Konzil von 1963 bis zur Synode von 1971 eine Bilanz, in der sich die Niederlagen stapelten.

Aus ihnen war Paul VI. nicht gestärkt hervorgegangen, sondern gequält. Im Wechselspiel von intellektueller Introversion und selbstbefohlener Liebenswürdigkeit hatte er vornehm zu verbergen gewußt, wie verletzbar er war. Schließlich hing er immer mehr dem Gedanken nach, er sei das Opfer, dem Unrecht geschehen müsse – und gab sich gleichzeitig selber die Schuld daran. Stand er im Begriff, trotz besten Willens hinter der Pflicht zurückzubleiben, die ihm Pacelli eingehämmert hatte? Reichte seine Kraft als Papst nicht mehr aus, das Gesetz der Perfektion zu erfüllen, das er sich als Priester gegeben hatte? Leidenswillig nahm er hin, was ihm die eigene Kirche an Widrigkeit aufbürdete und bemerkte kaum, wie der Mensch Montini allmählich begann, sich von Paul VI. zu distanzieren. Die Identität zwischen Amt und Person war in Gefahr, verlorenzugehen. Bald wurde sein Lebensrhythmus unregelmäßig. Phasen extremer Anspannung, die oftmals einer Flucht in die Arbeit glichen, wechselten mit Perioden grüblerischen Nachdenkens. Angestaute Verzweiflung entlud sich in Tränen. Akte der Demut wurden abgelöst durch autoritäre Gehorsamsforderungen. Immer bedrohlicher schlugen die Schaukelbewegungen seines Gemütes aus. Dies führte schließlich bei seinen engsten Mitarbeitern zu der verhängnisvollen Übereinkunft, ihm schmerzliche Nachrichten nur in verträglichen Dosen zur Kenntnis zu bringen.

In solcher Bedrängnis hatte Paul VI. bald entdeckt, daß ein Mittel ihm sichere Linderung brachte – der Jubel der Massen. Durch sie fand der menschenscheue Mann Bestätigung. Die Massen – in Manila waren es einmal zwei Millionen – vermochten im Kollektiv den menschlichen Kontakt zu produzieren, den er selber so schwer aufbrachte. Der Mensch Montini hatte zeit seines Lebens ein großes Talent zu verschwiegener, tiefgehender Freundschaft. Aber angesichts der massiven Angriffe aus den eigenen Reihen konnte der Papst Montini einer Freundschaft bestenfalls Trost abgewinnen, ein Schutz war sie nicht. Die Massen allein rückten durch die Spontaneität ihrer Zustimmung das Bild wieder zurecht, das er einstmals von sich selber entworfen hatte. Im brandenden Beifall schienen Amt und Person aufs neue deckungsgleich. Huldigung, die er erfuhr, bekräftigte die Perfektion, die er suchte.

Doch ist die Kommunikation mit den Massen ein Opiat, dessen Wirkung allzurasch verfliegt. Auf dem Hintergrund soeben erlebter Euphorie empfand Paul VI. nach der Rückkehr in sein Arbeitszimmer nur noch intensiver die Wucht, mit der Politiker, Journalisten, am meisten aber Priester, gegen ihn stürmten. Und erneut gab der Wehrlose dem Leidenswillen Raum.

Das Papsttum gewann seine heutige Gestalt nicht zuletzt durch die geschichtliche Notwendigkeit, Religion und Recht, Kirche und Gläubige zu schützen. Noch Pius XII. lebte aus dem mächtigen Bedürfnis, von der Kirche Böses abzuwehren, wenngleich er dazu mehr die Mittel des Staatsmannes einsetzte als die Kraft des Seelsorgers. Johannes XXIII., der sein Charisma achtlos verströmte, wußte in den Menschen, selbst wenn sie gar nicht katholisch waren, auf wunderbare Weise das Gefühl von Geborgenheit zu erzeugen. Paul VI. aber hatte längst die bittere Erkenntnis finden müssen, zum Schutze außerstande zu sein. Denn ihn selber verlangte es, geschützt zu werden, weshalb er dringender als jeder seiner Vorgänger um Liebe warb.

Seit Menschengedenken hatte die Welt nicht gehört, daß ein

Papst öffentlich eingestand, seine größte Sehnsucht sei, geliebt zu werden. Mit nichts anderem hätte er seine Gegner mehr in Harnisch bringen können. Ihr Leitbild war vielfach noch der starkmütige Pius XI. Aber auch dessen nächste Nachfolger Pius XII. und Johannes XXIII. hätten – bei aller charakterlichen Verschiedenheit – eine so persönliche Bitte um Liebe schwerlich über die Lippen gebracht. »Ein Papst«, so sagte mir ein römischer Prälat, dessen Frömmigkeit keinen Zweifel zuläßt, »ein Papst kann, wenn er es vermag, Liebe geben. Darum bitten kann er nicht.« »Monsignore«, sagte ich dagegen, »ist das für heute nicht etwas zu byzantinisch gedacht?« – »Vielleicht«, erwiderte der ernste Mann, »aber bedenken Sie, was der Papst will. Er hält den Weltfrieden für möglich. Er möchte die Menschheit daran hindern, sich selbst zu zerstören. Dazu braucht er zwei Realitäten, die es noch nicht gibt. Die Welt muß sich – über alle Differenzen hinweg – intensiver als Einheit fühlen. Also versucht er, die internationalen Organisationen aufzuwerten und ihnen sogar die Struktur der Kirche anzugleichen. Zum anderen hofft er, durch eine langsame, aber allgemeine Menschheitserziehung zu erreichen, daß das Prinzip der Gerechtigkeit nicht länger als ein jenseitiges Wunschbild gilt, sondern auf die konkrete Wirklichkeit angewandt wird. Das kostet Opfer, nationale, soziale und persönliche. Der Entschluß, sie zu bringen, kommt nur zustande durch den guten Willen, der – nach des Papstes Wort – den Schlüssel zum Frieden in Händen hält. Dabei schätzt Paul VI. die Welt durchaus sachlich ein. Ihre hauptsächliche Schwierigkeit sieht er in dem Unvermögen aller Verantwortlichen, den besagten Schlüssel zum Frieden gleichzeitig zu handhaben. Staatsmänner und Politiker weit genug zu bringen, eine solche Friedensstrategie nicht nur einzusehen, sondern auch selbstlos zu verwirklichen, ist eine Sisyphusarbeit. Kann ein Papst sie leisten, der im selben Augenblick zugibt, daß er schwach ist und keinen größeren Wunsch kennt, als geliebt zu werden?« – »Sehen Sie ihn nicht sehr politisch?« fragte ich. »Wie sollte man ihn sonst sehen?« fragte er zurück, grüßte höflich und ging über den Petersplatz – in den Vatikan.

Kein Zweifel, man kann dem Papst nur gerecht werden, wenn man ihn als einen von Grund aus politischen Menschen sieht. Doch wäre es unrichtig, dabei stehenzubleiben. Für jeden, der Macht ausübt, auch für den Papst, ist Politik nur zur Hälfte Beherrschung der Taktik, zur anderen aber Glauben an das Ziel. Paul VI. war sich durchaus darüber klar, wie zweifelhaft die Moral ist, als deren Verfechter er auftrat, sobald sie in der Politik das Ziel verwirklichen wollte, um dessentwillen er seine Macht engagierte. Die Bitte um Liebe war ein Hilferuf, gerichtet an seine politischen Gesinnungsgenossen im Klerus, die ihn zu seinem Schmerz in theologischen Fragen verrieten. Denn die Protagonisten des progressiven Flügels, vielfach außerstande, die Ziele Pauls VI. in der Weltpolitik zu begreifen, waren im innerkirchlichen Bereich längst zur Mißachtung kanonischer Gebote, zu Häresie und Glaubensabfall fortgeschritten. So griff der Papst zu einem Mittel, das noch keiner seiner Vorgänger in solchem Übermaß praktiziert hat – zur Toleranz. Er wollte jedem, der zu ihm in Widerstreit geraten war, glaubwürdig machen, daß er sich nichts ersparte, um in die Tiefe des gegnerischen Arguments einzudringen. Und er wollte jedem, dem er nicht recht geben konnte, den Beweis liefern, daß in seinem Urteil kein Gran von Nachlässigkeit war. Allen aber versuchte er nahezubringen, keine Abkehr könne ihn dazu veranlassen, die Hoffnung auf künftige Versöhnung preiszugeben. Konsequenterweise stürzte ihn das Ausbleiben des ersehnten Verständnisses in einen Abgrund von Depression.

In der zweiten Hälfte des Jahres 1972 mehrten sich an der Person des Papstes – teilweise sichtbar für Tausende von Audienz-Besuchern – die Anzeichen von Müdigkeit und Erschöpfung. Noch am 1. Juli hatte der Substitut im Staatssekretariat, Erzbischof Giovanni Benelli, in einem unverlangten, ergo gestellten Interview von Radio Vaticana erklärt: »Seiner Heiligkeit geht es sehr gut. Der Papst hat nie irgendeinen Anlaß gegeben, zu denken, er werde sich mit 75 Jahren zurückziehen – im Gegenteil, er hat seine Absicht kundgetan, es nicht zu tun.« Warum, so fragte man in Rom sogleich, hielt Monsignore Benelli – in seiner Funktion der drittmächtigste, in Wahrheit der entscheidende Mann im Vatikan – es für nötig, Rücktrittsgerüchten entgegenzutreten? Wirklich nur einiger Journalisten wegen, denen ob solcher klerikaler Sensation das Wasser im Munde zusammenlief? Oder befand sich der Papst tatsächlich schon in einem psycho-physischen Zustand, der seine Resignation auf natürliche Weise zuließ? Es schien einleuchtend, daß der Heilige Stuhl einen spektakulären Rücktritt mit seinen unwägbaren Folgen nicht riskieren wollte, wenn Paul VI. in absehbarer Zeit veranlaßt sein konnte, von dem kanonisch verbrieften Recht, dem Heiligen Stuhl zu entsagen, aus menschlichen Gründen Gebrauch zu machen. Die Atmosphäre schwirrte von Vermutungen, konkret wußte man nichts.

Hartnäckiger als je zuvor hielt die Kurie am gewohnten Kurs fest. Die vorherrschende Linksorientierung der vatikanischen Politik stand im hergebrachten Widerspruch zur konservativen Haltung des Heiligen Stuhles in Belangen der Disziplin. Einzig bemerkenswert war, daß der Papst selbst in seinen Äußerungen die bisher gepflogene Vorsicht zuweilen vergaß. Insonderheit seit dem Sommer 1972 tauchten in seinen Ansprachen unverbrämte Worte auf.

Auf dem Eucharistischen Kongreß zu Udine konnte man – zum ersten Mal in der jüngeren Papstgeschichte – aus dem Munde eines römischen Pontifex das fatale Wort »Schisma« vernehmen. Paul VI. sagte: »Die katholischen Gemeinden träfe ein sehr trauriges Los, wenn sie den Sinn der Katholizität, ein einziges Volk Gottes zu sein, verlieren würden – wenn sie der Versuchung nachgäben zum Separatismus, zum Selbstgenügen, zum willkürlichen Pluralismus, zum Schisma.« Das konnte gleichzeitig Warnung und Anklage sein. Adressaten waren zunächst jene Bischöfe und Kleriker Hollands, die die Bindung an Rom nur dann noch aufrechterhalten wollten, wenn dessen Verlangen nach Eintracht künftig nicht mehr durch Gehorsam, sondern durch demokratische Übereinkunft verwirklicht würde. Das Wort »Schisma« sollte den Holländern deutlich machen, daß Rom mittlerweile entschlossen war, lieber eine Trennung in Kauf zu nehmen, als um der äußeren Einheit willen den Glaubensabfall zu übersehen, der im Gefolge der »Demokratisierung« längst stattgefunden hatte. Als Anklage verstanden, trat dagegen in dem Worte »Schisma« die Abkehr Pauls VI. von der Toleranz zutage, die er bislang gegenüber allen verdeckten oder offenen Häresien aus Priestermund geübt hatte – oft mit jener Langmut, die einem Heiligen eher ansteht als einem Papst.

Zwei Monate später sprach Paul VI. in einer Generalaudienz plötzlich über den Teufel. Die internationale Presse wertete seine Worte vielfach ab als Rückfall in mittelalterliche Theologie. In Rom nahm man die Äußerung, zumal sie spontan geschah, als persönliches Anliegen ohne ausdrückliche Verbindlichkeit. Wenngleich sie wiederum nur gegen die progressiven Theologen Hollands und Belgiens gerichtet sein konnte, denen Paul VI. die Kluft zwischen ihrer und seiner Auffassung darlegen wollte, so war man doch an solche indirekten Warnungen längst gewöhnt. Was der Papst tatsächlich im Sinne hatte, wurde erst klar, als der »Osservatore Romano« zwei volle Seiten Theologie über den Teufel veröffentlichte. Da war eine Phalanx prominenter Professoren aufgeboten, um das Böse als Person im Sinne römischer Tradition zu definieren. Damit eröffnete der Heilige Stuhl den Kampf gegen jene, die das Bild des Teufels für einen Mythos hielten, geboren aus dem Geist biblischer Zeit. Mit einem Mal ging es nach Roms Auffassung nicht mehr an, die Figur Satans aus der modernen Glaubenswelt zu entfernen, obwohl noch das Konzil einen geometrisch makellosen Bogen um das Problem gezogen hatte.

Der Papst erkannte sehr genau, daß hier viel mehr im Gange war als ein theologischer Streit um die Nachtseite der Schöpfung. Man redete vom Teufel, aber man meinte das gesamte traditionelle Glaubensgut. Dessen Gegenentwurf findet heute in Holland ein kräftiges Zentrum, das aber wenig darüber aussagt, wie weit der »moderne Katholizismus« in der übrigen Welt schon verbreitet ist. Allenthalben treten Priester auf, die behaupten, was sich im Leben Jesu wirklich zugetragen habe, sei mit Genauigkeit nicht anzugeben. Die Verklärung auf dem Tabor und die Himmelfahrt auf dem Ölberg sollte man besser als mythische Verbrämungen interpretieren. Die Wunder Jesu müßten jedenfalls der gleichen Fabulierfreude der Antike zugeschrieben werden wie die Berichte von den wundergleichen Taten des Herkules. Bei der Auferstehung schließlich habe niemand zugesehen. Dies alles sind Kernsätze, die mittlerweile überall auf der Welt mit zweifelnder Duldung, in Holland aber mit freudiger Billigung der Hierarchie einer katholischen Jugend als Lehre der Kirche angeboten werden. Wenngleich also der Gegenangriff des Vatikans fraglos auf die kirchlichen Zustände in den Niederlanden konzentriert war, so bedeutete die Veröffentlichung des »Osservatore Romano« doch mehr als nur die massive Drohung gegen ein einzelnes, dissidentes Gebiet. Man konnte darin ein allgemeines Ultimatum sehen. Der Vatikan war entschlossen, die bislang hingenommenen Häresien nunmehr zurückzuweisen, wo immer sie auch auftraten – und sei es, am Exempel Hollands, um den Preis des offenen Konflikts. Denn abgesehen von den Niederlanden – wer konnte die Verantwortung dafür übernehmen, was in den Ostländern aus der Kirche würde, wenn deren treue Gemeinden den Sendboten solcher Skepsis zum Opfer fielen und diese womöglich noch mit Duldung des Heiligen Stuhles operieren konnten? Hier wurde neuerdings offenbar, wie verhängnisvoll Paul VI. Theologie und Politik verflochten hatte.

So litt der Papst immer mehr unter dem Mangel an Kraft, die steigenden Tendenzen zur Trennung von Rom einzudämmen. Er mußte sich zwingen, seinem Bedürfnis nach Stille, Harmonie und Ruhe nicht nachzugeben. Das Kloster Monte Cassino, das ehrwürdigste des Benediktinerordens, war ihm schon lange ein gelegentlicher Zufluchtsort gewesen. Nachdem er den heiligen Benedikt zum Patron Europas proklamiert hatte, ließ er dem Hauptaltar der dortigen Kirche ein Relief einfügen, das ihn selbst darstellt – als Bittenden vor dem großen Ordensvater.

Auch Benedikt hatte in einer Zeit der Auflösung und der Übergänge gelebt. Dennoch war es ihm möglich gewesen, Frieden zu erzeugen. Zuerst jenen, den die Welt nicht geben kann, dann aber, mittels der kulturellen Leistung seiner Klöster, auch Frieden unter Menschen auf Erden. Alles an der benediktinischen Lebensform kam dem Wesen Pauls VI. nahe: die Gelassenheit des Lebens, der zeitlose Rhythmus von Arbeit und Gebet, das Kultivieren von Erde und Geist. Warum sollte der Papst in Monte Cassino nicht im Kleinen verwirklichen, was ihm im Großen mißlungen war? Sanft war die Landschaft, die den Ort umgab. Doch genügte ein Blick von der Terrasse des Klosters, um den Menschen Montini erkennen zu lassen, daß über Paul VI. ein anderes Schicksal verhängt war. Von den benachbarten Hügeln, bedeckt mit Tausenden von Soldatengräbern, empfing der Papst aufs neue die Mahnung, die seinen ganzen Pontifikat in Unruhe gehalten hat: Der Friede war bedroht. Die Opfer des Krieges hatten nicht ausgereicht, ihn zu verwirklichen. Mußte es jetzt nicht am Papste liegen, diesen Frieden, den kein anderer ermöglichen konnte, im Namen des Stifters seiner Kirche herbeizuzwingen? John F. Kennedy hatte einmal emphatisch ausgerufen: »Die Menschheit muß dem Krieg ein Ende setzen, sonst setzt der Krieg der Menschheit ein Ende.« Die Antwort Pauls VI. war, daß er sein Vertrauen auf internationale Institutionen steigerte. Er hat die UNO in ihrer Ohnmacht wohl erkannt, das Aufeinanderprallen nationaler Egoismen und ideologisch getarnter Machtblöcke realistisch beurteilt. Aber er befahl sich, daran zu glauben, die dort vertretene Welt werde seinen moralischen Impetus aufnehmen wie ein Heilmittel gegen Paralyse. Er wollte vor der UNO nicht nur Gott bekennen, sondern auch dessen Willen, der Menschheit eine friedliche Zukunft zu bereiten, sofern nur noble Gesinnung, Fairneß und Selbstlosigkeit darin höher bewertet würden, als die Macht – und die Angst, sie zu verlieren. »Es genügt«, so sagte Paul VI. vor den Vereinten Nationen, »daran zu erinnern, daß das Blut von Millionen Menschen, daß die unerhörten Leiden, das unnötige Abschlachten und die entsetzlichen Ruinen den Pakt rechtfertigen, der Sie vereint – in einem Schwur, der die künftige Geschichte der Welt verändern soll: niemals mehr Krieg, niemals mehr Krieg.

Es ist der Friede, der Friede, der das Schicksal der Völker und der ganzen Menschheit bestimmen muß.« Paul VI. »hatte der Liebe« – und dennoch schien es, als seien seine Worte »tönendes Erz und klingende Schelle«. Sie verhallten ungehört. Als hochdifferenzierter Intellektueller suchte der Papst die Fehlerquellen seiner gescheiterten Pläne nicht zuerst in der Sache, sondern in der eigenen Person. Liebte er etwa mehr, als ihm erlaubt war, die Menschheit in ihrer künftigen, gesitteten Gestalt, zu wenig aber die Menschen, die sich mit Schuld beluden und nicht wußten, was sie taten?

Auf dem Kongreß von Udine gebrauchte Paul VI. eine Formulierung, die seinen Zustand am Vorabend des ominösen 75. Geburtstages erhellt. Die Kirche als »mystischen Leib Christi« zu verstehen, ist eine alte theologische Gepflogenheit. Der Papst fügte dieser Definition ein neues Wort hinzu. Er sprach von der Kirche als dem »corpo sociale e mistico« – dem gesellschaftlichen und mystischen Leib Christi. Warum mußte er dem ererbten Begriff den realistischen Terminus »sozial« injizieren, zumal dieser den wertbestimmenden Aspekt des »Mystischen« an zweite Stelle rückte? Es gab nur einen Grund – Werbung um jene, denen die Kirche ohne das ausdrückliche Engagement im Sozialen nichts mehr besagte, da sie ein außerirdisches Ziel des katholischen Glaubens nur noch als willentliche Verblendung der Massen durch metaphysisch maskierten Feudalismus begreifen konnten. Mit dem Wort von Udine erklärte sich Paul VI. bereit, selbst das Mysterium des fortlebenden Christus mittels eines winzigen Beiwortes zu »modernisieren«, in der Hoffnung, er werde damit einhandeln, daß die Radikalen bei der Stange blieben. Hier trat zutage, was Johannes XXIII. gemeint hatte, als er den damaligen Erzbischof von Mailand mit Hamlet verglich. Diesen ließ Shakespeare allein mit dem Problem »Sein oder Nichtsein«. Bedeutungsvoll für Paul VI. ist, was im Text des Dramas unmittelbar folgt – nämlich der banale Satz: »Das ist hier die Frage.« Am Vortag seiner Krönung hat Montini zu Landsleuten aus Brescia und Mailand ahnungsvoll gesagt: »Che cosa sarà di me?« – Was wird aus mir werden? Dasselbe hätte er an jenem 26. September 1972 sagen können, den der Osservatore Romano »una data fausta« nannte – einen glückverheißenden Tag.

Der Verfall der römischen Tradition

Im Herbst 1972 sprach Paul VI. zu den Teilnehmern einer Mittwochaudienz von der Notwendigkeit, den Glauben zu mehren. Er zitierte dabei den Galaterbrief des Apostels Paulus. Die einschlägige Stelle hatte bis vor wenigen Jahren ihren Platz in der Lesung des dreizehnten Sonntags nach Pfingsten. Unvermittelt legte der Papst den vorbereiteten Text beiseite, erinnerte – gegen seine Gewohnheit in freier Rede – mit Wehmut an das abgeschaffte Meßformular und pries dessen Schönheit und Tiefsinn – »vor der jüngst erfolgten Reform der Liturgie«. Das Wort versetzte die Propagatoren kultischer Neugestalt in helle Aufregung. Paul VI. hatte – nach wiederholten Mahnungen, dem römischen Ritus seinen Rang zu lassen – einmal mehr eingestanden, wie sehr er sich persönlich der »alten« Liturgie noch verbunden fühlte. Das war gleichbedeutend mit einer subjektiven Distanzierung von der neuen Kultform, die er selber anfänglich mit soviel Elan promoviert hatte. Niemals zuvor gab ein Papst in vergleichbarer Offenheit zu, eine von ihm getroffene Entscheidung nachträglich nicht mehr mit voller Autorität zu decken.

Als Athenagoras und Paul VI. einander zum letzten Mal begegneten, kam die Rede, wie schon öfter vorher, auf den Kult. Augenzeugen berichten, der Patriarch habe sich am Höhepunkt des Gespräches zu voller Größe aufgerichtet – ein baumstarker Riese gegenüber dem zierlichen Papst – und mit lauter Stimme gesagt: »Mein Bruder, ich beschwöre Sie, rühren Sie die Liturgie nicht an.« Paul VI. zeigte sich beeindruckt, aber nicht bekehrt. Die Hinwendung des Ritus auf den heutigen Menschen, manifestiert durch schlichte Form und intellektuelle Verständlichkeit, bildete einen wichtigen Teil des Programms, mit dem der Papst am Beginn seines Pontifikats der Welt darlegen wollte, auf welch vielförmige Weise die bislang so starre Kirche durch das Konzil für Zeitumstände und Zukunft anpassungsfähig geworden war. So mußte des Patriarchen sorgenvolle Bitte wie eine Antithese zu dem Grundsatz klingen, den der langjährige Präsident der päpstlichen Liturgiekommission, Kardinal Lercaro, in die dürren Worte gekleidet hatte: »Wenn ich nicht verstehe, dann bete ich nicht.« Kein Priester der Orthodoxie konnte einem solchen Gedanken zustimmen, kein Angehöriger der anglikanischen Kirche darüber frohlocken. Nicht einmal die Protestanten im weiten Fächer ihrer Bekenntnisse zeigten sich geneigt, in der Rationalisierung der katholischen Liturgie einen Schritt der Annäherung zu erkennen. Beinahe für alle christlichen Bekenntnisse, die dem katholischen als Dialogpartner gegenüberstanden, war es erschreckend zu beobachten, wie die römische Kirche selbst ihren ehrwürdigen Ritus als unzeitgemäß empfand und nichts mehr davon wissen wollte, daß dieser Ritus einst entstanden war, um das unbegreifbare Geheimnis des christlichen Glaubens in zeitlose Schönheit zu hüllen. Den Schöpfer aller Dinge in dem Glanz zu verherrlichen, der ihm gebührt, sollte plötzlich Magie sein, erfunden, um die Menschheit zu verdummen. Durch die Reform der Liturgie wollte man – unter Beibehaltung der hergebrachten Grundformen – einen Kult schaffen, in dem das veraltete Geheimnis entschleiert war und dem zur »Moderne« herangereiften Verstande der Vorrang zufiel. Gleich dem Bestreben, mittels historisch-positivistischer Methoden die biblischen Berichte auf eine beweisbare Glaubwürdigkeit einzuschränken, sollte auch am Gottesdienst alles ausgespart werden, was im »mündigen Christen« den Verdacht der Mystifizierung erregen konnte. So sanken Schönheit und Glanz in der Meinung der Reformer zu leerem Pomp herab, von dem man in unbefangener Urteilsfreude behaupten könnte, Gott habe ihn nicht nötig und den Menschen besage er nichts.

Die alte katholische Messe war eine Art Gesamtkunstwerk gewesen, das durch fünfzehnhundert Jahre immer reicher geworden war. Mehrmals mußten Wucherungen beseitigt werden. Aber selbst das Tridentinische Konzil, das die damals notwendig gewordene Straffung der liturgischen Form rigoros dekretierte, hütete sich mit Grund, den Ritus nicht mehr auf Gott, sondern auf den Menschen zu orientieren. Unter Paul VI. dagegen reichte die Tendenz zum Hominismus bei der Reform bis in die Sprache der Meßtexte hinein. Im alten Missale Romanum war beim Offertorium das Brot als »immaculata hostia«, als makellose Opfergabe bezeichnet worden. Der Ordo Novus nannte es »fructum terrae et operis manuum hominum« – die Frucht der Erde und der Arbeit menschlicher Hände. Ebenso wurde der Wein, einstmals Kelch des Heiles, zur Frucht der Traube und – natürlich wieder – der Arbeit menschlicher Hände.

Während man in Rom noch um die Endfassung des Ordo Novus rang, ergriff einen beträchtlichen Teil des Klerus in allen Ländern der Welt bereits die Welle der Purifizierung. Im Hochgefühl nachkonziliarer Freiheit wurden Hochaltäre ausrangiert, Tabernakel entfernt oder nicht mehr benützt, Darstellungen von Heiligen verpönt. Neupriester verlangten als Bedingung für die Annahme ihrer Weihe die Zusicherung des Bischofs, sie würden niemals in einer barocken Kirche Dienst tun müssen. Wie hoch die Dinge gediehen waren, zeigte der Verlauf der Messe, die Paul VI. am 17. September 1972 zum Abschluß des italienischen Eucharistie-Kongresses in Udine feierte.

150.000 Menschen hatten sich eingefunden. Der Altar, sinnigerweise errichtet über einem camouflierten deutschen Wehrmachtsbunker, war ein riesiger weißgedeckter Tisch. Trotz seiner Größe reichte er nicht aus für die geplante Konzelebration. Die Veranstalter hatten errechnet, daß wenigstens zwei Drittel der zusammengeströmten Gläubigen den Wunsch hegen würden, die Kommunion zu empfangen. Folglich traten zur Konzelebration zweihundert Priester in Albe und Stola an, jeder mit einem Kelch voller Hostien. Sie wurden nicht um den Altar gruppiert, sondern hinter ihm in Fünferreihen gestaffelt. Für alle sprach der Papst die Wandlungsworte. Zur Austeilung des Sakraments verließen die Priester in langer Reihe die Plattform. Je zweien von ihnen wurde ein Jugendlicher beigegeben, der sie zu ihrem vorbestimmten Bezirk geleiten sollte. Alle diese Jugendlichen hatten es aus Überzeugung verschmäht, durch Meßdienerkleidung und gereinigtes Haupthaar als Glieder des liturgischen Geschehens kenntlich zu sein. Also gab man ihnen ein Kreuz in die Hand, das sie ermächtigte, den nachfolgenden Priestern Raum zu schaffen. Hundert solcher Kreuze zu finden, war nur bei einer Firma möglich gewesen, die provisorische, mit leeren Emailschildern versehene Friedhofskreuze herstellte. Solcherart geleitet, gelangten die Priester mit dem Sakrament zu den Gläubigen. Nur recht wenige nahmen die Kommunion. Bald standen die Priester mit halbgefüllten Kelchen in der Menge und riefen: »Chi vuole ancora?« – Wer möchte noch? Schließlich entdeckte ich zwei, die einander, die Hostien in der Hand, eine anscheinend komische Geschichte erzählten. Ein Mann neben mir sagte: »Und die wollen uns weismachen, daß das, was sie da austeilen, der Leib des Herrn ist.« Auf der Ebene des Papstaltares hatte die neue Liturgie gerade noch gehalten. Fünf Meter tiefer, auf dem Parterre der Massen, war ihr Sinn verflogen.

Man kann verstehen, daß kompromißlose Priester – selbst in Rom, unter den Augen des Papstes – einen Schritt weiter gingen und auf die Liturgie überhaupt verzichteten. Einer von ihnen war Don Gerardo Lutte, ein Salesianerpater aus Belgien, den das alsbald verhängte Berufsverbot wenig kümmerte. Die Barakkensiedlung Monte Rotondo, in der Don Lutte arbeitete, ist umstellt von modernsten Luxusappartements. Als Besitzer fungiert ein römischer Aristokrat, dessen Vermögen aufs innigste mit den vatikanischen Finanzen verflochten ist. Jedes Kind weiß, daß hier mit Riesensummen spekuliert wurde, deren Hauptgewinn in die päpstlichen Kassen fließt. Hundert Meter davon entfernt hielt Don Lutte seine Art von Messe in einem kahlen ungefegten Raum. Als ich hinkam, fand ich ihn und seine Anhänger mitten in einer politischen Diskussion. Don Lutte saß an einem alten Schreibtisch, neben sich eine wohlgekleidete, gepflegte Studentin der Soziologie, die plötzlich begann, aus dem Evangelium vorzulesen. In der anschließenden Aussprache sagte Don Lutte: »Ich weiß schon, warum heutzutage so wenig Leute zur Messe gehen. Die Kirche hat sich zu oft auf die Seite der Reichen gestellt. Sie hat das Wort des Herrn verleugnet, der gesagt hat, die Kirche müsse vor allem für den Dienst an den Armen da sein. Statt dessen hat sie die Rechte der Reichen gegen die Armen verteidigt. Für viele, die sich das klarmachen, ist der Besuch der Messe wie ein Verrat – ein Verrat an den Arbeitern, an den Menschen, die leiden, die unterdrückt sind und ausgenützt werden. Nur wer sich dem Dienst an den Armen hingibt, darf ein Recht auf Autorität haben.« Darauf ein junger Mann: »Wir untersuchen viel zu wenig, ob man sich gegen Autorität nicht empören, ob man sie nicht zusammenschlagen müßte. Ich glaube, es ist besser, aus der Kirche draußen zu bleiben, weil es wichtig ist, zu protestieren, auch wenn man im Irrtum ist.« In den Augen der Zuhörer glänzte Zustimmung.

Don Lutte war kein Einzelfall. In Florenz hatte ich Gelegenheit, Zeuge eines Gottesdienstes zu sein, den der weitberühmte Don Mazzi auf dem Kirchenplatz des Isolotto hielt. Es regnete in Strömen. Unter Schirmen standen zweihundert Menschen im Kreis um einen improvisierten Altar. Zum Schluß sagte Don Mazzi, für das Ausharren der Gemeinde dankend: »Wir sind die Kirche der Armen, der Rechtlosen, Ausgesetzten und Unterdrückten. Wir sind stolz darauf, nichts mit den Prälaten gemein zu haben, die in ihren Basiliken sitzen und sich den Segnungen der Zentralheizung hingeben.«

Im Elendsviertel unter dem claudischen Aquädukt unweit der Via Appia nuova erklärte mir Don Roberto in franziskanischer Heiterkeit: »Ich bin kein Intellektueller, der am grünen Tisch ein vorgeformtes Schema ausheckt, mit dessen Hilfe er der Kirche suggerieren könnte, wie sie sich reformieren soll. Ich überlasse diese Frage den Armen. Wenn es wahr ist, daß die Armen der lebende Christus in der Geschichte sind, dann soll dieser Christus reden. Es muß ein Ende damit haben, daß das Schicksal der Kirche im Studierzimmer der Theologen entschieden wird oder gar in der Taubheit und Kälte der Kurie.«

In Ravenna gab es einen Priester namens Don Ulisse Frascali, der seinen Beruf als Busfahrer ausübte. Er ging von der Voraussetzung aus, das Christentum könne sich nur erneuern durch radikale Politisierung. Die Methode dazu biete der Marxismus, der aber nicht das Ziel sei. Dieses definierte Don Ulisse mit der totalen Selbstverwirklichung des Menschen in der Gemeinschaft. Er selber hatte am Stadtrand von Ravenna ein Kinderheim gegründet, dessen kleine Insassen sich darin angeblich so wohl fühlten, daß es ihnen als Strafe erschien, wenn sie hin und wieder in die eigene Familie zurück mußten. Damit bewies Don Ulisse seine These, die Familie sei eine Erfindung der bürgerlichen Gesellschaft zur Unterdrückung der freien Willensbildung der Kinder. Analog dazu seien die Sakramente eine Erfindung der amtlichen Hierarchie zur Unterdrückung der freien Willensbildung der Christen. Die Messe in ihrer rituellen Form feiere er noch, weil alte Leute daran gewöhnt sind und nicht enttäuscht werden dürfen. Im übrigen hielte er jede Art von Liturgie für einen Ausfluß des »Kultualismus«, der von Hierarchie und Bourgeoisie zusammen kreiert worden sei, um den Menschen durch den Zwang zur Verehrung unkontrollierbarer Mächte an seiner Selbstverwirklichung zu hindern. Da die Übernatur außerhalb der überschaubaren Welt liege, könne sie nicht in den Auftrag des Evangeliums einbegriffen sein. Deshalb stelle er einem Sterbenden stets als letzten Trost vor Augen, wie vollkommen er in der Gemeinschaft aufgegangen sei – Grund genug, um das Schicksal seiner Seele beruhigt Gott zu überlassen. »Wenn aber«, so fragte ich dagegen, »ein Mensch ganz und gar nicht so gelebt hat, wie Sie es wollen, wenn er ein Egoist, ein Geizhals, ein Verräter war und dies im letzten Augenblick einsieht – was sagen Sie ihm dann?« – »Das«, so antwortete er, »muß ich bei der nächsten Versammlung diskutieren.«

Beispiele, die für Hunderte stehen. Sie sollen zeigen, daß der Kampf, der unter den Augen des Papstes tobte, nicht abzutun war mit Begriffen wie »Häresie« und »Sektierertum«. Die dissidenten Priester bildeten längst eine weltweite Bundesgenossenschaft. Wer sie am Werke sah, mochte über die Blindheit klagen, mit der sie die Erlösungsbedürftigkeit der menschlichen Natur mißkannten, er mochte bestürzt sein über die Kraft, die hier vergeudet wurde, anstatt der Kirche neues Leben zuzuführen. Aber er konnte jenen Priestern nicht den Idealismus absprechen. Sie liebten es sehr, den heiligen Franziskus als Vorbild anzuführen. In der Tat hat der Poverello von Assisi ihre Grundsätze an Radikalismus womöglich noch übertroffen. Aber in einem unterscheidet er sich von ihnen. Er hat die Kirche, deren damaliger Feudalismus ihm höchst unchristlich erscheinen mußte, niemals angetastet. Er starb in der Überzeugung, gescheitert zu sein – nicht weil er an seiner Idee irre geworden wäre, sondern weil er in der Kirche verblieb. Ich fragte Don Ulisse, was nach seiner Ansicht die Kirche der Zukunft tun solle. »Selbstzerstörung«, sagte er, »ist ihr einziger Weg, und sie wird ihn gehen.« – »Ist das eine Voraussage?« – »Mehr – eine Forderung an die ganze Hierarchie.« – »Und wenn sie erfüllt ist?« – »Dann wird es keine Kirche mehr geben, keinen Vatikan, keine Priester, aber eine christliche Menschheit.« Joachim von Fiore hat am Ende des dreizehnten Jahrhunderts für das letzte Zeitalter der Welt das gleiche prophezeit. Er war ein Mystiker. Don Ulisse dagegen behauptete, er sei ein Realist.

Hier wurde bloßgelegt, wie sehr die offenkundige Verwirrung in der katholischen Kirche ein Klerusproblem war. Man hatte sich angewöhnt, diesen Klerus nach einem Schema zu ordnen, das zwar bequem, aber falsch war. In der Mitte der katholischen Kirche vermutete man einen verstockten, konservativen, römischen Kern, gegen den eine dynamische Schar fortschrittlicher Priester von außen anstürmte, während die große Anzahl Unentschlossener zwischen den Extremen hin und her schwankte. Von Rom aus gesehen, zeigten die Jahre Pauls VI. ein anderes Bild. Im Vatikan fluktuierten Vertreter aller Richtungen, die wechselweise das Ohr des Papstes erreichten. Paul VI. selbst war stets im Geiste fortschrittlich, im Herzen aber konservativ, folglich als Regent ein Janus mit zwei Gesichtern. Schließlich konnte man in Rom deutlich wahrnehmen, daß den drei scheinbar wohlunterschiedenen Gruppen stets eines gemeinsam war – die Angst, unmodern zu sein.

Johannes XXIII. hatte mit dem Worte »aggiornamento« an die Kirche die Mahnung gerichtet, sich den Forderungen des Tages zu stellen. Er ist vom Konzil in Grenzen verstanden, in den nachfolgenden Jahren gründlich mißdeutet worden. Denn anstatt dem Zeitalter durch kritische Hilfe gerecht zu werden, versuchte ein großer Teil des Klerus alsbald, sich ihm ohne Auseinandersetzung anzugleichen. Da die Welt gegen die Kirche eine Menge Vorurteile hegte, mußte man beweisen, daß die nachkonziliare Kirche sie nicht mehr verdiente. Das konnte am besten gelingen, wenn man selber Kritik übte – an der Kirche der Vergangenheit. So kam es zu einer Abneigung des Klerus gegenüber der Kirchengeschichte, an der Voltaire seine Freude gehabt hätte. Ein solches Ressentiment mußte notwendig an allem Ärgernis nehmen, was aus der Vergangenheit noch in die Gegenwart hereinlebte – also an der gesamten Tradition. Hierarchie, Recht, Frömmigkeit, Liturgie, lateinische Sprache, Schönheit in Musik und Kunst – dies alles durfte nicht mehr in seinem Eigenwert geschätzt, sondern nur noch darauf geprüft werden, ob es die Identifizierung mit der gegenwärtigen Welt fördern konnte oder nicht. Wer früher der Tradition anhing, bekannte sich zur Geschichte als dem Extrakt zahlloser menschlicher Schicksale, die durchlebt und durchlitten worden waren. Mit ihrem guten und bösen Erbe zurechtzukommen, war Verpflichtung und Ansporn gewesen. Nunmehr jedoch, da die Geschichte als ein Makel galt, von dem man die Gegenwart befreien mußte – was lag da näher, als die Tradition im ganzen zu verwerfen und somit nachzuweisen, daß man wirklich modern war? Absurderweise standen dabei Konservative, Ratlose und Fortschrittler zusammen unter der Anklage, immer noch die Kirche der Macht zu sein.

Gegen diese aber zog ein wortgewaltiger Mann zu Felde, Padre Balducci. Seine Theorie hatte genügend Brisanz, um die vom Moderne-Komplex befallenen Priester zu faszinieren – bis hinein in den Vatikan. Für Balducci war die traditionelle Form des Bekenntnisses zu Christus durch die Nachkriegsära auf radikale Weise überwunden. Die Aufgabe einer in die Zukunft blickenden Kirche sah er darin, das Mysterium der Erlösung neu zu fassen und in einer Sprache zu bekennen, die dem Menschen des Atomzeitalters verläßlich scheinen konnte. Der einzige Ort für diesen Erkenntnisprozeß war nach Balducci die christliche Gemeinschaft. Denn weder das Lehramt der Kirche noch die Überlegungen der Theologen konnten ein neues Begreifen und Bekennen des Glaubens garantieren. Die streng institutionelle Struktur der Kirche, so sagte Balducci, sei in der Vergangenheit sogar von Nichtgläubigen bewundert worden. Nunmehr aber habe man Klarheit darüber gewonnen, wie wenig Überzeugungskraft die eigene Hierarchie für die Tatsache der Erlösung mobilisieren könne. Im Gegensatz zu anderen christlichen Gemeinschaften habe das katholische Prinzip die Verkündung der Wahrheit Gottes immer abhängig gemacht von einer hierarchischen Mittlerschaft, pyramidal abfallend vom Papst über die Bischöfe zu den Priestern, die auf der Alltagsebene als Sendboten der von der Hierarchie festgelegten Lehre auftraten und die Notwendigkeit solcher Vermittlung dem Bewußtsein des Gottesvolkes aufprägten. »Es ist aber die Gemeinschaft der Gläubigen«, so rief Padre Balducci den verstörten Klerikern zu, »die sich selbst das Wort Christi mitteilt und die, in der Abfolge der Generationen, dafür eine neue Sprache und eine neue Präsenz in der Welt erzeugen muß.« Der Gemeinschaft der Gläubigen allein komme die Unfehlbarkeit zu. Sache von Papst und Bischöfen sei es lediglich, den Zusammenhalt zu garantieren, der es den Priestern ermöglicht, im Kollektiv der Gläubigen derart aufzugehen, daß niemand mehr sie des Anspruchs zeihen könne, ein Recht über die ihnen anvertraute Herde auszuüben. Erst an diesem Punkt ende die Revolution, die vom Zweiten Vatikanischen Konzil ausgelöst worden sei.

Die vorhin genannten anti-hierarchischen Priester sprachen allein den materiell Armen das Recht zu, die Form der Kirche zu bestimmen. Balducci dagegen hat für die Besitzlosigkeit eine spirituelle Ebene geschaffen, indem er den Verzicht auf die Macht der Mittlerschaft zum Kriterium seines neuen Kirchenbildes erhob. »Die Gemeinschaft der Laien«, so sagte er, »beansprucht zu Recht für sich das Priestertum und die prophetische Verkündigung gegenüber der Welt.« In Balduccis künftiger Kirche geht die Hierarchie auf im Menschendienst. Würde und Heiligkeit des Priesteramtes schaffen sich selbst aus der Gemeinschaft und bedürfen keiner anderen Weihe. Das Bischofsamt ist ein Koordinationsfaktor, das des Papstes der Kulminationspunkt bischöflicher Kollegialität. Lehramt, Richteramt, Hirtenamt tauchen ein in den Prozeß, worin die Gemeinschaft der Gläubigen die Lehre des Evangeliums stets neu formuliert. Voraussetzung hierzu ist die geistige Autonomie des Christen und die Abwesenheit jeden Bedürfnisses nach Verehrung und Heiligkeit. Als einziges Sakrament überlebe das des Altares, das jedoch gemäß seinen meßbaren Materialien nur nach Brot und Wein zu benennen sei.

Dieses Konzept, verglichen mit der traditionellen Kirchenstruktur und gemessen am bisherigen Selbstverständnis von Theologie, Hierarchie und Papsttum, übertraf bei weitem die Kühnheit jener Philosophen der Renaissance, die mit dem Menschenbild des Mittelalters abgerechnet hatten. (Vielleicht ist der Wohnsitz Padre Balduccis kein Zufall – die Badia von Fiesole, von Cosimo de' Medici gegründet.) Außer kindlicher Erinnerung gab es von hier aus keine Brücke mehr zu der »alten Kirche«. Balducci war klug genug, auf diese Kirche nicht den Maßstab von »gut oder schlecht« anzuwenden – denn über seinen eigenen Entwurf konnten Kritiker allzuleicht das technische Urteil von »richtig oder falsch« fällen. So blieb die alte Kirche ein Phänomen, dem das

Leben abgesprochen war, bevor irgend jemand den klinischen Tod feststellte. Weder ihre Gegner noch der Papst konnten sich ganz von ihr befreien.

Die alte Kirche war mütterlich gewesen bis zur Schwäche, regiert von einer väterlichen Gestalt, die sich auf den Heiligen Geist berief und als Diener der Diener Gottes auftrat. Alle Sünden, die ein Mensch begehen kann, von der Herrschsucht bis zur Völlerei, von der Unzucht bis zum Judas-Verrat hafteten dieser Kirche an. Doch vermochte sie noch in ihren düstersten Weltstunden Menschen hervorzubringen, deren Leben mit Caritas erfüllt war und Heiligkeit ausstrahlte. Sie war eine Kirche für Arme und Reiche gewesen und hatte als Stachel des Gewissens stets den einen Augenblick gespürt, der alle Menschen gleich macht: den Tod. Sie bezog ihre Wahrheit aus dem ewigen Leben, um dessentwillen das irdische durchlitten werden mußte. In ihr wurde unendlich viel gebetet – zur Abwendung von Unheil, für Segen der Ernten, zur Verschonung von Strafen, für Gnade vor Recht, vor allem aber zum Preise Gottes. Ihn verstand die alte Kirche als den Herrn des Weltschicksals, dessen Ratschluß sie sich beugte. Somit bestimmten die Gleichnisse von den Arbeitern im Weinberg und von den Lilien auf dem Felde ihr Daseinsgefühl tiefer als die Vertreibung der Händler aus dem Tempel oder das Nadelöhr, das einem Reichen den Eintritt in den Himmel so schwer macht. Auch die Kultur, die sie schuf, war von der Herrlichkeit der Schöpfung inspiriert, worin noch die geringste Kreatur Leben und Licht von Gott empfängt. Daraus zog sie das Recht, auch über den menschlichen Reichtum des antiken Heidentums die Taufe auszugießen. Die Zustände auf der Welt zu bessern, schien der alten Kirche nur in der Konzentration auf den einzelnen Menschen möglich, den sie durch den Glauben anleitete, die Grenzen seiner Freiheit einzusehen. Innerhalb dieser aber verteidigte sie unbeirrt die Unauswechselbarkeit der Person, das Schicksal der Seele, das sich nicht wiederholt. Die alte Kirche hat Kriege nicht verhindert, oftmals sogar entfesselt. Für sie war das Böse keine sachliche Frage, sondern eine persönliche Intelligenz, die mit jedem Mittel der Verführung zur Gewalttat verleitet. Bei der Eroberung Lateinamerikas duldete die alte Kirche den Mißbrauch des Glaubens zugunsten der Macht und der Habsucht. Aber sonderbarerweise ließ sie gleichzeitig das Völkerrecht entstehen, von dem auch wir Heutigen noch zehren. So gab es für jede Sünde, einschließlich der Inquisition, spontane Taten des Ausgleichs, die das Evangelium genauso schlackenlos verwirklichten, wie es die Priester der Opposition für morgen versprachen. Ob das Leben einer fröhlichen Ordensschwester aus Niederbayern, die unter Verzicht auf Heimaturlaub vierzig Jahre in einem afrikanischen Lepradorf verbrachte, das Versagen der Kirche in Kolumbien aufwog – wer konnte darüber urteilen? Die alte Kirche war eine fortgesetzte Kreuzigung ihres Stifters, aber sie maßte sich nicht an, weiter zu sehen als der Herr der Geschichte. Dieser jedoch, der »Pantokrator«, war ein Vorstellungsbild der christlichen Antike, worin sich das Evangelium verschwistert hatte mit dem Erbe Roms. Wenn in der zweiten Hälfte des 20. Jahrhunderts der Sturm auf Papsttum und Hierarchie eröffnet wurde, dann war sein eigentliches Ziel das Ende der römischen Tradition.

Paul VI. hatte die Namen vieler Heiliger aus der offiziellen Liste streichen lassen, weil ihre Existenz geschichtlich nicht nachweisbar ist. Die Legende mit ihrer Poesie sollte die Mitglieder seiner kristallklaren Kirche nicht mehr bevormunden. Trotzdem gab es in St. Peter auch weiterhin Heiligsprechungen. Ihr Zeremoniell schrieb vor, der Kardinal der Glaubenskongregation, ein Richter der Rota und ein Konsistorial-Advokat hätten den Papst zu bitten, er möge den Namen des neu Erhobenen in den Heiligen-Katalog der Kirche einschreiben lassen. Ein juristischer Akt, auf Erden vollzogen, fand jenseits des Irdischen seine Entsprechung. Das war sehr römisch. Das Recht, größer gedacht als die erfahrbare Welt, war eine Leistung Roms, vollendet, lange bevor es das Christentum gab.

Basis dieses römischen Rechts war die Pietas gewesen, ein Tugendbegriff, den man weder mit Ehrfurcht noch mit Frömmigkeit genau übersetzt. Pietas bedeutete den Willen, die eigene Person in Übereinstimmung zu bringen mit den Gesetzen des Kosmos, des Staates, der Familie, wobei die Absicht fromm war und die Geste von Ehrfurcht erfüllt. Für den Menschen des antiken Rom bewegten sich die Kräfte des Weltalls und der Natur nach immanenter Harmonie. Um sie auf das zeitliche Leben anwendbar zu machen, bedurfte es einer Form. Sie wurde von Rom geschaffen durch das natürliche Recht, das dem einzelnen Menschen in der Wechselwirkung von Freiheit und Pflicht die organische Entfaltung zugunsten des Gemeinwohls ermöglichte. Über die Abweichung von den Bahnen des Rechts war Strafe verhängt, die die verletzte Wohlgestalt des Ganzen wiederherstellen sollte. Ein solches Rechtsdenken mußte das Leben der menschlichen Gesellschaft notwendig als einen Organismus sehen, dessen Glieder miteinander kommunizierten durch die Vernunft. Diese brachte ihrerseits als Funktionsmittel die Logik hervor. Logik aber birgt die Gefahr, zum unerbittlichen Mechanismus zu werden. Dem zu begegnen vermochte die Humanitas, die die Würde und die Schwäche der menschlichen Natur in das Weltgeschehen einbezog. Wer sich darüber hinaus den geheimen Kräften beugte, die unserer Erkenntnis entzogen sind und dennoch unser Schicksal bestimmen – der übte Pietas.

Durch sie war begreifbar, daß die Entwicklung der Völker, Aufstieg und Untergang der Reiche, die Geschicke der großen Beweger zusammengenommen weder ein Chaos noch ein Bündel von Zufällen sein konnten. Vielmehr schienen sie dem Geheimnis einer stetigen Verwandlung zu unterliegen, das größer war als die Summe der Geschichte. Im römischen Denken führten solche universalen Erwägungen schon früh zu dem Bedürfnis, Vergangenheit und Gegenwart nicht getrennt, sondern als Einheit zu sehen. Im Atrium des römischen Hauses hingen die Totenmasken der Vorfahren. Verstarb ein Mitglied der Familie, dann engagierte man Schauspieler, kleidete sie in die Gewänder der Ahnen und setzte ihnen deren wächserne Gesichter auf. So fuhren die in die Gegenwart zurückgerufenen Toten dem Leichenzug voraus und holten den Enkel zu sich ein. Bis in die Tiefe der Frühzeit hinab reichte der Begriff des Mos maiorum, der Sitte der Väter, auf deren Reinheit und Verpflichtung man sich immer wieder besann. Auf diese Weise entstand, was wir heute Tradition nennen – die lebendige Präsenz der Geschichte in ihren jüngsten Erben.

Vierzig Meter vom Thron des Papstes entfernt und sieben Meter unter dem Fußboden von St. Peter verläuft eine Straße von Mausoleen, Teil des vatikanischen Friedhofs der Antike. Einen Steinwurf weit nach Süden lag der Zirkus des Nero, die Stätte, an der der Apostel Petrus gekreuzigt wurde. Nach römischem Recht war Petrus ein Hochverräter gewesen. Dennoch konnten seine Anhänger den Leib des Hingerichteten ungehindert zwischen den Gräbern staatstreuer Bürger bestatten. Denn selbst der vom Wahn der Cäsaren verdüsterte Nero, der Petrus verurteilt hatte, respektierte das Gesetz, dem zufolge ein Verbrecher nach gesühnter Schuld die Ehre zurückgewann und damit das Recht auf ein unantastbares Grab. Wie jeder Kaiser verkörperte auch Nero die ungestörte Harmonie zwischen den Ordnungen des Weltalls und der menschlichen Gesellschaft. Das war eine sakrale Funktion und somit ein Teil der Pietas. Auf diese ein natürliches Recht zu haben, sprach Petrus dem Nero in revolutionärer Weise ab, indem er behauptete, einem Herrn zu dienen, der über dem Kaiser stehe. Petrus wußte nicht, daß spätere römische Kaiser den Herrn, für den er sich mit den Füßen nach oben kreuzigen ließ, als den König des Universums anbeten würden. Nero aber wußte nicht, daß die Nachfolger Petri einst seine kaiserliche Stellung zwischen Himmel und Erde einnehmen würden – als Päpste.

Petrus allein erhielt – nach der traditionellen Schriftauslegung – die Schlüsselgewalt, auf Erden Entscheidungen zu treffen, die auch im Himmel Geltung behielten. Ein solcher Sachverhalt entsprach im Grundsatz dem Rechtsdenken Roms, das auch dann noch fortwirkte, als der kaiserliche »Princeps« durch den »Princeps Apostolorum« abgelöst worden war. Die rechtliche

Position des Kaisers war die eines Vermittlers kosmischer Gesetzmäßigkeit. Die metaphysische Position Petri rechtfertigte sich aus dem Alleinbesitz der Schlüsselgewalt. Beiden eignete die Vollmacht, Urteile zu fällen, die hier und dort verbindlich waren. Hieraus ergab sich eine formale Übereinstimmung, die von den nachfolgenden Päpsten als gottgewollt betrachtet wurde. Folglich glaubten sie, den Gesetzen der Schöpfung gemäß zu handeln, wenn sie ihre petrinische Singular-Vollmacht in den Formen römischen Rechtes ausübten. Zwischen diesen und den Geboten des Evangeliums einen prinzipiellen Gegensatz aufzufinden, blieb den Priestern der »nachkonziliaren« Ära vorbehalten. Im Widerspruch zu ihnen folgte noch Paul VI. der harmonisierenden Kraft der römischen Tradition, wenn er unter der Formel »kraft der Autorität der Apostel Petrus und Paulus und Unserer eigenen« einen Menschen zum Heiligen erhob.

Das Zeremoniell der Heiligsprechung sah vor, dem Papst seien beim Offertorium neben Kerzen, Blumen und Brot auch zwei weiße Tauben und zwei Fäßchen Wein zu bringen. Der verborgene Sinn dieser Geste ging – wieder einmal – auf die Antike zurück. Damals war die Taube der Vogel der Venus gewesen, der Wein aber der Trank des Dionysos, der die Erlösung von begangener Übeltat und die persönliche Unsterblichkeit verhieß. Wie das mit dem katholischen Kult zusammenhing, verrät auf dem Coelius das Speisezimmer eines römischen Hauses aus dem vierten Jahrhundert – unter der Kirche SS. Giovanni e Paolo.

Die Dekoration zeigt Tauben, Pfaue, Blumen, Weingerank, dazu Girlandenträger, die Frieden bedeuteten, theatralische Masken und einen dicken Silen – alles Hinweise darauf, daß die Bewohner des Hauses Anhänger des Dionysos waren. Um so größer mußte die Überraschung sein, als man bei Ausgrabungen um die Jahrhundertwende, im Winkel versteckt, eine Orante entdeckte – eine Gestalt in christlicher Gebetshaltung. Wie war sie dorthin gekommen? Im Jahre 362 hatte das Haus einem Kaufmann gehört, der zwei Söhne besaß – Johannes und Paulus. Kaiser war damals Julian der Apostat, der – als Christ geboren – sich wieder den alten Staatsgöttern zugewandt und den Kult der Kirche bei Todesstrafe verboten hatte. Eines Tages sahen die Bewohner des Hauses sich veranlaßt, in großer Hast vom Innenhof aus eine Treppe zum ersten Stock hinauf zu bauen. Sie führte ausschließlich zu einer kleinen Nische, die als Heiligtum für die Hausgötter maskiert wurde. Als ein Jahr später Kaiser Julian tot und das Christentum zurückgekehrt war, schmückte man die Nische mit weiteren betenden Gestalten. Sie erheben ihre Hände zu den Söhnen des Kaufmanns, Johannes und Paulus, deren Grab unter der Nische verborgen liegt. Die beiden waren Christen gewesen, bei einer Kulthandlung ertappt und auf der Stelle enthauptet worden. Man bestattete sie eilends im Hof, baute Treppe und Nische, um zu verhindern, daß die Leiber abgeholt, verbrannt und als Asche in den Wind gestreut wurden, wie Julian befohlen hatte. Kaum ein Jahr später entstand ein Fresko, worauf Johannes und Paulus zusammen mit einem Presbyter gefesselt vor dem Henker knien – die älteste erhaltene Bilddokumentation eines Martyriums. Vergossenes Blut verjährt nicht. Deshalb hat die Kirche bis in die Zeit Pauls VI. sorgsam darauf geachtet, solche Opfer, wie lange sie auch zurückliegen mögen, im Gedächtnis zu behalten – durch die Tradition.

Bis 1969 war jedem katholischen Priester geboten, während der Messe der Tausende zu gedenken, die in der Frühzeit des Christentums ihr Leben dem Glauben geopfert hatten und durch einige römische Namen im Meßtext repräsentiert wurden. Seither war die Nennung dieser Märtyrer dem Ermessen des Priesters freigestellt. Mit der Begründung, leere Namen sagten der modernen Zeit nichts mehr, verzichteten die meisten Priester auf die Vergegenwärtigung jener moralischen Kraft, der die Kirche ihren Aufstieg verdankte. Weiterhin war man in der Frühzeit des Christentums davon überzeugt gewesen, durch das im Martyrium vergossene Blut sei alles getauft, was die Hingerichteten in ihrem Leben aus dem Heidentum mitgebracht hatten – so die Tauben der Venus und die Weinfäßchen des Dionysos. Sorgsam hatte die Kirche sich dieser Dinge angenommen, sie mit neuem Geist erfüllt,

Brauch und Sinn bewahrt. Auch Paul VI. ließ noch zu, daß Gepflogenheiten dieser Art weiter geübt wurden. Aber mit Ausnahme einiger verlachter Historiker erinnerte sich niemand mehr der von der Urkirche aufgebrachten Kraft, solche Formen heidnischer Pietas mit christlichem Inhalt zu erfüllen und durch ihn zu heiligen. Dabei ging in ihrem Kern die ganze Heiligsprechung auf eine antike Gepflogenheit zurück, die schon vor der Zeit Christi in Rom geübt wurde. Im Gabinetto dell' Apoxyomenos der vatikanischen Museen ist ein beschädigter Altar des Kaisers Augustus zu finden, der Merkwürdiges davon erzählt. Seine Rückseite zeigt ein Relief, auf dessen oberer Hälfte durch den Gott des Himmelsgewölbes und das daherbrausende Sonnengespann der Anbruch eines neuen Weltzeitalters angekündigt wird. Auf der Erde stehen Augustus, seine Tochter Julia und ihre beiden Söhne. In der Mitte aber ziehen vier geflügelte Rosse einen riesigen Mann ins Weltall empor – Gajus Julius Caesar. Das Monument verewigt den Augenblick, an dem der dankbare Augustus seinen Großonkel Caesar feierlich in den Himmel aufnehmen ließ – durch einen Akt des Jus divinum, des im Himmel fortwirkenden universalen Rechts, das der Heiligsprechung heute noch zugrunde liegt. Auch daß es sich um einen Altar handelt, ist bedeutsam. Denn bisher lautete die offizielle Formel der Kirche für die Heiligsprechung eines Menschen: »ihn zur Ehre der Altäre erheben«. Das Beispiel mag zeigen, mit welcher Behutsamkeit die Kirche früher Jahrhunderte pagane Formen der Ehrfurcht und der Frömmigkeit aufnahm und ihnen das Menschliche beließ, sofern es edel genug war, für die neue göttliche Botschaft ein altvertrautes Gefäß zu sein.

Tradition als die Präsenz der Geschichte in ihren jüngsten Erben – das mußte für die revolutionäre Bewegung in der nachkonziliaren Kirche ein Gedanke sein, der den Zorn als heilig rechtfertigte, mit dem man gegen ihn ankämpfte. Tradition, auch noch mit Bildung befrachtet, konnte den Vorwurf nur steigern, den man gegen die offizielle Kirche ob ihrer Starrheit erhob. Denn immer noch schien die Rechtskirche der Geschichte verhaftet. Hartnäckig fuhr sie fort, das Bewußtsein der Gläubigen durch den Kult zu unterdrücken, weiterhin reagierten Vatikan und Hierarchie auf jeden Lidschlag des Papstes. So zumindest stellte sich die Sache jenen dar, die die Armenkirche im Sinne hatten.

In Wirklichkeit war auch die hierarchische Kirche in Bewegung geraten, wenngleich zeitversetzt. Die Forderungen der Revolutionäre waren radikal, die der offiziellen Kirche rational. Die einen wünschten ein nacktes Christentum, die anderen ein more geometrico begreifbares. Beide Tendenzen hatten verschiedenes Tempo, verliefen aber in gleicher Richtung – auf den »heutigen« Menschen zu, dem ein vollständig anderes Verhältnis zum Glauben zugeschrieben wurde als allen früheren Generationen. Daß eine überzeitliche Nahrung des Geistes selbst im 20. Jahrhundert einer überzeitlichen Form bedurfte, wurde als Argument für die Tradition abgelehnt – nicht nur von den Revolutionären, auch von einem großen Teil der Hierarchie. Während aber jene zerstören wollten, versuchte diese zu reduzieren. So stürzte die römische Tradition, ihres Reichtums ganz und ihres Sinnes halb beraubt, nicht durch den Angriff von außen. Sie verfiel in der offiziellen Kirche von innen her.

In Rom waren Äußerlichkeiten nie belanglos. Wenn eine alte Gepflogenheit plötzlich verschwand, hatte sie nicht nur ihre Form verloren, sondern auch ihren Sinn, der stets tiefer lag, als der Augenschein verriet. Ein Beispiel dafür bot in den sechziger Jahren das Collegium Germanicum, eine Gründung des heiligen Ignatius von Loyola. Die Lebensform des ehrwürdigen deutschen Studienhauses erfuhr damals tiefgreifende Veränderungen, die allesamt scheinbar nur die Oberfläche berührten. Die meisten Angehörigen des Germanicums lebten gerne in Rom. Unter dem eigenen Dach begegneten sie Studenten aus neun anderen Nationen. Zusammen mit ihnen besuchten sie die Vorlesungen der päpstlichen Universität »Gregoriana« und kamen dort in täglichen Kontakt mit Aspiranten und Jung-Priestern aus weiteren einundsechzig Nationen. So gewannen die Germaniker einen Welthorizont, der ihnen durchaus schätzenswert schien, auch wenn sie der Stadt Rom das traditionelle Attribut der »Urbs aeterna« lachend absprachen. Fraglos empfanden sie den »Mittelpunkt« der katholischen Welt in Grenzen bereichernd. Aber ihr Denken zentrierte sich fast ausschließlich auf die Seelsorgepraxis in den Heimatländern, in welche zurückzukehren ihr einziges Ziel war. Demgegenüber schrumpfte die alte römische Universalität zu einer entbehrlichen Begleiterscheinung zusammen. Bald fragten sich die Kühnsten unter ihnen, was sie in Rom überhaupt noch zu suchen hätten.

Im Hause hatten die Insassen – gemeinsam mit den Patres der Gesellschaft Jesu, denen das Germanicum anvertraut war – schon lange ein Klima geschaffen, das ihren Vorstellungen von Freiheit halbwegs entsprach. Nichts erinnerte mehr an die kühle, distanzierte und asketische Disziplin, mit der man vier Jahrhunderte lang den Charakter früherer Germaniker widerstandsfähig gemacht hatte. So war etwa – um bei der Form zu bleiben – noch bis 1963 bei Tisch nicht gesprochen, sondern vorgelesen worden. Seit der Reform dagegen glich der Speisesaal zum Vergnügen von Patres und Studenten einer turbulenten Mensa hochgespannter Intellektueller, deren einzige Besonderheit war, daß sie ein kurzes Tischgebet sprachen. Bis 1963 trugen die Germaniker feuerrote Talare. Diese waren zwar in ganz Rom berühmt, setzten aber ihre Träger der »weltlichen« Neugier aus, verlangten Standfestigkeit und Gleichmut. Als die roten Soutanen schließlich abgeschafft wurden, protestierte die Bevölkerung vergeblich. Denn das leuchtende Gewand war von den Mitgliedern des Kollegs mittlerweile als eine Art Brandmal empfunden worden. Die endlich erreichte Anonymität bürgerlicher Kleidung dagegen feierte man als ein neu gewonnenes Stück Freiheit. Das öffentliche Bekenntnis, künftiger oder schon geweihter Priester deutscher Sprache in Rom zu sein, war – Gott sei Dank – hinfällig geworden.

Am Germanicum wie in allen päpstlichen Kollegien und Universitäten wurden bis etwa 1970 die meisten Vorlesungen in lateinischer Sprache abgehalten. Ihre volle und elegante Beherrschung gehörte zu der römischen Bildungsform, die schon wenig später mit Begeisterung verleugnet werden sollte. Als einer der Großmeister des Lateins seine letzte Vorlesung in dieser Sprache hielt, endete er mit Senecas ernstem Wort: »Quidquid aetatis retro est, mors tenet« – was von unserem Leben hinter uns liegt, besitzt der Tod. Angesichts der momentanen Betretenheit seiner Zuhörer fügte er, Cicero abwandelnd, mit dem Lächeln des alten Mannes hinzu: »Ergo sapere audete« – also entschließt euch, weise zu sein. Ob jene wirklich weise waren, die eine Universalsprache abschafften, auf welche keine Nation einen Sonderanspruch hatte, wird eine künftige Zeit durch Beifall oder Anklage beurteilen. Im Augenblick des kirchlichen Verzichts auf die klassische Weltsprache waren jedoch die Gründe ihrer Gegner wenig prinzipiell. Man entsagte dem Latein nicht, weil es unpraktisch geworden war. Man verurteilte die alte Sprache, weil man ihren Zwang zur Klarheit des Denkens als unbequem empfand. Natürlich kann man auch auf lateinisch Unsinn sagen, aber es ist schwieriger, ihn zu verschleiern. Wer das Latein ernst nimmt, kann pathetisch, zynisch, ironisch sein, aber er wird sich plagen müssen, einem nebulosen Gedanken Worte zu verleihen, ohne gleichzeitig offenzulegen, daß sein Latein miserabel ist. Wer die Unterscheidung zwischen dem Wesentlichen und dem Nebensächlichen nicht getroffen hat, bevor er spricht, dem geht jede lateinische Konstruktion in die Irre. Furcht vor der Luzidität des Gedankens, Zweifel an der Fähigkeit zur Präzision des Wortes waren zwar geleugnete, aber konkrete Anlässe für den Klerus, sich auf die Volkssprachen zurückzuziehen.

In der alten Kirche war die Disziplin der priesterlichen Lebensform das Resultat eines Prozesses gewesen, worin Glaube, Denken und Sprache einander integrierten. Ohne Unterschied von Rassen und Nationen erfuhr die ganze katholische Welt an sich selbst die Einheit im Geiste. Erst in den Jahren nach dem Konzil und gegen dessen ausdrücklichen Willen gab der Klerus das Gefäß dieser Einheit preis – nicht im spektakulären Protest gegen die Kirchensprache, sondern im stillen Verzicht auf ihren Gebrauch. Eine gleichwertige Ausdrucksform der Universalität zu schaffen, kam bisher niemand in den Sinn. Das Wort »Astronaut« erfanden die Amerikaner, zwei lateinische Termini verbindend: »astra«, die Gestirne und »nauta«, den Seemann, der ins Ungewisse fährt. »Kosmonaut« sagten die Russen, denen zwecks Unterscheidung von ihren Konkurrenten nichts Besseres einfiel, als das lateinische »astra« durch das griechische »kosmos« zu ersetzen. Die Naturwissenschaft benützte die klassischen Sprachen zu neuen Wortschöpfungen, ohne sich um das Programm der Reform-Katholiken zu kümmern, denen Menschlichkeit und Ignoranz inzwischen auf seltsame Weise deckungsgleich geworden waren. Während die profane Welt, der man näherrücken wollte, auch weiterhin getrost das kulturelle Erbe gebrauchte, das der Klerus um des Fortschritts willen verfemt hatte, war für diesen Halbgedachtes im Schachtelsatz zum Erweis dafür geworden, menschlich zu sein. Zerstörungen geschehen nicht immer offensichtlich. Ein Begriff von großer Tradition wird oft als sinnentleert gebrandmarkt, nicht aus Überalterung, sondern aus Müdigkeit. Denn Tradition strengt an. Sich um ihre Gründe zu bemühen, hatte der Klerus weitgehend die Lust verloren. Beispiel dafür war der Angriff auf den Titel »Pontifex Maximus«, an dem der Papst immer noch festzuhalten wagte, obwohl er in die Anfänge Roms zurückreicht. Ob der Ausdruck wirklich »Brückenbauer« heißt, wird von vielen Philologen bezweifelt. Daß er aber einst mit einer Brücke zusammenhing, ist auf dem Forum Romanum heute noch zu sehen.

Auf dem Hügel des Palatin lag in ältester Zeit ein Dorf. Die Talsenke, in der später das Forum entstand, war ein Sumpf. Der gegenüberliegende Hügel, das Kapitol, trug ein zweites Dorf. Nach einem Urgesetz Italiens waren die Bewohner benachbarter Hügelsiedlungen stets aufs innigste verfeindet. Als sie einander lange genug das Vieh gestohlen und die Frauen geraubt hatten, kamen sie schließlich überein, den Sumpf durch einen Abzugskanal zu entwässern und damit einen neutralen Ort zu schaffen, an dem man es mit dem Handel versuchen konnte. Der Kanal verläuft noch heute unterhalb des Castor-und-Pollux-Tempels und fängt die Quelle der Nymphe Juturna auf. Hier gab es eine kleine Brücke, über die der Pfad von einem Dorf zum anderen führte. In dem nicht sehr gefestigten Frieden der beiden Gemeinden war diese Brücke der am meisten gefährdete Punkt. Also wurde ein Mann bestellt, sie zu bewachen. Er baute sich an der Brücke ein festes Haus, heute wie damals »regia« benannt. Der Wächter und seine Mannschaft nannten sich bald »Pontifices«, die Brückenleute. Da Neutralität und Friede nicht ohne die Hilfe der Götter bewahrt werden konnten, wuchsen den Pontifices bald religiöse Aufgaben zu. Schließlich wurde aus ihnen ein Priesterkollegium, dessen Vorsteher sich »Pontifex Maximus« nannte. Er stieg später zum Oberpriester sämtlicher in Rom zugelassener Kulte auf. Von Augustus an übten die Kaiser in eigener Person dieses höchst komplizierte Zeremonialamt aus. Den Grund dafür bot ihnen der Ahnherr aller Kaiser – Gajus Julius Caesar.

Caesar hatte zum allgemeinen Erstaunen die Kandidatur für den Pontifex Maximus an den Anfang seiner politischen Karriere gesetzt. Vielleicht war diese Entscheidung die genialste in Caesars Leben. Denn der Pontifex Maximus durfte als einziger Mann Roms das Kloster der Vesta betreten, worin das geheime Staatsarchiv verwahrt wurde, dessen Dokumente Caesar brennend interessierten. Sein ganzes Leben lang hat Caesar das undankbare Amt mit der rätselhaften Vollkommenheit ausgeübt, durch die er seine Gegner in quälende Minderwertigkeitskomplexe zu treiben pflegte. Dabei war er persönlich nicht religiös. Aber es war ihm bewußt, daß die Römer einem Caesar als Pontifex Maximus bald nachsagen würden, er besitze die geheime Gabe, den Staat und sein Geschick an die Gunst der Götter zu ketten. Diese Fähigkeit wurde von seinen Nachfolgern, wie man verstehen kann, auf die Kaiserwürde schlechthin übertragen. Den Anfang machte Augustus mit seiner Reform der Staatsreligion, in deren Verlauf er Caesar in den Himmel aufnehmen ließ. Augustus verwirklichte den Frieden, den Caesar gewollt hatte, und errichtete der Pax Romana den ersten Altar – die wunderbare Ara Pacis Augusti am Tiberufer. An ihren Längswänden zieht eine Prozession daher, in der die ganze kaiserliche Familie auftritt. Der Ernst und die konzentrierte Haltung der Teilnehmer bringen uns heute noch nahe, wie stark das religiöse Element im offiziellen Leben des römischen Staates schon damals an die Person und das Haus des Kaisers gebunden war.

In seiner Eigenschaft als Pontifex Maximus war der Kaiser der oberste Sachwalter des Jus Divinum, des Rechtes in den Dingen der Übernatur – so wie es später durch einen langen Umwandlungsprozeß die Bischöfe wurden, die heute noch gleich den römischen Kaisern den Altar mit Weihrauch umschreiten. Die meisten von ihnen kennen die Herkunft des Brauches nicht. Sonst würden sie ihn sicher unterlassen.

Mit welchem Recht haben die Bischöfe sich dieses Zeremoniell einstmals angemaßt, das heidnisch und einem Herrscher zugedacht war, während sie doch behaupteten, Diener zu sein? Die Antwort gibt uns aus dem vierten Jahrhundert Kaiser Konstantin der Große. Seit dem Konzil hat dieser Mann den Vorwurf zu tragen, die Kirche auf eine falsche Bahn gebracht zu haben. Mit ihm begannen, so sagt man, imperiale und feudalistische Strukturen in die Kirche einzudringen. Das von Konstantin geschaffene Staatskirchentum habe die spätere weltliche Herrschaft der Päpste erst ermöglicht. Ihre Konsequenz sei der Machtkampf mit den Kaisern gewesen, woraus nach beiderseitiger Niederlage die Päpste in die Verweltlichung der Renaissance flüchteten, um sich schließlich, infolge unglaubwürdig gewordener Autorität und verlorener Macht, am leeren Schaugepränge des barocken Triumphalismus zu berauschen. Diesen Weg der Kirche habe man heute von Grund aus zu beklagen. Denn durch seine fünfzehnhundertjährige Dauer seien die idealen Lebensformen des Urchristentums verschüttet worden, zu denen zurückzukehren die einzige Hoffnung darstelle, auf die sich die Kirche in einer pluralistisch gewordenen Welt stützen könne.

Dieses so romantisch gesehene Urchristentum weist indessen nicht nur eine religiöse, sondern auch eine profane Seite auf. Die Kirche der ersten Jahrhunderte war innerhalb der Grenzen des

Römischen Reiches eine Art eingetragener Verein, dem das Recht zustand, Grundbesitz zu erwerben und Gelder zu sammeln. Dem Staatsbürger stand es durchaus frei, einer solchen Körperschaft, also auch der Kirche beizutreten, ohne damit eine unrechtmäßige Handlung zu begehen. Das Problem, das zu den Christenverfolgungen führte, begann beim Kaiseropfer. Seit den Tagen des Augustus war es zur Gepflogenheit geworden, am Geburtstag des regierenden Kaisers eine Geste der Loyalität zu vollziehen. Der Bürger, der sich mit den Gesetzen Roms in Übereinstimmung wußte, trat vor das Majestätsbildnis des Kaisers, um ein wenig bereitgestellten Weihrauch in ein Kohlenbecken zu werfen. Unseligerweise zeigten solche Majestätsbildnisse – von Galba gibt es ein großartiges in der Sala Rotonda der vatikanischen Museen – den Kaiser oftmals in der Attitüde des Jupiter, der längst nicht mehr als Vater der Götter und Menschen, sondern einfach als Symbol rechtlicher Einheit und kosmischer Harmonie betrachtet wurde. Dies führte für die Kirche zu einem juristisch-schizophrenen Zustand. Denn in jenen Mitgliedern, die das Kaiseropfer verweigert hatten, bestand sie aus Hochverrätern und war folglich illegal, während alle, denen man das Kaiseropfer noch nicht abverlangt hatte, als loyale Staatsbürger galten. In dieser gefährlichen Situation bedurfte die Kirche hervorragender Juristen, die im römischen Recht jeden Präzedenzfall kannten und zum Vorteil der bedrohten Gemeinden einzusetzen wußten. Es lag nahe, solche hochrangigen christlichen Anwälte immer öfter zu Vorstehern der Gemeinden und somit zu Bischöfen zu wählen.

Als Konstantin das Reich übernahm, war es in vier Großregionen geteilt, die von beinahe unabhängigen Regenten beherrscht wurden. Diokletian hatte sich zu diesem Schritt entschlossen, um die Nachrichtenwege zu verkürzen und den Truppen, die gegen die einfallenden Barbaren im Felde standen, größtmögliche Beweglichkeit zu verschaffen. Die Bedrohung von außen hatte aber nicht genügt, um den Ehrgeiz der Regenten nach völliger Souveränität zu zügeln. Die Folge war ein politisches Chaos und eine totale Korruption der Beamtenschaft. Konstantin vermochte durch eine Reihe glänzender militärischer Leistungen die Reichsteile neuerdings zu vereinigen und als Alleinherrscher aufzutreten. Ungelöst blieb jedoch auch für ihn die Reform der Verwaltung und der Rechtsprechung. Dazu bedurfte er einer größeren Zahl von Juristen mit tadellosem Ethos. Er fand sie in den Bischöfen der katholischen Kirche.

So entschied Konstantin aus Staatsraison, die Bischöfe zu kaiserlichen Vikaren zu machen und ihnen die Gerichtshalle, Basilika genannt, als Amtssitz zur Rechtsprechung zu übertragen. Dort nahmen sie in der Apsis auf dem kurulischen Sessel Platz, den sie, solange das Pontifikalamt alter Form noch zelebriert wurde, bis in unsere Tage herauf innehatten. Das System funktionierte so gut, daß Konstantin zu einem späteren Zeitpunkt ein Edikt erließ, wodurch dem Bischof in der Basilika königliche Ehren zugesprochen wurden. Seit jenen Tagen trug er unter dem Priestergewand gleich dem Kaiser zwei Dalmatiken, eine für den griechischen Osten, die andere für den lateinischen Westen.

Mitra, Ring und Stab kamen allerdings aus anderem Bereich. Die Religion des Zarathustra sah die Welt als einen Antagonismus zwischen dem guten und dem bösen Prinzip. Schauplatz des Kampfes war der einzelne Mensch, der durch seine Fehler allzuoft gehindert wird, dem Guten in sich selbst die Oberhand zu verschaffen. Sein Retter war Mithras, der Heros des Lichtes. Der Mithraskult, aus Persien in das Reich eingeschleust, war eine kämpferische Religion, deren Anhänger vielfach dem Soldatenstand angehörten. Wer in diesen Kult eingeweiht werden wollte, hatte ausgedehnte und schwere Bußübungen auf sich zu nehmen und in den Initiationsriten die Häuser von sieben Planeten zu durchmessen, bevor er, versehen mit dem Titel »Pater patratus«, als Vollmitglied galt. Die meisten Initianten begnügten sich mit drei oder vier Planeten und blieben im Vorhof der Mysterien stehen. Der gänzlich Eingeweihte aber bekam als äußeres Zeichen seiner Würde einen Ring an den Finger gesteckt, einen Stab in die Hand gedrückt und die phrygische Mütze aufgesetzt. In einem der Mithräen von Ostia antica sind diese Embleme im Fußbodenmosaik wieder aufgefunden worden. Es ist nicht bekannt, daß irgendein Bischof der Spätantike sich geweigert hätte, solche ursprünglich nichtchristlichen Zeichen seiner Würde anzunehmen. Zu sehr empfand man damals das Christentum als Gnade, um nicht daraus die Fähigkeit zur Sublimierung heidnischer Symbole abzuleiten. Denn diese waren schließlich auch schon vor ihrer christlichen Überhöhung Merkmale gewesen für die Verehrung des Numinosen und für die Übereinstimmung des Menschen mit dem Kosmos.

Ebensowenig hat ein Bischof der konstantinischen Zeit dem Verlangen des Kaisers, als Richter zu fungieren, Widerstand geleistet. Infolge einer Tradition, die bis auf das Zwölftafelgesetz zurückreichte und niemals gebrochen worden war, verstand man im Römischen Reich das auf Erden gesprochene Recht als direkten Ausfluß der kosmischen Gesetze. Diesen hatte das Christentum Gott den Vater als Schöpfer und Gesetzgeber des Universums vorangestellt. Christus, der von sich selbst prophezeit hatte, er werde am Jüngsten Tag »in großer Macht und Herrlichkeit« wiederkommen, wurde demgemäß zum Pantokrator, dem es aufgetragen war, die Schöpfung des Vaters zu vollenden. Dieses Christusbild regierte die eschatologisch orientierte Spätantike, ungeachtet seiner zweiten Wurzel, die wiederum ins Heidentum hinabreichte.

Im Jahrhundert vor Konstantin hatte der Syrer Heliogabal den Kaiserthron in der amethystfarbenen Toga der Baalspriester bestiegen. Baal, der Sonnengott aus dem Orient, sollte nach dem Willen des stark mystisch veranlagten Kaisers den zwölf Staatsgöttern Roms als dreizehnter angefügt werden. Dem widersetzten sich die konservativen Priesterkollegien der Stadt so lange, bis der Kaiser sein Vorhaben umwandelte. Er erklärte sich selbst zur Inkarnation des Baal und nahm den Titel »Sol invictus« an. Damit war der unbesiegte Sonnengott beschworen, dessen Fest auf den 24. Dezember fiel. Auch Konstantin, als Pontifex Maximus, trat noch in der Würde des »Sol invictus« auf, tat aber dann den entscheidenden Schritt, vor dem Heliogabal gezögert hatte. Er ließ den Sol invictus wirklich zum dreizehnten Staatsgott erklären, identifizierte ihn aber nicht mehr mit Baal, sondern mit dem neuen, von der Kirche verehrten Gott – Jesus Christus, der nunmehr das Attribut »die Sonne der Gerechtigkeit« erhielt. Durch diese religionspolitische Maßnahme hatte Konstantin auf eine sakrale Würde verzichtet. Also forderte er von der Kirche eine andere. Als Schirmherr der legalisierten Katholizität erhob er Anspruch auf den Titel eines dreizehnten Apostels und ordnete folgerichtig an, neben den Kenotaphien der zwölf als dreizehnter in der Apostelkirche zu Konstantinopel bestattet zu werden.

Solche Verfahren in den Dingen der Religion setzten nicht nur bei ihren Urhebern, sondern noch mehr bei den Menschen, die ihren Sinn verstehen sollten, ein hochentwickeltes Ganzheitsdenken gegenüber der Welt voraus, deren Wesen man selbstverständlich als Hierarchie begriff. Aus dem Gesichtswinkel der Gegenwart mag Empörung, Abscheu, sogar Widerwillen darauf niederfallen. Wer aber noch bereit ist, Geschichte nüchtern und menschlich zu betrachten, wird schwerlich den großen Ernst verachten können, der diesen verzweigten Prozeß getragen hat. In ihm lebte unter vielfachen Verwandlungen ein uraltes Menschheitsgut fort bis in unsere Tage. Erst unter Paul VI. versank es, weil die Kirche vergessen wollte, woher sie kam.

Angesichts eines solchen Sachverhaltes wurde es dem Vatikan nicht leicht, seine Existenz zu rechtfertigen. Denn schon im Jahre 1450 hatte der päpstliche Humanist Laurentius Valla den schlüssigen Beweis erbracht, daß die sogenannte Konstantinische Schenkung, auf die die Päpste ihren Herrschaftsanspruch über den Kirchenstaat gründeten, eine Fälschung war. 70 Jahre später hat man dann in den Stanzen des Vatikans die Verleihung des Bodens der Stadt Rom und der Campagna durch Konstantin an den Papst Sylvester in prunkvollen Fresken neuerdings verherrlicht, ohne sich um die nachgewiesene Fälschung zu kümmern. Beides trug dazu bei, der Frage nachzugehen, auf welche Weise das »Patrimonium Petri« tatsächlich zustande gekommen sei. Konstantin hatte den von ihm errichteten Basiliken in Rom und der Campagna bedeutende Latifundien zum Geschenk gemacht. Zwei Jahrhunderte später war Italien nach dem Zwischenspiel der Gotenherrschaft byzantinisch geworden. Der Exarch des oströmischen Kaisers residierte in Ravenna. Die verfallene Millionenstadt Rom litt unter schwersten Versorgungsproblemen, da die einstmals von den Kaisern garantierte Getreidezufuhr aus Afrika längst zusammengebrochen war. Dies veranlaßte den Bischof von Rom, die Latifundien der Basiliken in einer Hand zu vereinigen und auf die ökonomisch wirksamste Weise zur Ernährung der darbenden Bevölkerung zu nutzen. Daß Rom als Stadt überleben konnte, ist hauptsächlich der stark ausgeprägten Sozialgesinnung seiner Bischöfe im sechsten und siebten Jahrhundert zu verdanken. Im achten Jahrhundert erkannte Pipin diese Leistung dadurch an, daß er den Latifundienbesitz abrundete und erweiterte. Das somit vereinheitlichte Gebiet wurde aber nicht den Päpsten zum Geschenk gemacht, sondern dem Apostel Petrus, als dessen Nachfolger es der römische Bischof verwaltet, aber nicht besitzt. Sollte er morgen den allenthalben erhobenen Forderungen nach dem Verzicht auf den Vatikanstaat entsprechen, so gäbe er etwas aus der Hand, was ihm nicht gehört. Im Grunde handelt es sich bei dieser geschichtlichen Entwicklung um das materielle Gegenspiel zu der geistigen Erbschaft, die den Papst Leo I. einst veranlaßt hatte, von allen Würden des stürzenden Kaisertums einzig die des »Pontifex Maximus« in Anspruch zu nehmen. Die Päpste fühlten sich nicht als geistliche Kaiser, wohl aber als Sachwalter des Jus divinum, dessen geistige Kraft allein die Garantie bot, die Dinge der Welt zu handhaben und ihnen dennoch überlegen zu sein.

Viele katholische Priester behaupteten nach dem Zweiten Vatikanum, die römische Tradition sei ein sinnlos mitgeschleppter Ballast, unbrauchbar geworden infolge der Schuld, die die Kirche durch die geistige Bevormundung ihrer Gläubigen und die Duldung sozialen Unrechts von Konstantin bis gestern auf sich geladen hatte. Das war ein durchaus respektabler Standpunkt. Sein einziger Trugschluß lag in der Überzeugung, man könne nach vollzogener Absage an die Vergangenheit neu beginnen, als ob diese nie gewesen wäre. Ein Beispiel: Rom hat sicher eine Ungerechtigkeit erster Ordnung begangen, indem es die Sklaverei zur Staatseinrichtung machte. Andererseits provozierte das Bestehen der Sklaverei den rigorosen Gerechtigkeitssinn des Urchristentums. Wohl hat Konstantin den in heutiger Beurteilung entscheidenden Fehler begangen, die Bischöfe zu Rechtsträgern des Staates zu machen. Absurderweise verlieh er ihnen gleichzeitig die Vollmacht, Sklaven von Staats wegen freizulassen.

Geschichte läßt sich nicht dadurch verleugnen, daß man sie anklagt. Man kann ihr Erbe nicht beseitigen, nur verwandeln. Die Kirche der ersten Jahrhunderte hat auf die Umwandlung nichtchristlicher, aber menschlich gültiger Erbschaft große schöpferische Kraft gewendet. Die Kirche Pauls VI. brachte nichts Vergleichbares auf. Dies gereicht nicht den Fortschrittlichen zum Vorwurf, denen die Vergangenheit einfach hinderlich war, und weniger noch den Ratlosen, die im Herzen der Tradition anhingen, es aber gleichzeitig als erleichternd empfanden, durch andere von ihr befreit zu werden. Belastet waren vielmehr die Konservativen, die die Tradition in Erbpacht genommen hatten und dennoch angesichts der modernen Welt nichts mit ihr anzufangen wußten. Ihnen hätte der verwandelnde Elan der Kirche früher Jahrhunderte Ansporn und Beispiel sein müssen. Statt dessen sahen sie in unbeweglicher Verzweiflung zu, wie der Verfall der Tradition in der römischen Kirche fortschritt, den sie selbst durch ihre Phantasielosigkeit gefördert hatten.

Das Sammelwort aller denkbaren Vorwürfe gegen die römische Tradition hieß »Triumphalismus«. Während die Progressiven dagegen anrannten und die Ratlosen davor verlegen wurden, erzeugte der Begriff bei den Konservativen Angst. Als man das Wort noch nicht kannte, aber die Sache erfand, ging es bei der Triumphgeste der Kirche nicht um übersteigerte Selbstdarstellung, sondern um die Kraft, die es dem Heiligen ermöglicht, die Schwächen der menschlichen Natur zu besiegen. Ignatius von Loyola, den viele für den Vater der triumphalistischen Idee halten, lehrte eine einfache Wahrheit: Der Mensch, der sich selbst überwindet, trägt über die Ungerechtigkeit des Egoismus in der Welt irgendwann den Sieg davon – zumeist allerdings erst durch seinen Tod. Dieser, gesehen als die Überwindung zeitlicher Unvollkommenheit, war damals der einzige Triumph, der zählte. Solche Denkweise setzte ein Lebensgefühl voraus, das den Menschen über die Grenze seiner Persönlichkeit hinaus noch als das Gefäß einer Idee zu begreifen vermochte. In Welt und Kirche, besonders im Falle der Hierarchie und des Papstes mußte die durch Würde und Pracht ausgewiesene Idee immer wieder vergegenwärtigt, re-präsentiert werden. So verstanden, war die Repräsentation im Zeitalter ihrer strahlenden Ausformung weit davon entfernt, Selbstverherrlichung zu sein. Denn man suchte ja nicht nur das Leben zu repräsentieren, sondern nicht minder aufwendig dessen Vernichter, den Tod. Das menschliche Dasein konnte überhaupt nur Glanz gewinnen vor dem Hintergrund seiner Vorläufigkeit – weshalb der Pomp des Todes die Stunde der Wahrheit verkörperte, die nach dem Karneval des Lebens schlägt. Unter dieser Perspektive war in der katholischen Welt die am meisten exponierte Gestalt, die den Triumph des Lebens über den Tod garantierte, der Papst. Denn er, obwohl dem Tode unterworfen wie alle Menschen, besaß durch die Schlüsselgewalt die höchste Macht, der Zeit voraus zu wirken – in jenes Leben hinein, das erst jenseits des Todes seinen Triumph feiert. Solcherart war die Auffassung des Barock, dessen Name in der Kirche Pauls VI. bis hinauf in die Geheimgemächer des apostolischen Palastes fast einem Schimpfwort gleichkam.

Der einzige Triumphator, den diese geschmähte Epoche kannte, steht immer noch auf dem First der Peterskirche: Christus. Von ihm allein erhält die Heerschar der Heiligen auf den Kolonnaden des Petersplatzes ihren Sinn. Zugleich offenbart das gewaltige Ensemble himmlischer Figuren zwischen der barocken Triumphidee und der römischen Tradition einen Zusammenhang, der nüchterner ist als der Betrachter denkt. Im antiken Prozeßrecht war das erste Argument der Wahrheitsfindung die Zeugenschaft.

Wer Zeugnis ablegte, mußte mit der Hand auf die Person deuten, für die er einstand, und sagen: »Ich bezeuge, daß dieser die Wahrheit spricht.« Auf den antiken Mosaiken römischer Kirchen vollziehen zumeist Petrus und Paulus diese Geste. Schon damals aber war Christus, den sie bezeugten, nicht mehr nur der »Nazarener«, den in den Jahren Pauls VI. so viele katholische Kapläne unter Berufung auf das Urchristentum im Munde führten, sondern der Herr des Universums, der an einem unbekannten Tag das letzte Blatt der Weltgeschichte schreiben und ihren Sinn enträtseln wird. Für diesen Christus legen die Heiligen auf den Kolonnaden, verschieden nach Charakter und Temperament, ihr zeitloses Zeugnis ab. Römischer Tradition folgend tun sie es auf dem christlichen Forum Romanum, das die Päpste vor der Petersbasilika errichtet haben. So vielgestaltig diese Heiligen auch sind, sie bleiben dennoch konzentriert auf einen und verwirklichen somit das Prinzip der Einheit – den Angelpunkt der römischen Tradition. In der späten Antike bedeutete diese Einheit das Zusammenleben vieler Völker unter einem Recht, das den Kosmos an die Erde band. In der katholischen Kirche bedeutete sie das Zusammenleben vieler Menschen unter einem Glauben, der die Erde an den Himmel zu binden vermochte. In beiden Fällen entstand eine reiche Kultur. Legitime Erben dieser komplexen Kultur zu sein, hatte die römische Tradition auch noch im zwanzigsten Jahrhundert einem großen Teil der Menschheit zum Bewußtsein gebracht. Seit dem Zweiten Vatikanischen Konzil waren diese Erben jedoch Zeugen eines Weltschauspiels geworden, worin die römische Kirche selbst den Lebenszusammenhang von zwei Jahrtausenden preisgab. Die Kirche hatte aus der Kultur, die ihr eigenes Werk gewesen war, den Rückzug angetreten.

Sobald in der Zeit Pauls VI. das Wort Rückzug fiel, stellten sich vielfach fatale Erinnerungen ein. Immer noch sprachen Strategen von geordnetem Rückzug, der zur Festigung der eigenen Position bisweilen unerläßlich sei. Doch hatte man bitter erfahren müssen, wie oft geordneter Rückzug nur das Deckwort war für eine viele Menschen umfassende Bewegung, die von Panik angetrieben wurde und im Chaos endete. Ihr Motor war die Angst vor etwas Übermächtig-Feindlichem, das jenseits des Kalküls die eigene Existenz bedrohte. Rückzug konnte ein Nachgeben sein, um selbst stärker zu werden. Geriet aber Angst ins Spiel, so war Rückzug nur ein beschönigendes Wort für die Tatsache der Flucht. Mit dem Blick auf die Kirche mußte man sich also fragen, welcher Art ihr Rückzug war und welche Bedrohung ihn ausgelöst hatte.

Es scheint der menschlichen Natur aufgegeben zu sein, im Spannungsbereich zwischen geistigen Ansprüchen und materiellen Bedürfnissen zu leben. Je mehr beide steigen, um so weiter entfernen sie sich voneinander. Gänzliche Sterilität wird auf der geistigen Seite durch Bildungshochmut gekennzeichnet, auf der materiellen durch die Verschwisterung von Ignoranz und Reichtum. Glücklicherweise aber arbeitet zwischen beiden Bereichen die schöpferische Phantasie. Ihr eignet die Kraft, unsere Existenz vor einseitiger Entwicklung zu bewahren, indem sie Geist und Materie stets auf neue und unerwartete Weise miteinander verschränkt. Wieviel Notwendigkeit ein Mensch gegenüber seinen materiellen Lebensbedürfnissen der Nahrung des Geistes zumißt, unterliegt bestenfalls seiner freien Wahl, schlimmstenfalls seinen Trieben. Ausschließlich dem Geiste zu leben, macht ihn zum Asketen. Ausschließlich den Tagesbedürfnissen anzuhängen, erniedrigt ihn zum animalischen Wesen. In beiden Fällen geht er der freien Teilhabe an der Gesellschaft verlustig. Sollen jedoch Geist und Materie innerhalb der menschlichen Existenz in lebensfördernder Balance bleiben, bedarf es der schöpferischen Phantasie, die der Welt ihr Recht verschafft und dem Menschen seine Freiheit bestätigt. Durch die Verflechtungen dieses Prozesses kommen die wohlunterschiedenen Lebensräume zustande, die man bisher mit dem Namen Kultur versehen hat.

Das Erwachen von Kulturen war in der Geschichte stets gebunden an eine universale Grundvorstellung. So steht am Anfang der hinduistischen Kultur der Satz: »Alles Leben ist heilig.« Die chinesische Kultur war getragen von der Maxime, es obliege dem menschlichen Geist, dem Kosmos die Gesetze zu geben. Die Kultur der Antike, dualistisch ausgespannt zwischen Griechenland und Rom, zeigt an ihrem griechischen Beginn das dynamische Wort des Heraklit: »panta rhei« – alles fließt – in ihrer römischen Form das Jus divinum, den göttlichen Ursprung des irdischen Rechts. Gemeinsam ist diesen Ursituationen, daß der Mensch ohne Ansehen seiner sozialen Position als ein Wesen verstanden wurde, das ungebrochen in die Gesamtbewegung des Universums integriert ist. Die Wechselwirkung zwischen Person und Kosmos hat man als sublime Kommunikation empfunden, die zwar der rationalen Definition entzogen blieb – nicht aber der schöpferischen Phantasie. Zu behaupten, jede Kultur müsse sich naturgemäß auf eine religiöse Wurzel zurückführen lassen, könnte etwa im Falle Chinas mit Grund bezweifelt werden. Doch wird wohl auch der Skeptiker einräumen, daß in allen großen Kulturen der Geschichte die Einschränkung des Menschen auf seine zeitliche und irdische Existenz undenkbar gewesen wäre.

In der zweiten Hälfte des zwanzigsten Jahrhunderts stellte sich die Frage, ob auf den Weltzustand im ganzen und in Teilen der Begriff Kultur überhaupt noch Anwendung finden konnte. Die meisten geistigen Anstrengungen auf dem Erdball waren, sonderlich in der Zukunftsplanung, dem Menschen gewidmet, der bis zu seinem Tode lebt und dann nicht mehr. In diesem Sinne wäre der englische Begriff »civilization« ein einfaches applizierbares Wort gewesen. Eine »civilization« des Atomzeitalters konnte es geben, aber man fragte sich, ob das künftige Bild des Globus noch die Möglichkeit enthielt, den Menschen als ein Wesen zu sehen, dessen Kommunikation mit dem Kosmos sich nicht nur auf Astrophysik und Raumfahrt beschränkte. Fand ein Zeitalter, worin kühne Propheten nach dem Wegfall des Körpers die materielle Unsterblichkeit menschlicher Gehirne voraussagten, überhaupt noch Platz für das Numinose, vor dem sich der Mensch vergangener Zeiten in Demut und Verehrung gebeugt hatte?

Die Gesellschaft produzierte einen zwiespältigen Kulturbegriff. Wahrscheinlich war er nur eine Mischung aus zwei Substraten, die mißlicherweise auch noch einen Stabreim bildeten – Konserve und Komfort. Der Konserve fiel die technisch aufbereitete Bewahrung von Kulturgütern der Vergangenheit zu, deren formale Schönheit genügte, um auf die Frage nach ihrem Inhalt und nach dem Grund ihrer Entstehung zu verzichten. Vulgo: Mozart-Messe von Tonband oder Schallplatte, Barockengel in der Wohnung, Beichtstühle als Bar. Der Komfort dagegen wurde zur Bedingung für die Teilhabe an dem phantastischen Mischmasch aus allen kulturellen Gütern, die auf der Welt aufzutreiben waren. Wer im europäischen Mittelalter nicht ein wahrhaft überzeugter Christ gewesen war, hatte sich selbst von allem ausgeschlossen, was seine Zeit an kultureller Leistung hervorbrachte. Um dagegen an der Beschäftigung mit Kultur zur Zeit Pauls VI. teilzunehmen, bedurfte es keiner Überzeugung und schon gar nicht des Glaubens, sondern eines Fernsehapparates, der ein Produkt des Komforts ist. Komfort hieß das bequeme Bett, worin den Zeitgenossen sinnenhaft beigebracht wurde, wie lebenswert das Leben sei. Damit allerdings hatte der Komfort seinen Zweck erfüllt. Denn kaum geschaffen, gesellte sich zu ihm und der Konserve als drittes Stabreimwort der Konsum. Was die schöpferische Phantasie in einer lebendigen Kultur hervorbrachte, war zum geistigen oder praktischen Gebrauch gedacht. Der Konsum machte daraus Güter des Verbrauchs. Zu verbrauchen, was produziert wurde, verursachte Kosten. Der Verbrauch dessen, was man geerbt hatte, kostete nichts. Jede der vorher entstandenen Kulturen war daran zugrunde gegangen, daß man das Erbe der eigenen Geschichte verbrauchte, ohne es für die Zukunft zu nutzen.

Nach römischer Auffassung war die Geschichte nicht identisch mit Vergangenheit, sondern mit Tradition. Diese wiederum bedeutete die Präsenz der Geschichte in ihren jüngsten Erben. Das Festhalten an Traditionen hatte in den Großkulturen niemals irgend jemand daran gehindert, geistige Umwälzungen, gesellschaftliche oder künstlerische Veränderungen ins Werk zu setzen. Denn man verwandelte, was man besaß. Dagegen traten Geschichtsfeindlichkeit und antitraditionelles Ressentiment stets mit dem

Ziel auf, zu zerstören, was man nicht mehr besitzen wollte. Durch etwa 1500 Jahre hatte die katholische Kirche ihre Tradition verwandelt, neu geformt, der schöpferischen Phantasie unterworfen, um sie unter veränderten Zeitumständen immer wieder fruchtbar zu machen. Dieser Prozeß fand unter Paul VI. sein Ende. Man kann einen alten Baum zu neuem Blühen bringen, wenn man seine Zweige beschneidet, aber schwerlich, indem man seine Wurzeln absägt. Wenn die verdorrten Zweige keinen Schatten mehr geben, kann man erklären, Sonne sei vorzuziehen. Bei steigender Hitze aber wird man sich zurückziehen in andere Schatten.

Es wurde vielfach behauptet, die Kirche hätte die Lehre Christi intensiver verwirklichen können, wäre sie den Ballast der Kultur rechtzeitig losgeworden. Träfe das zu, so hätte die Kirche den Menschen eine Religion bringen und sie gleichzeitig daran hindern müssen, ihrem Glauben Gestalt zu geben. Weder in der Kulturgeschichte noch in der Ethnologie findet sich ein Beispiel, daß Menschen, die über Erfahrung oder Erkenntnis hinaus an irgend etwas glauben, den übermächtigen Drang unterdrücken konnten, diesem Glauben in Handlungen, Sprache, Formen und Tönen Ausdruck zu verleihen. Der Mensch hat die Gabe, schöpferisch zu sein, der religiöse Mensch fühlt den Zwang dazu. »Christus hat seine Kirche nicht gegründet, um eine Kultur zu schaffen«, sagte ein Münchner Pfarrer älteren Jahrgangs in öffentlicher Diskussion. Zugegeben. Aber konnte Christus, der die menschliche Natur so genau kannte, wirklich die Absicht haben, zu verhindern, daß es den Menschen nach Ausdruck für seinen Glauben verlangt? Materialistisch gesehen ist der Glaube das nutzloseste, das der Mensch produziert. Denn der Glaube ist auf Gott gerichtet, den man leugnen kann. Um dem Nächsten Gutes zu tun, ist er nicht notwendig, wie das idealistische Verhalten vieler Atheisten beweist. Der Glaube ist fixiert auf unmeßbare Dinge, die jenseits der überschaubaren Welt liegen. Allein von dort her sendet er den unerhörten Anreiz aus, jetzt und hier vorwegzunehmen, was sich ereignen wird, wenn die Hoffnung der Anschauung weicht. Solche Vorwegnahme verlangt nach Gestalt

– in der Theologie, in der Liturgie, in der Gesellschaft und in der Kunst. Sie bezieht alle Formen ein, in denen längst vergangene Zeiten dieselbe übernatürliche Wirklichkeit mit ihrem irdischen Dasein verflochten haben. Denn das Anliegen, der zeitlichen Welt zu entrinnen, um eine immaterielle und ewige zu erreichen, ist allen geschichtlichen Epochen bisher gemeinsam gewesen. Der schöpferische Impuls, der dem Glauben entspringt, läßt jedoch nicht einfach zu, daß Traditionen sinnentleert fortgeschleppt werden. Vielmehr verwandelt er Vergangenes zu neuem Leben. Dafür ein vatikanisches Beispiel aus der Geschichte und ein anderes aus diesem Jahrhundert.

Der Kaiser Konstantin hat den halben vatikanischen Hügel abtragen und die so gewonnene Erde in die tiefer liegenden Mausoleen der dortigen Nekropole einschütten lassen. Gleichzeitig befahl er gewaltige Substruktionen – kostspielige und mühevolle Arbeit mehrerer Jahre –, nur um ein bestimmtes Grab nicht anzurühren, das den zentralen Punkt der Basilika bilden sollte. Denn die Überlieferung lehrte, in dieser ärmlichen Grube sei einst der heilige Petrus bestattet worden. 1200 Jahre später, beim Neubau der Peterskirche, machte Bramante dem damaligen Papst, Julius II., den Vorschlag, das gleiche Grab samt seinen konstantinischen Ummauerungen zwanzig Meter weiter nach Süden zu verlegen, wodurch ein geniales architektonisches Konzept realisierbar geworden wäre. Der Papst, wirklich kein Pedant, opferte den herrlichen Plan, weil er Petri Grab aus Pietas und Traditionsbewußtsein nicht anrühren wollte.

Seit 1971 ist die riesige Audienzhalle in Funktion, die der Architekt Nervi parallel zu St. Peter aufgeführt hat. Sie kann 15 000 Menschen sitzend fassen. Schon lange vor der Fertigstellung ging das Gerücht um, gewisse liturgische Handlungen des Papstes sollten dorthin verlegt werden. Die Sichtverhältnisse seien besser und der triumphalistische Anspruch der Peterskirche entfalle. Tatsächlich hat Paul VI. beim Konsistorium am 5. März 1973 in der Audienzhalle zum ersten Mal eine »Liturgie des Wortes« zelebriert. Damit war der Anfang gemacht, eine Tradition stillzulegen, die 16 Jahrhunderte lang als notwendig empfunden wurde. Denn wenn die Peterskirche nicht mehr der legitime Schauplatz päpstlicher Liturgie ist, wird das Grab des Apostels bald nur noch der Mittelpunkt eines Museums sein, über dem sich die Kuppel des Michelangelo sinnlos wölbt. Natürlich besagt dies alles nichts vor der Wahrheit des Evangeliums. Die Kirche konnte durch 1600 Jahre geirrt und erst jüngst den richtigen Weg gefunden haben, die Lehre Christi der Menschheit nahezubringen. War aber dann Gott, der Herr der Geschichte – auch erst seit gestern? Wenn sich die Kirche von der Kultur trennen wollte, die zwar aus dem Leben des Glaubens, aber nach ihrem späteren Urteil hauptsächlich aus dessen Sünden, Anmaßung und Irrtümern hervorgegangen war – konnte das bedeuten, daß diese Kultur ihre vitalen Impulse von der mißleiteten Kirche empfing gegen den Willen Gottes? Wenn das zutraf, warf man das Erbe der Geschichte zu Recht ins Feuer. Wenn aber nicht –?

In Wirklichkeit hatte der Rückzug der Kirche aus der Kultur weniger prinzipielle Gründe. Sein Urheber ist – Napoleon. Er hat den Papst ins Exil geschleppt, die Römer zur Ausrufung der antiken Republik genötigt, seinen Sohn zum König von Rom gemacht, sein eigenes Standbild als überdimensionalen nackten Caesar durch Canova zur Aufstellung auf dem Kapitol vorbereiten lassen, im ganzen weniger die Kirche als den Kirchenstaat ins Mark getroffen. Als Pius VII. knapp vor Napoleons Sturz die Freiheit wieder erlangte und nach Rom zurückkehrte, war er zusammen mit seinem Staatssekretär Consalvi entschlossen, das Patrimonium Petri zum modernsten Staat Europas zu machen und den Klerus in den Genuß einer nie gekannten Liberalität zu bringen. Zum Unglück starben beide rasch hintereinander. Die nachfolgenden Päpste Leo XII. und Gregor XVI. verkörperten die Reaktion. Ihr Leitgedanke beruhte auf einer Verwechslung von Kirchenstaat und Kirche. Was unter Napoleon geschehen war, durfte sich nie mehr wiederholen. Wenn die Welt so böse war, daß sie dem Papst seine geheiligten Rechte hohnlachend raubte, dann hatten alle Menschen, die sich dem Hl. Stuhl weltlich oder geistlich unterstellten, Anspruch auf jenen Schutz, den nur die strengste Isolation gewähren kann. Fortan sollte es für den Klerus oberstes Gebot sein, die Welt als von Natur aus sündig zu meiden, besonders in den Jahren der Vorbereitung auf das Priesteramt. Mit drakonischen Erziehungsmaßnahmen wurde bei den jungen Klerikern eine Festigung gegenüber profanen Anfechtungen erstrebt, über die noch fünfzig Jahre vorher ein frommer Abbé in Venedig oder Neapel in helles Gelächter ausgebrochen wäre. Kardinal Lambruschini, Staatssekretär unter Gregor XVI., besaß einen Neffen, der als Kaplan in einer mittelitalienischen Diözese tätig war und seinem mächtigen Onkel eines Tages brieflich mitteilte, er habe die Absicht, der Unwissenheit seiner Schäflein durch die Gründung einer Sonntagsschule abzuhelfen. Unter Androhung von Höllenstrafen wurde der Neffe ermahnt, die Unschuld der Bevölkerung nicht durch das Gift von Erkenntnissen aufs Spiel zu setzen, für deren grausige Folgen er die Verantwortung vor dem Himmel und dem Hl. Stuhl werde tragen müssen. Feindlich war die Welt, und sie blieb es für die Kleriker bis weit hinein in unser Jahrhundert. Den Angehörigen der Knabenseminare war es noch in den dreißiger Jahren verboten, im heißen Sommer die Knie durch kurze Hosen zu entblößen, nicht um der Askese willen, sondern aus Gründen der Keuschheit. Die erste halbkryptische Rebellion gegen die rigorose Lebenstrennung von Klerus und Welt war die liturgische Hinwendung zur »Gemeinschaftsmesse« in der Volkssprache, die in Deutschland mit der Jugendbewegung zusammenhing, welche ihrerseits von den Wandervögeln und deren Nationalismus gelernt hatte. Das alles wischte der Krieg hinweg. Pius XII. – wacher und weitsichtiger, als es vielen Zeitgeschichtlern paßte – hatte einen großen Teil der später vom Konzil verlangten Reformen schon sorgfältig vorbereitet. Das geistige Chaos der Nachkriegszeit hinderte ihn daran, zu ihrer Realisierung fortzuschreiten. Statt dessen fiel er in seinen letzten Jahren zurück in Resignation und Byzantinismus. Er ernannte Bischöfe, denen ein traditionalistisches Verhalten keine

Schwierigkeit, sondern Wohltat war. Sie zeigten sich wenig später hilflos vor dem Sturmwind, den Johannes XXIII. entfachte. Einerseits fühlten sie sich beflügelt vom Gefühl einer nie gekannten Freiheit, andererseits waren sie gequält von der Angst, den Ansprüchen der heutigen Welt nicht gerecht zu werden. In dieser psychologischen Situation begann das Konzil.

Das Zweite Vatikanum hat an Texten – bei gleichem Format – nur etwa 60 Seiten weniger veröffentlicht, als alle bisherigen Konzile zusammen. Eindeutig war der Wille der Väter, von deziser Gesetzgebung abzurücken. An deren Stelle traten pastorale Empfehlungen, streckenweise in erbaulich blumenreichem Stil. Man versuchte, dem Fortschritt eine gemäßigte Billigung einzuräumen, seine Berechtigung zu betonen und sein Tempo wohlmeinend zu zügeln. Die nachkonziliare Entwicklung hat drei Folgen dieser Haltung gezeitigt, die vorherzusehen über die Kraft der Väter gegangen war. Die konservative Minderheit riegelte sich ein und verharrte in totaler Immobilität. Dies erlaubte den Progressiven, in ihren Forderungen so weit über das Konzil hinauszugehen, daß die Verbindung zu ihm bald nur noch historisch war. Über die große Zahl der Zwischenwanderer aber fiel die Nacht der Unsicherheit. Das Erbe des Konzils offenbarte sich als ein Problem, mit dem der Klerus weit heftiger zu kämpfen hatte als die Laien.

Die älteren Jahrgänge der Priesterschaft hatten in den Seminaren und Hochschulen ein dauerhaftes scholastisches Korsett angemessen bekommen und waren darin zu Reife und Würden aufgestiegen. In der Zeit des Konzils beeilten sich die meisten, dieses Korsett auszuziehen, und bemerkten zu spät, wie schwierig es plötzlich geworden war, aufrecht zu stehen. So suchten sie einen Halt an der Nachkriegsgeneration, deren Wünsche nach komfortablem Lebensstil, freizügiger Auslegung des Gehorsamsprinzips, schwungvoller Weltassimilierung man schleunigst erfüllte, weil so wenigstens den Jüngeren zugute kommen konnte, was man selbst versäumt zu haben glaubte. Die jungen Kleriker gaben sich zwar antiprivilegistisch, waren aber in Wirklichkeit die am meisten bevorzugte Priestergeneration der Kirche. Sie drehten ihre Schwierigkeiten in Ansprüche um, nährten in den Alten den Vaterkomplex und verfielen zusammen mit ihnen der Einsamkeitspsychose. Die wirkliche Einsamkeit des Priesteramtes aber hatte nur die Kriegsgeneration durchgestanden. Aus ihr war eine Idee erwachsen, an die Ältere und Jüngere sich nun klammerten – die Idee von der vollständigen Identität des Priesters mit der Welt. Unter »Welt« verstand die Kriegsgeneration allerdings lediglich die Gemeinde, nicht weniger und bestimmt nicht mehr. Der Drang zu einer überschaubaren, mit Händen zu greifenden kleinen Schar, für die man sich helfend aufopfern konnte, entsprang sicher einem starken sozialen Impuls, dem das Erlebnis von Gewalttat und Elend im Kriege zugrunde lag. Nicht weniger stark war jedoch das Bedürfnis nach Geborgenheit und Wärme, wie sie der Laie von der Familie empfängt. Folgerichtig kam der Schrei nach Aufhebung des Zölibats aus den Reihen der Kriegsgeneration. Ebenso konsequent war ihre Forderung nach der Abschaffung, zumindest aber nach der Entmachtung der Hierarchie. Denn die Gemeinde wurde von diesen Priestern, wie ein Haus mit Garten, als persönlicher Besitz verstanden, in den hineinzuregieren einer Verletzung der Menschlichkeit gleichkam. Hier lag die Wurzel für den Vorwurf, unmenschlich zu sein, den die hierarchischen Ränge der Kirche bis hinauf zum Papst täglich vernahmen. Ihm zu begegnen ersann die Hierarchie ein einziges Rezept – Toleranz. Jeder Priester der katholischen Kirche konnte plötzlich unter Berufung auf das Wort vom Geist, der da weht wo er will, mit der Lehre des Evangeliums tun, was er wollte. Damit setzte der Prozeß einer Dekomposition ein, der aus der universalen Kirche Zehntausende von Einzelkirchen machen sollte, mit Zehntausenden von Einzelinterpretationen und dem fortschreitenden Verfall des allgemeingültigen Kultes.

Ein der Kirche angehörender Priester in einem römischen Außenbezirk, der in seiner Jugend noch die Worte gebraucht hatte, der Leib Christi möge Schutz gewähren zur Erreichung des ewigen Lebens, teilte in meiner Anwesenheit die Kommunion aus, indem er sagte: »Nehmen Sie dieses Stück Brot einfach als Zeichen der Freundschaft.« Der Mann war kein Sektierer. Er wollte sich einfach seiner Gemeinde ohne Belastung verständlich machen. Die Mitglieder dieser Gemeinde hatten ihm die Wärme und den Schutz gegeben, den er als Mensch brauchte, also gab er ihnen Freundschaft wieder und verzichtete auf das Mysterium. Als Gegenbeispiel mag ein Missionar in der Nähe des Nyassasees dienen, der in einer Karsamstagnacht vor ein paar Bantu und mir das »Exsultet« anstimmte, während draußen der Busch von Geräuschmyriaden tobte. Die Bantu, die nicht ein Wort verstanden, folgten dem Ritus in einer Ergriffenheit, die die Spekulation auf die nächste Schüssel Reis gänzlich ausschloß. Ich aber war niemals von einer Dichtung so in der Tiefe ergriffen worden – und vielleicht war es diese Nacht, die mich noch immer daran glauben läßt, daß das Numinose um die Menschen ein kommunikatives Band schlingt, welches zwar zerstört, aber durch nichts anderes ersetzt werden kann.

Die nachkonziliare Kirche hatte aus der Liturgie ein nationales und soziales Problem gemacht, dessen Lösung Pluriformität hieß. Da auf die Erklärung des Konzils, das Latein sei auch fürderhin die offizielle Sprache der Liturgie, kaum mehr Rücksicht genommen wurde, erhob sich allenthalben die Frage nach einer volkssprachigen Fassung der liturgischen Texte. Hier trat ein Paradoxon auf. Während der Klerus jeden Ranges gar nicht genug in die Anonymität des Profanen eintauchen konnte, fühlte er sich im Falle der Sprache exklusiv zu Aufgaben berufen, die aus dem Priesterstand keine Rechtfertigung ziehen können. Unter Berufung auf Pauls VI. Wort: »Schaffen wir eine neue religiöse Sprache«, bastelte man sich die Texte selber – in bischöflichen Kommissionen, deren Sprachniveau zumeist dem isolationistischen Seminarstil der dreißiger Jahre entsprach. Die Kirche früherer Jahrhunderte hatte der Sprache eine fast heilige Funktion eingeräumt. Nunmehr aber wurden die Texte der Liturgie aus einem Latein, das man nicht mehr beherrschte, in eine Landessprache übersetzt, die primitiv war aus Unkenntnis und halblateinisch aus Ängstlichkeit. Groteskerweise wollte man damit dem modernen Menschen, den man nicht kannte, eine moderne Kirche vor Augen stellen, die es nicht gab. Bislang war es üblich gewesen, die Messe mit der Lesung des ersten Kapitels aus dem Johannesevangelium zu beschließen. Diese beginnt mit der Feststellung, die auch für die Sprache verbindlich war: »Im Anfang war das Wort.« Die Liturgiereform hat mit einem Federstrich darauf verzichtet.

Parallel zum Problem der Sprache in der Liturgie korrumpierte die Kirchenmusik. Längst hatten sich die Laien daran gewöhnt, zum Anhören der großen Kompositionen des Offiziums von Palestrina bis Strawinski entweder den Konzertsaal aufzusuchen oder zur Schallplatte zu greifen. Einzelne mutige Pfarrer wagten es noch, Geld für Chöre und Orchester auszugeben, mußten aber dafür von ihren Kleruskollegen wilde Beschimpfungen in Kauf nehmen. Der Domkapellmeister des Lateran vermochte nicht mehr, die feierlichen Vespern an Hochfesten mit römischer Polyphonie auszustatten, weil ihm die Mittel zur Weiterführung eines der berühmtesten Chöre der Welt, der von Julius II. gegründeten Capella Giulia, vom Vatikan gestrichen worden waren. Dies alles jedoch schien noch peripher vor der Tatsache, daß der Gregorianische Choral, vom Konzil noch emphatisch gepriesen, nun durch seine Erbpächter, die Mönche des hl. Benedikt, zum Aussterben verurteilt wurde. Begründung: Er sei Musik der Antike, unverständlich im Original und unnatürlich, sobald man ihn in der Volkssprache singe. Seltsamerweise standen gleichzeitig mit dem Rückgang des Gregorianischen Chorals die griechischen Tonarten, die ihm zugrunde lagen, in der Musik der Beatles wieder auf und begeisterten die Jugend der Welt, ohne daß der Kirche Besseres eingefallen wäre als mißglückte Beatmessen, die über das Stadium hilflosen Experimentierens nicht hinausgelangten. Wo war die schöpferische Phantasie geblieben, die der Glaube einst so überreich hatte wirken lassen? Es schien, als sei sie erstickt worden von dem Bedürfnis nach Komfort, Assimilation, Anonymität und Nestwärme, worauf ein großer Teil des Klerus Anspruch erhob, als ob davon die Erneuerung des Glaubens abhinge. Viele katholische Laien und gar mancher »getrennte Christ« fragten sich, wie man künftig mit Priestern zurechtkommen sollte, die offen ihr Desinteresse an jener Herrlichkeit kundgaben, deren Licht auch das Atomzeitalter nicht aus eigener Kraft erzeugen konnte.

Mittlerweile hatte die Jugend eine neue, sinnenhafte Erfahrung der Welt entdeckt, für die Woodstock, Pop-art und Droge nur drei von zahllosen Namen waren. Hier gab es keine Spur von jenem Purismus, den der progressive Klerus, angeblich derselben Jugend zuliebe, zum Programm erhoben hatte, um mit dem eigenen Erbe von Geschichte und Kultur radikal aufzuräumen. Hier waren Farbe, Schmuck und Musik – oft von fraglichem Geschmack, aber in dem gleichen Überfluß, den die Kirche einst zum Preise Gottes aufgewendet hatte. Hier gab es eine franziskanische Gemeinsamkeit der Güter – nur endete sie oft in den mißverstandenen Meditations-Praktiken Asiens und niemals in der glühenden Begeisterung des Sonnengesangs von Assisi. Seltsam genug, zeigte die von der purifizierten Kirche nicht erreichte Jugend auf ihren Wanderungen um den Erdball auch noch eine beharrliche Vorliebe für Stätten, denen vergangene Zeiten große Schönheit verliehen hatten – so für den Papstpalast in Avignon, die spanische Treppe in Rom, das Tadsch Mahal in Agra, das Wat Po in Bangkok. Niemals dagegen näherten sich diese jungen Menschen den in Sichtbeton gegossenen Kirchen, die nach der Meinung modern denkender Pfarrer der religiösen Psycho-Struktur des mündigen Christen so vollkommen entsprachen. Der Traum von einem inneren Glück, den diese Jugend träumen wollte, hatte mit anti-magischer Sachlichkeit nichts zu tun, weil er bedingungslos romantisch war. Solange sich nichts Besseres bot, war man bereit, für ein paar Jahre im Drogenrausch den Rest des Lebens wegzuwerfen. Die progressiven Pfarrer der katholischen Kirche aber lebten an ihrer großen Chance vorbei. Sie erkannten nicht, welch ein Arsenal kommunikativer Mittel bereitstand, das man nur gebrauchen mußte, um in nie erträumter Wirksamkeit die alte Wahrheit zu beweisen, daß Glaube und sinnenhaftes Erleben einander nicht schmälern, sondern steigern. Ratlos blickten die katholischen Modernisten auf die seelischen Bedürfnisse einer Gesellschaft, die zur Hälfte der Zivilisation anhing und zur anderen gegen sie protestierte. Sie hatten geglaubt, durch den Bruch mit der eigenen Geschichte einen Tag Null zu schaffen, der für die moderne Welt den Reiz der Annäherung erzeugen sollte. Diese war ausgeblieben. Denn zu offensichtlich hatte sich die Kirche – abgesehen von ihrer konservativen Minderheit – dem Fortschrittsglauben der profanen Welt unterworfen, ohne zu erkennen, daß diese selber längst nach Werten suchte, die jenseits des Fortschritts lagen. Die Konservativen aber waren zu schwach und zu starr, um dieser Welt mit Forderungen entgegenzutreten, von denen sie fasziniert gewesen wäre – zum Beispiel mit jenen Forderungen des Evangeliums, die vom einzelnen Menschen weit mehr verlangen, als das soziale Wesen zu sein, das er von Natur aus ist, seit Aristoteles sein sollte und bei Karl Marx sein muß. Die Herrlichkeit Gottes war aus der katholischen Kirche verschwunden, die Religion verarmt. Der Mensch aber, der nicht vom Brote allein leben wollte, fand außer der Befriedigung sozial zu sein, nichts mehr, wovon er sonst noch hätte leben können.

Das Weltverständnis der alten Kirche dagegen hatte seinen Anfang genommen am Ende der Tage. Nur von der letzten, unserer beschränkten Erkenntnis verborgenen Gestalt der Schöpfung her gesehen, konnten Zeit und Geschichte als ein Prozeß gedeutet werden, in dem das irdische Dasein des einzelnen zwar notwendig, aber vorläufig war. Folgerichtig formte die alte Kirche zwei Bilder von Christus aus. Das eine zeigte ihn als König am Ende der Zeit, der das Rätsel der Weltgeschichte löst. Das andere war der Gekreuzigte von Golgotha, der die Tiefe irdischen Leidens ausgemessen hatte. Der König war der Inbegriff der Hoffnung, der Gekreuzigte der Quell des Lebens. Beide Bilder deckten sich in dem geheimnisvollen Vorgang, den man Messe nannte. In ihr wurde die Zeit auf zweifache Weise aufgehoben. Der die Messe feiernde Priester re-präsentierte das Opfer von Golgotha, indem er es aus einem geschichtlichen Ereignis zu zeitloser Gegenwart erhob. Zugleich aber zog er die verborgene Wiederkehr Christi als König des Jüngsten Tages in die Gegenwart hinein. Die Identität der beiden Bilder wurde vom Priester zustande gebracht kraft seiner Weihe, unabhängig von der Sündhaftigkeit seiner Person. Dies anzuerkennen, verlangte vom Laien ein kaum mehr begreifbares Maß an Hinnahme von metaphysischen Vorgängen, die jedes irdischen Beweises entbehrten. Für den Gläubigen waren sie höhere Wirklichkeit. Nur wenn diese keinem Zweifel unterlag, konnte der Priester den Gekreuzigten und den König zugleich auf dem Altar zur Gegenwart werden lassen. Daraus allein kam ihm das Recht zu, eine Würde zu beanspruchen, die über die profane Welt hinausreichte. An ihr hatten alle Priester teil, vom Papst bis zum Kaplan.

Doch unterlag diese Würde einer Stufenordnung, die zwei Wurzeln hatte. Die eine reichte hinab in das Evangelium. Christus hatte siebzig Jünger berufen, aber nur zwölf zu Aposteln erwählt. Für die Kirche bedeutete das: Die apostolische Vollmacht haben die Bischöfe, die einen Teil davon den Priestern weiterreichen. Der Weihe nach ist auch der Papst nicht mehr als ein Bischof. Als Nachfolger Petri übt er jedoch außerdem noch eine besondere Vollmacht aus: die Schlüsselgewalt – das heißt, das oberste Hirtenamt. Die Form, in der das päpstliche Hirtenamt wirksam wird, ist das römische Recht – die zweite Wurzel der Stufenordnung. Zusammengenommen bilden Weihe und Amt die Säulen der »heiligen Herrschaft« – der Hierarchie. Am Ende der Antike sagte Dionysios Areopagites: »Alle Hierarchie mündet in Jesus.« Am Ende des konstantinischen Zeitalters warfen die Rebellen im katholischen Klerus der Hierarchie offen vor, der Begegnung mit dem Erlöser hinderlich zu sein.

Ihre jüngsten Träger gaben vielfach selber zu, die Hierarchie habe sich überlebt. Dabei wurde kaum mehr definiert, ob damit die Weihe gemeint war, die als unverlierbar galt, oder die Ämter, die zeitlich beschränkt sein konnten. Die Weihe war gottbezogen, das Amt hatte dem Menschen zu dienen. Dieser Spannung schien der nachkonziliare Klerus nicht mehr standzuhalten. Dafür gibt es eine Reihe von Gründen. Gestützt auf die empirische Wissenschaft hatte das positivistische Denken des vorigen Jahrhunderts die Meßbarkeit auf die Höhe eines Werturteils gehoben. Die Begriffe von richtig und falsch, die mit gut und böse nichts zu tun haben, rückten immer mehr an deren Stelle. Meßbares konnte gehandhabt und nachgeprüft werden, brachte Nutzen, war also richtig und folglich gut. Auch die Religion hatte ihre meßbare Komponente – in der guten Tat. Ihre Folgen wertete man so konkret und positiv, als ob es nie eine psychologische Fehlreaktion auf eine gute Tat gegeben hätte. Die Menschheit war sich ihrer sozialen Mißverhältnisse bewußt geworden. Die Kirche aber hatte – abgesehen von wenigen großen Ausnahmen – die gute Tat nach wie vor dem Gewissen des einzelnen überlassen. Anders gesagt – sie war als Gemeinschaft nicht in meßbarer Quantität sozial tätig geworden. Im Zweiten Vatikanum spürte die Kirche mit Verspätung eines Jahrhunderts den Mangel an praktiziertem Sozialismus und züchtete daraus einen Komplex. Wie bei Komplexen üblich, suchte man auch bei diesem nicht sogleich nach einem vernünftigen, rasch wirksamen Mittel zu seiner Beseitigung, sondern erhob zuerst die Anklage gegen seine Ursachen. Der Aufwand, den die Kirche einstmals der Verherrlichung Gottes gewidmet hatte, erschien nun als Mundraub gegenüber den ungelösten sozialen Problemen. Schuld daran trug die Hierarchie. Fortan wurde es für die Hierarchen selber immer schwerer, den sakralen Charakter ihrer Weihe freizuhalten von dem schlechten Gewissen, das sie als Amtsträger hatten. An diesem Punkt griff Paul VI. ein. Er nützte zunächst die Ermüdungserscheinungen. Man hatte begonnen, am eigenen System zu leiden. Die Disziplin schien zu streng, der Papst antwortete mit Verständnis. Der Gehorsam war zu unbedingt, der Papst gab sich demokratisch. Bischöfe und Priester klagten über nutzlosen Wissensballast, den sie in ihren Verstand zwingen mußten. Paul VI. ließ durch die Erhebung der heiligen Theresia von Avila zum »Doctor ecclesiae« erkennen, daß Mystik wesentlicher sein kann als Gelehrsamkeit. Der Klerus stöhnte unter physischer Belastung. Paul VI. entließ die Erschöpften freundlich in den Ruhestand. In zwei Dingen blieb er hart – in der Frage des Zölibats und in der Reform der kirchlichen Organisation. Was er wirklich vorhatte, wurde spurenweise erkennbar im Herbst 1970.

Die Sprache der römischen Kurie kennt den Ausdruck »Motuproprio«. Er bezeichnet einen Entschluß, den der Papst aus eigener Initiative faßt und in einfacher schriftlicher Form bekanntgibt. So hatte sich Johannes XXIII. für den Beginn der Vorbereitungen zum Konzil des »Motuproprio« bedient, weil durch dessen Form zugleich seine persönliche Verantwortung und der gesetzgebende Charakter des Schrittes ausgedrückt war. In den letzten Tagen vor seiner Asienreise hatte auch Paul VI. zum »Motuproprio« gegriffen. Es betraf die Kardinäle. Gleich den Bischöfen hatten nun auch sie mit dem Erreichen des fünfundsiebzigsten Lebensjahrs aus ihren Ämtern zu scheiden. Darüber hinaus aber war den Kardinälen nicht mehr gestattet, nach ihrem achtzigsten Jahr an einem Konklave teilzunehmen. Zwar durfte, falls die wahlberechtigten Kardinäle einen über Achtzigjährigen zum Papst wählten, dieser nicht gehindert werden, das Amt anzunehmen, auch war ein Kardinal, der zufällig im Konklave achtzig wurde, berechtigt, darin zu verbleiben. Im ganzen aber erlosch von nun an die Vollmacht, die mit dem Purpur verbunden war, nicht mehr mit dem Tod, sondern mit der Zeit.

Durch kasuistische Denkweise als klassischer römischer Formalismus ausgewiesen, war das Dokument inhaltlich verwirrend und in der Sprache nicht frei von fühlbarer Verachtung der Tradition. Kardinal Ottaviani, der in jenem Augenblick erfuhr, er sei seit einigen Monaten nicht mehr konklavefähig, gab sich heiter und gelöst, traf aber die Sache im Kern. »Es ist ungewöhnlich«, so sagte er, »daß man mit einem simplen ›Motuproprio‹ die Textseiten des kanonischen Rechtes einfach zerreißt.« Die Pensionierung wurde von den meisten Kardinälen gelassen, manchmal auch zustimmend hingenommen. Der Ausschluß aus dem Konklave weit weniger. Einer der Betroffenen sagte mir: »Wenn wir einen Papst wählten, riefen wir zuvor den Heiligen Geist an, weil uns gelehrt worden war, sein Einwirken würde uns den rechten Mann finden lassen. Heute hört der Heilige Geist an unserem achtzigsten Geburtstag einfach auf. Das ist neu – und ich bin nicht gescheit genug, es zu verstehen. Damit soll sich der Papst plagen, wenn er selber achtzig geworden ist.«

Die Argumentation, die dem Erlaß zugrunde lag, ging davon aus, mit dem Eintritt in den Ruhestand beginne ein allmählich steigender Schwund des Kontaktes zu dem früher innegehabten Amt. Der Überblick über dessen fortschreitende Probleme und ihren Zusammenhang mit der Gesamtkirche müsse sich zwangsläufig verringern. Folglich habe der Pensionär nach spätestens fünf Jahren seine Fähigkeit eingebüßt, zu beurteilen, welcher Mann für welche Probleme der richtige Papst wäre. Eine solche Logik war an Positivismus kaum zu übertreffen. An einem Gegenstand mit sakraler Komponente offenbarte das Dekret ein funktionales, beinahe mechanistisches Denken, das viele tiefer erschüttert hat, als sein Inhalt. Innerhalb der hierarchischen Struktur der alten Kirche war die Papstwahl seit sieben Jahrhunderten das einzige streng demokratische Element gewesen. In jeder politischen Wahl einer Demokratie konnte ein Mensch, auch wenn er Kardinal war, seine Stimme unabhängig vom Lebensalter abgeben. In der einzigen demokratischen Wahl der Hierarchie durfte er es nicht mehr. Die Gründe dafür mußten in dem Konzept der künftigen Kirche verborgen liegen, dem Paul VI. folgte.

Mittelpunkt dieses Konzeptes war fraglos der Mensch in der modernen Welt, dem der Frieden verschafft werden mußte. In seiner Eröffnungsrede zur zweiten Konzilssession kennzeichnete Paul VI. die Lage des Menschen, von der er ausging: »Während die naturwissenschaftliche Erkenntnis klare Fortschritte erzielt, verflüchtigt sich bei der Menschheit das Wissen um Gott und damit auch die rechte Erkenntnis des Menschen. Der technische Fortschritt verbessert zwar die Instrumente jeglicher Art, deren sich der Mensch bedient, aber zugleich fühlt er sich müder, einsamer, leerer, verlassener...« Stets gelang es dem Papst, deplorable Zeitverhältnisse überzeugender auszudrücken, als die Hoffnungen, die er ihnen entgegensetzen wollte. Die Krankheiten, an denen die Menschheit litt, waren Tatsachen, die er beschreiben konnte. Das Bild einer Zukunft aber, in der der Menschenwürde Gerechtigkeit widerfuhr, war eine Utopie, an die man glauben konnte oder nicht. Also bemühte sich der Papst, seiner Friedensutopie möglichst konkrete Züge zu geben. Vor der UNO suchte er den Delegierten zunächst bewußt zu machen, welches Verdienst in ihrer Tätigkeit lag: »Der Vielheit der Staaten, die einander nicht mehr ignorieren können, schlagen Sie eine äußerst einfache und fruchtbare Form der Koexistenz vor – damit, daß Sie die einen und die anderen anerkennen und unterscheiden. Dies ist bereits ein großer Dienst, den Sie der Menschheit erweisen: die nationalen Subjekte der Weltgemeinschaft genau zu umschreiben und zu Ehren zu bringen, für sie rechtliche Grundlagen zu schaffen, die ihnen die Anerkennung und Achtung aller sichern. Daraus läßt sich dann ein geordnetes und stabiles System internationalen Lebens ableiten.« Das konnte in der Form eines Kompliments noch als Empfehlung gelten. Wenig später aber bekannte der Papst seinen entscheidenden Gedanken: »Sie sind eine Brücke zwischen den Völkern, ein Netz von Beziehungen zwischen den Staaten. Wir wären versucht zu sagen, daß Ihre Eigenart in der zeitlichen Ordnung gewissermaßen das widerspiegelt, was unsere katholische Kirche in der geistlichen Ordnung sein will: einzig und universal.«

Hinter diesen Worten stand eine glasklare Überlegung. Die UNO konnte nicht zu voller Wirkung kommen, weil sie nur die politischen, wirtschaftlichen und erzieherischen Interessen der Menschheit wahrnahm. Das religiöse Element blieb unberücksichtigt. Also mußte es gegenüber der UNO ins Spiel gebracht werden. Dafür gab es keine Institution, die an Internationalität der katholischen Kirche vergleichbar gewesen wäre. Also galt es, die Kirche zu einer Organisation zu machen, die sich zu den Vereinten Nationen »spiegelbildlich« verhielt. Der israelische Außenminister Abba Eban, traf mit seiner kaustischen Ironie bei einem Diner in New York den Nagel auf den Kopf: »Wir haben«, sagte er, »einen Generalsekretär der Vereinten Nationen (U Thant), der davon träumt, Papst zu werden – und wir haben einen Papst, der nichts lieber wäre, als Generalsekretär der Vereinten Nationen.« Natürlich war es ausgeschlossen, die Spiegelbildlichkeit von Kirche und UNO durch eine zweiseitige Annäherung herzustellen. Paul VI. wußte genau, daß es Sache der Kirche war, den ersten Schritt zu tun. Dazu bedurfte es mehrerer Voraussetzungen. Zunächst mußte die Kirche ihre ökumenischen Bemühungen vervielfältigen und intensivieren. Denn nur durch das Gespräch mit allen getrennten Christen konnte sie die Anerkennung erreichen, die sie einmal ermächtigen würde, als Sprecherin der gesamten Christenheit aufzutreten. Zum anderen mußte die Kirche sich bei den nichtchristlichen Religionen jene Achtung erwerben, die es ihr einmal erlauben würde, als Sprecherin der religiösen Menschheit überhaupt aufzutreten. Schließlich mußte die Kirche sich in die flexible, überall nützliche Weltorganisation verwandeln, deren Angebot zur Zusammenarbeit von den Vereinten Nationen nicht mehr zurückgewiesen werden konnte. War aber das Ineinandergreifen der beiden Weltorganisationen einmal zustande gebracht, dann werteten sie sich gegenseitig auf. Dadurch konnte ihre gemeinsame Aktivität genügend Autorität und Macht einsetzen, um den Frieden auf dem Erdball zu ermöglichen. Wahrhaftig kein kleines Konzept. So weit in die Zukunft entrückt sein Ziel auch erscheinen mochte – unverdrossen ging der Papst daran, es der Verwirklichung näher zu rücken.

Die katholische Kirche als geistliche UNO – das verlangte den totalen Neuentwurf der innerkirchlichen Struktur. Sie mußte dynamisch werden, wo sie starr gewesen war. Also galt es, den Widerstand alles dessen zu beseitigen, was – mit Ausnahme des Evangeliums – in der Kirche den Anspruch auf zeitlose Gültigkeit erhoben hatte. Das erhabenste Hindernis bildete naturgemäß die Hierarchie. Es war logisch, daß Paul VI. bei ihr ansetzte. Die Weihe-Hierarchie war nicht anzutasten, denn eine einmal übertragene Weihe zum Bischof oder Priester ließ sich nicht zurücknehmen, auch dann nicht, wenn ihr Träger schwerste Verfehlungen beging. Wohl aber konnte man ihm die Ausübung des Amtes entziehen, zu dem ihn die Weihe berechtigt hatte. In der Regel war dies bislang nur geschehen, wenn erwiesene Schuld vorlag. Nunmehr entzog der Papst den Bischöfen und Kardinälen ihre Ämter einfach mit der Begründung, das physische Alter setze ihren Fähigkeiten eine generelle Grenze, die in der Ausnahme des Einzelfalles aufzuheben nur ihm selbst zukomme. Hier war ein radikales Umdenken eingeleitet.

Ein Wesenszug der Hierarchie hatte in der Auffassung bestanden, ein Bischof oder Kardinal empfänge nicht nur seine Weihe, sondern auch sein Amt von Gott. Folglich müsse er Gott überlassen, es wieder von ihm zu nehmen. Dieser sakrale Gesichtspunkt war nun aufgegeben zugunsten einer sachlichen Einschätzung des Amtes, die nach meßbarer Wirksamkeit orientiert war. Der menschliche Verschleiß, den die Zeit mit sich brachte, wurde rücksichtsvoll eingerechnet. Die Betroffenen, längst in ihrem hierarchischen Bewußtsein verunsichert, fügten sich nicht nur darein – sie zeigten Dankbarkeit. Die kompromißlose Strenge, mit der die Kirche früherer Zeit ihre Hierarchen in existentieller Totalität an Gott ausgeliefert hatte, war einer funktionalen Regelung gewichen. Somit verlor das geistliche Amt seine Würde, mit der es an die hierarchische Struktur gekettet war. Für Funktionäre war Würde entbehrlich. Damit war die römische Tradition in der Tiefe getroffen. Denn ohne Hierarchie war sie nicht denkbar. Was die universale Ordnung des Römischen Reiches durch die Verschmelzung von Frömmigkeit und Recht zustande gebracht hatte, war von der Kirche als geistiges Erbe übernommen und verwandelt worden zur Verschränkung von Weihe und Amt. Die von Paul VI. eingeleitete Funktionalisierung des geistlichen Amtes brachte dieses Prinzip zu Fall.

In der römischen Tradition der katholischen Kirche war einst die Kultur der Antike aufgefangen und zu jener Kultur verwandelt worden, deren jüngste Erben wir selbst sind. Bestimmend in diesem Prozeß war die Auffassung der Kirche, die antike Vorstellung einer Harmonie zwischen Kosmos und Mensch solle nicht zerstört, sondern durch die christliche Wahrheit mit einem neuen Sinn erfüllt werden. Seit dem Zweiten Vatikanischen Konzil und gegen dessen ausdrückliche Absicht veranlaßte die Angst, unmodern zu sein, einen großen Teil des katholischen Klerus, diese Tradition preiszugeben, weil sie der Anpassung an die moderne Welt hinderlich schien. Darin sah andererseits die revolutionäre Priesterbewegung nur ein Manöver der Kirche der Macht und forderte an deren Stelle die Kirche der Armen. Gleichzeitig entwarf der Papst eine Kirche von morgen, der Welt begreifbar und von ihr geachtet, weil sie dem Evangelium durch die Verwirklichung seiner sozialen Aspekte eine neue Glaubwürdigkeit zu schaffen vermochte. Dies erforderte die schrittweise Umwandlung der Hierarchie in Richtung auf ein geistliches Teamwork, dessen Ziel wiederum die spiegelbildlich zur UNO aufgebaute Organisation der Kirche sein sollte. Gemeinsam war allen diesen Bestrebungen ein gebrochenes Verhältnis zur Geschichte und zu allem, was von ihr in die Gegenwart hereinlebte. So wurde ein Lebenszusammenhang von zwei Jahrtausenden aufgegeben, weil es an Einsicht und Kraft gebrach, das Werk der Geschichte in Kirche und Welt zusammenzufassen, zu läutern und der Zukunft als Baustoff anzubieten. Damit verfiel die römische Tradition.

Hamlet auf dem Heiligen Stuhl

»In dieser feisten, engbrüst'gen Zeit
Muß Tugend selbst Verzeihung flehn
vom Laster,
Ja kriechen, daß sie ihm nur wohltun
dürfe.
Dies ist des Wohlstands und der Ruh
Geschwür,
Das innen aufbricht, während sich von
außen
Kein Grund des Todes zeigt.«
(Hamlet, III. Akt, 4. Szene)

Aus dem Jahre 1870 gibt es eine Fotografie des Petersplatzes, aufgenommen am Ostersonntag, zur Stunde des Segens »urbi et orbi«. Über die Benediktionsloggia ist ein majestätisches Sonnensegel gespannt. Darunter erhebt eine kleine weiße Gestalt die Hand – der damalige Papst, Pius IX. Ein Augenzeuge berichtet, auf dem Platz habe eine Stille geherrscht, die auch nach dem Segen nicht weichen wollte – als ob jedermann geahnt hätte, daß große Veränderungen bevorstanden. In der Tat war dieser Tag der letzte gewesen, an dem der römische Pontifex sich als Souverän des Kirchenstaates öffentlich gezeigt hatte. Noch im gleichen Jahr setzte das geeinte Italien durch die Eroberung Roms der päpstlichen Herrschaft über das Patrimonium Petri ein Ende. Der Vatikan sah in dem Ereignis eine Katastrophe, Pius IX. zerbrach daran. Freund und Feind prophezeiten in der nun schon zur Gewohnheit gewordenen Verwechslung von Kirchenstaat und

Kirche, die katholische Welt werde sich von diesem Schlag nie mehr erholen. Der päpstliche Adel schloß Fensterläden und Portale seiner Paläste, um sie erst 1929, nach besiegelten Lateranverträgen, zögernd wieder zu öffnen.

Paul VI. pflegte am Ostersonntag immer noch die gleiche Segensformel zu sprechen, aber über eine andere Kirche und eine andere Welt. Dennoch gab es zu Pius IX. manche Parallele. Beide Päpste hatten liberal und fortschrittlich begonnen. Der ursprüngliche Plan Pius' IX., sich an die Spitze der italienischen Einigungsbewegung zu stellen, war zu seiner Zeit nicht weniger kühn gewesen als ein Jahrhundert später die Idee Pauls VI., Kirche und UNO einander anzunähern. Beide Päpste gerieten durch Enttäuschungen und Fehlurteile schließlich in eine Zwangsvorstellung. Pius IX. hatte geglaubt, durch das Unfehlbarkeitsdogma eine Steigerung der päpstlichen Autorität zu erreichen und damit den Verlust seines Herrschaftsgebietes auszugleichen. Paul VI. suchte dem Heiligen Stuhl eine Vermittlerposition in Weltkonflikten zu verschaffen und dadurch die Schäden zu kompensieren, die der innerkirchlichen Disziplin vom rebellierenden Teil des Klerus zugefügt worden waren.

Erziehung und Geistesweg des Montini-Papstes ließen ihn dem 19. Jahrhundert mehr verhaftet sein, als er jemals zugab. Zwar hatte er mit seinem hochgradigen Intellekt die Traditionen der römischen Kirche wie ein Lernpensum verarbeitet. Für seine Persönlichkeit aber gewann er dabei kaum einen anderen Aspekt als den sentimentalen, mit dem er wie jeder Italiener seine Jugendjahre umgab. Gleich vielen introvertierten Menschen mit Sendungsbewußtsein neigte er dazu, den Gang der Weltgeschichte auf seine Person und damit auf das Urteil zu beziehen, das er von der Zukunft zu erwarten hatte. In einer Konzilsrede ging er so weit, einem fiktiven Historiker, der von der Höhe des nächsten Jahrhunderts auf den paulinischen Pontifikat herabblicken würde, geradezu die Worte in den Mund zu legen, mit denen jener die Liebe kennzeichnen sollte, die Paul VI. in der von ihm erneuerten Kirche entfacht hatte.

Wer diesen Papst nicht mißverstehen wollte, mußte davon ausgehen, daß für ihn die eigene Friedensutopie schon fast Wirklichkeit war. Sie gänzlich zu realisieren, schien nur an der Hartnäckigkeit einer Handvoll Politiker zu scheitern, die auf flüchtigen Wirtschaftsgewinn und militärische Druckmittel nicht verzichten wollten. In kaltem Geschäft und bedrohlicher Hochrüstung aber glaubte Paul VI. die Säulen jenes Systems zu erkennen, dem sich ein Teil der Welt unter dem Namen Kapitalismus verschrieben hatte. Ihm gegenüber stand der Kommunismus mit seiner Friedenskampagne und dem Kampf gegen die Ausbeutung der Menschheit. Die Spannung zwischen den beiden Machtblöcken war für Paul VI. folglich nicht nur politischer, sondern mehr noch moralischer Natur. Individualismus, Profitgier und das unter der Maske der Freiheit kaschierte Recht des Stärkeren konnten nur Erbkrankheiten des Kapitalismus sein. Also oblag es einem zukunftsbewußten Papst, wenn schon nicht die Welt, so jedenfalls die Kirche davon zu befreien.

Von Anfang an war der Weg zu diesem Ziel dornenvoll. Paul VI. sah sich einem geteilten Klerus gegenüber. Jene Priester, die mit seinen politischen Zielen übereinstimmten, verlangten gleichzeitig eine Umwandlung der Kirchenstruktur, die den Papst unfähig machen mußte, gegenüber der Welt mitbestimmend aufzutreten. Der andere Teil des Klerus, der an der kirchlichen Disziplin und der Autorität des Heiligen Stuhles festhielt, mißbilligte gleichzeitig die paulinische Politik. Daraus entstand für den Papst ein fundamentales Dilemma. Marxistischen Priestern mußte klargemacht werden, daß sie in ihrem Kirchenbilde irrten. Antimarxistische Prälaten aber mußten zu der Einsicht gebracht werden, daß sie die falsche Politik vertraten. Zur Bewältigung einer solchen Aufgabe hätte Paul VI. von Anfang an eines geschlossenen Mitarbeiterstabes bedurft, der nicht nur gehorsam war, sondern die Überzeugung des Papstes teilte und ihr dadurch Kraft verlieh. Da der Montini-Papst die Kurie allzugut kannte, mißtraute er ihr. Auch seine engsten Vertrauten erfuhren nur Teile des Gesamtkonzepts. Die Entscheidungen fällte Paul VI. allein – oft unter großen Qualen. Eines jedoch gelang ihm durch sein Verhalten. Welt und Kirche erblickten im Vatikan weiterhin ein traditionalistisches Instrument, das die Macht und die Autorität des Heiligen Stuhles auch unter veränderten Zeitverhältnissen mit geballter Kraft verkörperte.

In der katholischen Kirche unter Paul VI. war Rom nicht mehr ein heiliger Name, sondern eher ein zum Widerstand provozierender Begriff. Allenthalben stieg bei Geistlichkeit und Laien das Unbehagen vor den Forderungen, mit denen der Vatikan den gewohnten Gehorsam durchzusetzen versuchte. In dessen konservativen Mitgliedern entstand zwar eine Art Halbbewußtsein, es könne, was man für lokalisierbare Revolten gehalten hatte, der Grenze des allgemeinen Aufruhrs doch bedenklich nahe rücken – Holland bot ein ernstes Beispiel dafür. Doch reagierte der konservative Flügel des Vatikans darauf zunächst nur mit einer Mischung aus Erstaunen, Mißmut, Optimismus und Verdacht. In ihrem Erstaunen glichen die vatikanischen Prälaten einem Generalstab, der bis zum letzten Tag wie eine geölte Maschinerie gearbeitet hatte und nun einfach nicht glauben konnte, daß der Krieg verloren war. Der Mißmut entstand aus der bitteren Erkenntnis, zwei probate Methoden – das Totreden und das Totschweigen – nicht mehr einsetzen zu können. Der Optimismus zog seine Courage aus der Überzeugung, solange man einen Kampf nicht annehme, finde er nicht statt. Der Verdacht schließlich berief sich auf Rückschläge, die Rom nicht vergessen konnte. »Wir haben doch recht behalten«, sagte mir ein vatikanischer Prälat, den ich um seine Meinung über den Essener Katholikentag befragte, »seit der Reformation ist den Deutschen nicht mehr zu trauen.« Daß Ressentiments, auch wenn sie Jahrhunderte alt sind, mit konservativer Haltung nichts zu tun haben, sah er nicht ein.

Den progressiven Flügel im Vatikan konnte man, sehr vereinfacht, in drei Gruppen gliedern: die Analytiker, die Dialektiker und die Psychologen. Die Analytiker untersuchten die Krisenherde in der Kirche auf Ursachen und Ausdehnung. Schon während der Auswertung empfahlen sie, der Vatikan solle sich den

Forderungen seiner Gegner angleichen, um damit deren heutigen Widerstand abzubauen und die freigewordenen Kräfte zu nützen für das Kirchengeschehen von morgen. Die Dialektiker hingegen erblickten in der bisherigen Kirchenverfassung einen Zustand der Starre, der die Antithese einer revolutionären Bewegung geradezu provoziert hatte. Als Synthese in der Zukunft sahen sie die pluralistische Kirche voraus. Diese werde sich alsbald einer neuen Antithese gegenüberfinden – der kirchlich nicht gebundenen religiösen Massengesellschaft mit humanitären Prinzipien. Aus pluralistischer Kirche und freireligiöser Gesellschaft könne dann die nächste Synthese entstehen – die vollkommene Integration von Kirche und Welt. Die Psychologen endlich gingen vom Ganzheitsbewußtsein des modernen Menschen aus. Sie forderten den Verzicht auf alle Tabus, vor allem aber die Abschaffung des traditionellen Kernsatzes, daß dem Verdienst der Lohn folge, während die Sünde Strafe nach sich ziehe. Das päpstliche Lehramt empfanden sie als die Chance, der Menschheit einen Seelenarzt anzubieten, der sich zur Heilung des Patienten der Imperative des Evangeliums bedient.

Zwischen all diesen Fronten hin und her wanderten die Ökonomen, die Männer des Kalküls. Sie beriefen sich gerne auf Erfahrungen. Zum Beispiel: Zweihundert Jahre hat Europa die Vereinigten Staaten von Amerika aufgebaut. In diesem Jahrhundert bekam es von den USA die einstigen Investitionen als Hilfeleistung hochverzinst zurück. Man schaffe also Kreditreserven, etwa in Lateinamerika, das durch gesteigerte Subventionen an Geld und Priestern in einigen Jahrzehnten durchaus kräftig genug sein konnte, das schwankende Gefüge des römischen Zentralismus zu stützen. Die Spanne bis dorthin überbrücke man durch eine Balance zwischen Nachgeben und Unbeugsamkeit, flexibel genug, die Hoffnung auf künftige Veränderung wachzuhalten und dennoch das Bestehende nicht zu gefährden. Einer der intelligentesten Vertreter dieser kurialen Richtung sagte mir mit der Präzision Machiavellis: »Rebellionen entstehen entweder aus Mangel oder aus Überfluß, geistigem und materiellem. Wenn sie aus

Mangel entstehen, muß man Überfluß schaffen. Entstehen sie aus Überfluß, muß man Mangel erzeugen.« Solche Bemerkungen legten bloß, daß jene ökonomisch denkenden Zwischenwanderer, die weder der konservativen noch der progressiven Richtung im Vatikan angehörten, das einzig realistische Ziel verfolgten – das Ziel, zu überleben.

Absurderweise waren alle diese Männer, welchem der acht Zirkel sie auch zugehörten, durchaus fromm. Unterschieden in Temperament, Einsicht und Charakter, oftmals dem Reiz der Ironie erliegend, drehten sie vielleicht ihre Meinungen nach dem Winde, nicht aber ihre persönliche Verpflichtung gegenüber den Grundsätzen des Glaubens. So gewannen sie oftmals auch dort hohe Überzeugungskraft, wo ihre Argumente einseitig waren. Darin lag eines der großen Probleme der Zusammenarbeit zwischen ihnen und Paul VI. Niemand hatte härter als Montini am eigenen Schicksal erfahren, welche Selbstverleugnung, Hinnahme von Ungerechtigkeit, übermenschliche Geduld dazu gehörten, das Leben im Schatten des Heiligen Stuhles zu meistern. Seit er Papst war, verlangte er von sich den Abstand zur Kurie. Aber wie sollte er als Regent auftreten vor einem Prälaten, der den Schreibtisch innehatte, an dem ihm selbst soviel Undank widerfahren war? So rechtfertigte Paul VI. den zeitweiligen Einfluß, den er Mitarbeitern sehr verschiedener Ansicht einräumte, mit deren religiöser Integrität. Hierdurch kam zwischen dem Papst und den genannten acht Zirkeln eine ständig schwankende Wechselwirkung zustande. In rascher Abfolge wurden Bewußtsein und Unterbewußtsein Pauls VI. von den divergierendsten Urteilen und Haltungen getroffen. Immer hörte er konzentriert zu, zeigte Liebenswürdigkeit und schien in der Erforschung von Zeitströmungen keine Müdigkeit zu kennen. Die Auffächerung von Gegenwartsproblemen hatte für ihn eine solche Faszination, daß er sie, wie manche Vertraute vermuteten, oftmals schon um ihrer selbst willen übte. Wer beobachten konnte, mit welch fanatischer Bemühung um Genauigkeit sich der Papst in die Analyse des Weltzustandes verbohrte, wurde bisweilen von dem Verdacht befallen, er suche damit unbewußt einen Fluchtweg vor der Entscheidung. Denn perfektionierte Analyse kann die Entschlußfähigkeit lähmen. So wurden die acht Zirkel zu Mühlsteinen von zerreibender Wirkung für den Mann, der alle ihre Widersprüche zur Kenntnis nehmen wollte. Hinzu kamen die Direktkontakte, die der Papst mit Bischöfen, Staatsmännern, Diplomaten, Ordensleuten und altvertrauten Freunden pflegte – weitere Belastungen für den zarten Menschen Montini, dessen analytische Intelligenz der Anziehungskraft des Details nicht zu widerstehen vermochte. Die größte Last für Paul VI. war aber das Erbe, das ihm seine beiden Vorgänger Pius XII. und Johannes XXIII. hinterlassen hatten.

In etwa zwanzig von den einunddreißig Jahren, die Montini im Vatikan verbracht hatte, war Pius XII. das Vorbild gewesen, dem er nachstrebte. In der Ausdehnung der Arbeitszeit gelang es ihm, Pacelli zu übertreffen, obwohl er wußte, es werde kein Wort der Anerkennung über dessen Lippen kommen. Der Papst arbeitete bis zwei Uhr nachts, Montini bis vier Uhr morgens. Den Worten des Evangeliums folgend, das zu wachen und zu beten befiehlt, hat er damals die schwere Kunst erlernt, mit dreieinhalb Stunden Schlaf auszukommen. Pacelli gleich zu sein suchte er auch in der Selbstdisziplin, in der totalen Kontrolle von Mitteilung, Mienenspiel und Geste. Selbst die Schriftzüge von Meister und Schüler weisen eine seltsame Ähnlichkeit auf. Pacelli schrieb wie gestochen, Montini ein wenig unsicherer, beide liebten die Kalligraphie – im Unterschied zu Johannes XXIII., dessen großflächige Schrift zwischen den preziösen Zügen seines Vorgängers und den peniblen seines Nachfolgers geradezu befreiend wirkt. Vollends in der Sprache glichen sich Pacelli und Montini auf verblüffende Weise. Gemeinsam war ihnen der blumenreiche Stil, der die Mitteilung in mildernde Bilder kleidet, diktiert von der alten klerikalen Spielregel, eine Sache um Himmels willen nicht bei ihrem vollen Namen zu nennen. Gemeinsam zeigten beide Päpste auch die Liebe zum Formalen, zur Geste, die für sich selber sprechen soll – wenngleich Paul VI. darin über seinen Vorgänger hinausgelangte. Pius XII. duldete die Fotografie des Dompfaffs auf seinem Finger zum Erweis seiner franziskanischen Gesinnung. Paul VI. übergab dem Buddhisten U Thant ein Bischofskreuz samt Ring zugunsten der Armen, küßte statt der Erde Lateinamerikas den Zementboden des Flughafens von Bogotá, opferte in der Schlußmesse des Konzils zugleich mit Brot und Wein den Dollarscheck für ein afrikanisches Hospital. All dies waren wohlgemeinte Gesten, die symbolisch sein wollten und gerade deshalb daneben trafen. Pius XII. hatte Wert darauf gelegt, seine Persönlichkeit dargestellt zu sehen, wie er sie selber sah. Paul VI. dagegen erstrebte ein Schaubild, das den Menschen Montini verbarg, seinen guten Willen dagegen in vollem Umfang zeigte. Dies zu bewirken, hätte nicht einmal die spontane Unbekümmertheit ausgereicht, die die Welt an Johannes XXIII. geliebt hat. Paul war des Mitgefühls bedürftiger als Johannes. Daß er nicht vermochte, auf gleiche natürliche Weise menschliche Zustimmung hervorzurufen, konnte seine Züge verdüstern, sobald ihn Rückschläge trafen. Ein südamerikanischer Theologe fragte ihn im offenen Brief, wie er es anstelle, mit derart niedergeschlagenem Gesicht das Evangelium zu verkünden, das doch schließlich eine frohe Botschaft sei. Montini nahm solche Mahnungen gewiß ernst. Aber er konnte nichts gegen seine Natur. Was er wirklich in sich trug, durfte niemand wissen.

»Nicht die gebeugte Haltung des Gesichts,
Samt aller Sitte, Art, Gestalt des Grames
Ist das, was wahr mich kundgibt; dies scheint wirklich:
Es sind Gebärden, die man spielen könnte.
Was über allem Schein, trag' ich in mir« – sagt Hamlet.

Den Pacelli-Papst hatten nur wenige geringe Schwächen daran gehindert, seine Menschlichkeit ganz dem erhabenen Amt zu opfern. Nur wenn er fünfzehntausend in der Basilika oder die zehnfache Zahl auf dem Petersplatz vor sich sah, gelang es ihm, als Mensch aufzutreten, dann allerdings sehr eindrucksvoll. Im apostolischen Palast jedoch, gegenüber den eingeweihten Dienern der Kirche, war dieser liebende Anwalt des Gottesvolkes ein unnahbar regierender Herr. Monsignore Montini hatte sich ihm lange Zeit gehorsam gebeugt, ging aber nach dem Kriege allmählich und unbemerkt in eine innere Emigration. Erst spätere Forschung wird den Schleier lüften können, der über dem damals beginnenden Zwist der beiden Männer liegt. Nach unbewiesenen Behauptungen verläßlicher Kenner war Montini zu jener Zeit in eine dreifache Krise geraten.

Erstens stand er wohl, gleich manchem Mann, der das fünfzigste Jahr überschritten hat, plötzlich vor der Frage, wie der Rest seines Lebens aussehen werde. Im Amt hatte er den höchsten Posten der vatikanischen Außenpolitik erreicht – allerdings nur als Stellvertreter, nicht als Chef. Denn Pius XII. war sein eigener Staatssekretär und ließ Montini arbeiten, aber nicht entscheiden. In seinem Rang war er immer noch ein einfacher Monsignore – selbst die Bischofsweihe hatte der Papst ihm vorenthalten. Außerdem war ihm ein Konkurrent beigegeben worden, dem Pius XII. unter gleichen Einschränkungen den innerkirchlichen Bereich anvertraut hatte – Monsignore Tardini, ein bäuerlicher und großherziger Mann, piustreu bis in die Knochen. Den Gegensatz zwischen beiden kennzeichnet ein Vorfall, der möglicherweise nur gut erfunden ist. Vor dem Konsistorium von 1953, so hieß es, habe Montini davon Kenntnis erhalten, der Papst wolle ihn und Tardini zu Kardinälen erheben. Darauf sei Montini zum Heiligen Vater geeilt und habe ihn kniefällig gebeten, für seine Person davon abzusehen – wodurch Pius XII. sich gezwungen sah, auch Tardini leer ausgehen zu lassen. Nach außen war der Konflikt nicht zu bemerken. Auch Montini gab sich nach wie vor piustreu. Doch setzte bei ihm spätestens an der Wende zu den fünfziger Jahren die »Reservatio mentalis« ein, in deren Übung er ein Meister war. In den Grenzen seiner Pflicht führte er aus, was Pius befahl. Aber aus der Reihe seiner Paladine war er ausgeschieden, ohne daß irgend jemand es wahrnahm. Damit begann der zweite Teil seiner Krise.

Pius XII. war stets davon überzeugt gewesen, der Kommunismus sei für die Menschheit ein Unglück. Primitive Beurteiler seiner komplexen Persönlichkeit haben daraus später den Schluß gezogen, Faschismus und Nationalsozialismus seien ihm einfach ungefährlicher erschienen, weshalb er sich nur zögernd entschlossen habe, ihre Verbrechen vor der Welt zu brandmarken. Vorwürfe dieser Art auszuräumen, hat der Heilige Stuhl selbst leider nur nach langem Zögern unternommen – doch ist die Fehlhaltung Pacellis gegenüber Mussolini und Hitler fraglos nicht damit zu begründen, daß er Faschismus und Nationalsozialismus für das kleinere, den Kommunismus für das größere Übel gehalten hatte. Vielmehr war der Antikommunismus Pius' XII. nur die bedingungslose Konsequenz aus seiner Auffassung vom christlichen Glauben. Er sah im Kommunismus eine Doktrin, die mit der Leugnung Gottes stand und fiel. Daß Stalin während des Krieges zur Steigerung des vaterländischen Bewußtseins in Rußland die orthodoxe Kirche wieder zugelassen hatte, schien ihm kein Beweis für die mögliche Symbiose zwischen Christentum und dialektischem Materialismus. Pius XII. fühlte sich durch sein Hirtenamt verpflichtet, katholische Christen am Kompromiß mit einer Lehre zu hindern, die im Weltgeschehen nichts anderes zu erblicken vermochte, als einen Ablauf, der den Naturgesetzen gleicht und sich selbst seinen Sinn gibt. Eine solche Doktrin mußte es als Anmaßung auslegen, daß es Menschen gab, die ihre Seele für unsterblich hielten. Um der unsterblichen Seele willen aber waren Christentum und Kirche entstanden – und schließlich, nach der Meinung Pius' XII. auch ihr Sachwalter, der Papst. Solche Erwägungen veranlaßten Pacelli, schon damals ins Auge zu fassen, was er später verwirklichte – die Exkommunikation jedes Katholiken, der sich politisch zum Kommunismus bekannte. Es konnte keine Brücke geben zwischen einem Glauben, der Gott als den Schöpfer, Erlöser und Herrn der Geschichte anerkannte, und einem Denksystem, in welchem der Mensch sich selbst als den Gipfel der Natur eingesetzt hatte und sich dabei noch seiner Bescheidenheit rühmte.

Montini teilte diese Auffassung nicht. Für ihn stellte der Kommunismus eine Hoffnung dar. Als Wirtschaftssystem jedenfalls schien er mehr soziale Gerechtigkeit zu verwirklichen, als den

Kapitalisten jemals eingefallen war. Gerechtigkeit auf der Welt zu üben, gebot auch das Evangelium. Warum sollte es also unmöglich sein, auf kommunistische Partner vorsichtig einzuwirken und ihnen das christliche Ideal vom Gemeinschaftsleben näherzubringen? Konnte man nicht das gemeinsame Anliegen betonen und die Frage nach Gott behutsam aussparen, bis die Zeit dafür reif geworden war? Pius XII. dachte kategorisch: dort Gottesleugnung, hier Christentum – zwei feindliche Prinzipien, zwischen denen jede Verständigung Sünde war. Montini dachte pragmatisch: Nirgends stand geschrieben, der Kommunismus sei zufolge der atheistischen Doktrin nicht imstande, die sozialen Forderungen des Evangeliums zu erfüllen; vielleicht vermochte er es besser als alle Kapitalisten zusammen. Pius XII. war der letzte Hierarch, der eschatologisch dachte, Montini ging von den Bedürfnissen der Welt aus, die die Kirche erfüllen konnte. Pacelli hatte sein Marien-Dogma damit begründet, der Mensch verlange nach der Gewißheit, er werde, gleich der Gottesmutter, in der Gesamtheit seiner Existenz jenseits des Todes fortleben. Montini dagegen war überzeugt, der moderne Mensch bedürfe weit dringender der Besserung seiner irdischen Lebensumstände. Schneller als beide annehmen konnten, führten solche prinzipiellen Erwägungen zu politischen Folgen. Sie bildeten den dritten Teil von Montinis Krise.

Schweigen ist noch heute über die Vorgänge gebreitet, die in den Jahren nach dem Zweiten Weltkrieg zwischen Montini und dem kommunistischen Lager zu spielen begannen. Die Initiative war zunächst vom Vorsitzenden der Kommunistischen Partei Italiens, Palmiro Togliatti, ausgegangen, der achtzehn Jahre im Exil, großenteils in Moskau verbracht hatte. Kaum zurückgekehrt, kündigte Togliatti seinen Entschluß an, trotz aller ideologischen Differenzen die Zusammenarbeit mit dem Vatikan zu suchen, selbst um den Preis großer Zugeständnisse. Nur wenn Kirche und KPI die Volksmassen, die sie beeinflußten, in gleicher Richtung mobilisierten, sei der Sozialstaat zu verwirklichen, der den Kapitalismus in Italien daran hindern könne, Nachfolger des

Faschismus zu werden. Unter allen vatikanischen Prälaten war der erklärteste Antifaschist Monsignore Montini. Seine Sympathien für die Ziele des Sozialismus waren bekannt. Togliatti suchte also nach einer diskreten Verbindung zum Staatssekretariat, wo Montini in prominentester Positon arbeitete. Sie herzustellen, erbot sich ein Mann, den Togliatti aufgrund gemeinsamer Vorliebe für lateinische Klassiker zum Freunde gewonnen hatte – Monsignore Giuseppe De Luca, Hausprälat Seiner Heiligkeit. Montini griff den Kontakt auf und dachte die Idee Togliattis aus der Sicht vatikanischer Politik zu Ende. Pius XII. hatte damals die Kirche schon auf den strengsten Antikommunismus eingeschworen. Das war gleichbedeutend mit der bedingungslosen Ablehnung der größten kommunistischen Macht, der Sowjetunion. Wollte man sich dem Plane Togliattis nähern, so mußte die russische Regierung auf vorsichtigste Weise davon informiert werden, daß nicht die ganze Kirche und nicht der ganze Vatikan für alle Zukunft auf das politische Konzept Pius' XII. festgelegt seien. Der Weg, den Montini wählte, um diese Information nach Moskau gelangen zu lassen, führte über protestantische Kreise der Universität Uppsala und deren Verbindungen zur russischen Orthodoxie. Zusätzlich übernahm es die KPI, den Kreml durch Parteiberichte davon zu überzeugen, daß trotz gegenteiligen Augenscheins eine vatikanische Geheimtür existierte, die unversperrt war.

Zu Montinis Unglück wurden seine Tastversuche in Richtung Moskau plötzlich entdeckt – vielleicht durch einen Feind aus dem Gefolge seines Widersachers Tardini, vielleicht durch diesen selbst. Jedenfalls kam die Sache vor den Papst. Pius XII. reagierte unerbittlich. Montini, den Pacelli mehrmals als einen unentbehrlichen Mitarbeiter bezeichnet hatte, wurde brüsk aus dem Vatikan entfernt. Er erhielt das freigewordene Erzbistum Mailand, nach außen eine enorme Rangerhöhung, in Wirklichkeit aber die schwierigste Seelsorgsaufgabe Italiens, zumal für einen Mann, der zwar ein Diplomat reinsten Wassers, aber noch nie Seelsorger gewesen war. Um sein Amt antreten zu können, mußte Montini die Weihe zum Erzbischof empfangen. Sie erfolgte unter seltsamen Umständen. Der Papst erklärte, zu seinem Bedauern hindere ihn eine Indisposition, die Weihe selbst vorzunehmen. Auch ihr beizuwohnen, fühle er sich nicht wohl genug. Statt dessen richtete er an den Neugeweihten Abschiedsworte, die er von seinem Arbeitszimmer aus durch Lautsprecher in die Petersbasilika übertragen ließ. Von dem Kardinalshut, der mit dem erzbischöflichen Stuhl von Mailand traditionell verbunden ist, war – solange Pius XII. lebte – nicht die Rede. Erst von Johannes XXIII. sollte Montini den Purpur empfangen.

Zu dem Roncalli-Papst hatte Montini ein gänzlich anderes Verhältnis. Johannes wirkte auch als Pontifex eigentlich immer wie ein unendlich verständnisvoller, von Liebe, Güte und Humor erfüllter Pfarrer. Er besaß eine Eigenschaft, für die Montini gerne seine ganze Intellektualität geopfert hätte – den Mut, nicht nach Wirkungen zu fragen, sondern spontan den Regungen des Herzens zu folgen. Wäre Roncalli in der Tat zeit seines Lebens Pfarrer gewesen, so hätte Montini sich das Phänomen dieses Mannes erklären können. Absurderweise aber hatte Johannes XXIII. den größten Teil seiner Laufbahn im selben Metier verbracht wie Montini – in der kurialen Diplomatie. Doch betrachtete er – im Gegensatz zu Montini – die Aufgaben, die er für den Heiligen Stuhl erfüllte, niemals vordringlich unter dem Aspekt der Politik, sondern stets als pastorale Sendung. So brachte der Pontifikat Johannes' XXIII. der Welt etwas Vergessenes zum Bewußtsein. Ein Papst mußte nicht notwendig ein Herr, er konnte auch ein Vater sein. Der Erzbischof Montini, der sich von seinem Herrn im Zerwürfnis getrennt hatte, sah nun auf dem Heiligen Stuhl eine vertraute Gestalt, die bereit war, ihm die gütige Hand zu reichen. Pius hatte regiert, dieser liebte. Pius war vollkommen, dieser ein Mensch. In der Ansprache, die Montini im Mailänder Dom zur Wahl Johannes' XXIII. hielt, kennzeichnete er den neuen Papst. »Wer schon Gelegenheit hatte, ihm irgendwann persönlich zu begegnen, der weiß, wieviel heitere Güte, freundliche Einfachheit und menschliche Weisheit ein Gespräch mit ihm sogleich zutage bringt; weder die vielseitigen, zum Teil schweren Erfahrungen, noch die vollendete humanistische und kirchliche Bildung haben die spontane, anekdotische Sprechweise Johannes' XXIII. und seine Neigung zu feinem Witz verdrängt.«

Aus der Freundschaft, die die beiden Männer jahrelang verbunden hatte, wurde nun eine noch sublimere Beziehung – von Roncalli her die Liebe des Vaters zu einem geprüften Sohn, von Montini aus die dankbare Hingabe an das Gottvertrauen, mit dem Johannes seinen Pontifikat lächelnd meisterte. Da Johannes seiner selbst so sicher war, empfand er Montinis Zuneigung als unausgesprochene Bitte um Hilfe – und seine natürliche Reaktion darauf muß etwa gewesen sein: Dieser Mann weiß gar nicht, wie weit er mir überlegen ist. Denn Johannes, der vor keiner Entscheidung zurückschreckte, wurde kopfscheu, wenn er ein Problem nicht vereinfachen konnte. Alle Verzweigungen eines Sachverhaltes gleichzeitig im Auge zu behalten, schien ihm für das Amt des Papstes eine höchst erstrebenswerte Kunst. Sie nicht genügend zu beherrschen, hat er oftmals beklagt. So entfachte die Polarität zu Montini im Bewußtsein Johannes' XXIII. die alte Bewunderung für dessen glänzendste Eigenschaft – seine geniale Fähigkeit zur Analyse. Da Johannes den Zeitpunkt seines Todes etwa ein Jahr vorher wußte, konnte er sorgsame und diskrete Empfehlungen für die Wahl seines Nachfolgers geben. Nur Monsignore Montini sei in der Lage, einer so komplizierten Zeit bis in die verborgensten Wurzeln nachzugehen. Da ihm selber Entscheidungen so leicht fielen, bedachte Johannes nicht, wie schwer sein Nachfolger darunter leiden würde, sie zu fällen.

Eine wesentliche Entscheidung allerdings hatte Johannes vorweggenommen – und zwar genau in der von Montini erhofften Richtung. Der Dialog mit der kommunistischen Welt war eröffnet. Am 10. April 1962, wenig mehr als ein Jahr vor seinem Tod, sandte Johannes an den Weltepiskopat seine berühmte Enzyklika »Pacem in terris«, in der der Kommunismus zwar nicht beim Namen genannt, aber mit einem gewissen Respekt behandelt wurde, den man niemals vorher von einem Papst vernommen hatte:

»Es ist ungerecht, bestimmte Bewegungen, die sich mit wirtschaftlichen und sozialen Verhältnissen, mit der geistigen Ausbildung oder der zweckmäßigen Ordnung der Staaten befassen, einfach zu identifizieren mit bestimmten philosophischen Lehrmeinungen über das Wesen, den Ursprung, über Ziel und Zweck der Welt und des Menschen, auch wenn jene Bewegungen von solchen Auffassungen her entstanden und geleitet sind. Während der wissenschaftliche Begriff, wenn er einmal festgelegt ist, nicht mehr geändert werden kann, unterliegen doch diese Bewegungen notwendig den Veränderungen der jeweiligen Situation. Wer könnte übrigens leugnen, daß in solchen Bewegungen, soweit sie sich den Gesetzen einer geordneten Vernunft anpassen und die gerechten Forderungen der menschlichen Person berücksichtigen, etwas Gutes und Anerkennenswertes sich findet?« Das sollte ungefähr ausdrücken: Der Kommunismus, in dialektischer Evolution befindlich, ist nicht mehr identisch mit der Lehre von Karl Marx, auch wenn er seine Grundsätze weiterhin von ihr bezieht. Er bringt Gutes zustande und verdient Anerkennung, sofern er mit Vernunft gehandhabt wird und die Menschenrechte nicht verletzt.

Solche Gedanken schienen die kirchliche Antwort auf eine politische Entwicklung zu sein, die einen Monat vorher zu einem für damalige Begriffe spektakulären Ereignis im Vatikan geführt hatte. Am 7. März 1962 war Alexei Adschubei, der Schwiegersohn Chruschtschows, mit seiner Frau zur Privataudienz bei Johannes erschienen. Dem Papst lag alles daran, die Begegnung für das russische Paar zu einem menschlichen Erlebnis werden zu lassen. Er hatte den Charakter Chruschtschows vorher genau studiert und wußte – selber aus bäuerlicher Familie – spontan die rechten Worte für den erdverbundenen Menschen zu finden, dessen Tochter vor ihm saß. Am Ende des Gespräches griff er in die Schublade, holte eine Medaille mit seinem Bild heraus, drückte sie Frau Adschubei in die Hand und sagte: »Geben Sie das Ihrem Vater und sagen Sie ihm einen herzlichen Gruß. Uns trennen ja nur entgegengesetzte Ansichten. Das ist nicht viel.«

Für Johannes XXIII. war der Dialog mit der kommunistischen Welt nicht das Ziel, sondern ein Mittel zur Verständigung mit der Orthodoxie. In den Jahren seiner Tätigkeit als Apostolischer Delegat in Bulgarien, der Türkei und Griechenland (1931–1944) hatte er tiefe und haftende Eindrücke von der Frömmigkeit und Größe der östlichen Glaubenswelt empfangen. Ihre Trennung von der lateinischen Kirche, die Abneigung und Feindseligkeit vieler östlicher Bischöfe gegenüber Rom empfand er als persönlichen Schmerz. Ein gewichtiger Grund für das Konzil, das er einberufen hatte, lag in dem Vorsatz, die jahrhundertealte Spannung zu mindern und die Orthodoxie durch römische Vorleistungen zur Revision ihres Urteils über die Papstkirche zu bewegen. Johannes war überzeugt, das Konzil werde für die ganze Christenheit beträchtlich an Wert einbüßen, wenn die Orthodoxie nicht wenigstens Beobachter schickte. Diese wiederum durften nicht nur aus Konstantinopel oder Athen kommen, sie mußten vom Gros der orthodoxen Kirchen entsandt werden. An diesem Punkt wurde das Problem politisch.

92 % aller orthodoxen Christen lebten in kommunistischen Ländern. Ihre Kirchen waren staatsgebunden und nicht handlungsfähig ohne die Zustimmung zweier Instanzen – der eigenen Regierung und des Moskauer Patriarchats. Der Patriarch aller Russen aber war gebunden an die Weisungen der Sowjetregierung. Wollte Johannes also erreichen, daß aus dem Ostblock orthodoxe Beobachter beim Konzil erschienen, so mußte zunächst ein Einverständnis mit dem Kreml erzielt werden. Dort zeigte man sich nur dann zu Gesprächen bereit, wenn der Heilige Stuhl von seiner bisherigen antikommunistischen Haltung deutlich abrückte. Johannes, der auch in jedem Atheisten zuerst den Menschen sah, war einverstanden.

Andererseits war da Athenagoras, der Patriarch von Konstantinopel, Inhaber des Bischofssitzes, den der Apostel Andreas gegründet hatte. Ihm gebührte innerhalb der Orthodoxie ein Ehrenvorrang, den ihm selbst Moskau zubilligte, solange er ihn nur trug, aber nicht benützte. Letzteres aber hatte Athenagoras mittlerweile getan. In mehreren Schreiben an Johannes XXIII. schlug er vor, ein Gespräch darüber zu beginnen, wie man die fast tausendjährige Kirchenspaltung beenden könne. Eine solche Initiative machte es dem Papst unmöglich, den Patriarchen von der Frage der orthodoxen Konzilsbeobachter auszuschließen. Andererseits konnten die Russen römische Direktverhandlungen mit Athenagoras als Überbewertung seines Ehrenprimats auffassen – und damit als Affront gegen den Patriarchen von Moskau. Hatte doch der Chef des Außenamtes der russischen Kirche, Erzbischof Nikodim, schon 1960 in Athen erklärt, der Patriarch von Konstantinopel habe kein Recht, im Namen der Gesamtorthodoxie zu sprechen. Ein Gestrüpp von Schwierigkeiten.

Johannes entschloß sich zu einer doppelgleisigen Methode, die bewies, daß der »alte Pfarrer« ein äußerst geschickter Diplomat war. Zwischen Nikodim und dem Bevollmächtigten des Sekretariats für die Einheit der Christen, Monsignore Jan Willebrands – er ist heute Kardinal –, wurde im August 1962, also zwei Monate vor Konzilsbeginn, eine Zusammenkunft in Paris arrangiert. Dabei nahm Nikodim milde zur Kenntnis, während des Konzils werde keine Verdammung des Kommunismus stattfinden. Das öffnete Willebrands den Weg nach Moskau, wo er vom 27. September bis zum 2. Oktober verblieb, um weitere politische Bedenken gegen das Konzil auszuräumen, das am 11. Oktober beginnen sollte. Weder Willebrands noch das Staatssekretariat in Rom ahnten die Kabale, die die Russen nun in Gang brachten, um ihre Auffassung von der Werteskala zwischen Orthodoxie, Athenagoras und Vatikan deutlich zu machen.

Johannes hatte inzwischen überlegt, ob er die Einladung an die Orthodoxie – der ja auch die Griechen angehörten – insgesamt über Athenagoras leiten oder jeder Landeskirche separat zusenden solle. Er entschloß sich für den Patriarchen, weil es ihm kränkend erschien, ihn zu übergehen. Athenagoras, der die Russen kannte, fragte sofort in Moskau an, ob Beobachter nach Rom gehen würden, da er nicht im Gegensatz zur dortigen Entscheidung handeln wolle. Er erhielt keine Antwort. Gleichzeitig kabelte Willebrands aus Moskau nach Rom, die Russen seien nicht abgeneigt, zu kommen, wenn sie vom Vatikan eine Direkteinladung erhielten. Von da an kann man die Ereignisse nur noch nach dem Kalender analysieren.

4. Oktober. Kardinal Bea, Chef des Sekretariats für die Einheit der Christen, telegrafiert dem Patriarchen von Moskau, die gewünschte Direkteinladung für die russischen Konzilsbeobachter sei eilbrieflich unterwegs.

6. Oktober. Athenagoras – immer noch ohne russische Antwort – telegrafiert zum zweiten Mal nach Moskau und bittet um Auskunft, ob russische Beobachter entsandt würden.

7. Oktober. Antwort der Russen an Athenagoras: »Wir haben Ihnen nichts Neues mitzuteilen.«

8. Oktober. Athenagoras telegrafiert an Kardinal Bea, er sehe sich zu seinem Bedauern außerstande, Beobachter zu schicken, bete aber für das Konzil. Gleichzeitig gibt der Patriarch seine Absage an Rom telegrafisch an die Russen weiter.

10. Oktober. In Moskau beschließt der Heilige Synod, die Einladung Roms anzunehmen.

11. Oktober. Eröffnung des Konzils. Athenagoras veröffentlicht eine Erklärung, in der er seinem Erstaunen über den russischen Schritt Ausdruck gibt.

12. Oktober. Ankunft der beiden russischen Beobachter in Rom. Ihre erste Frage: »Warum sind die Griechen nicht gekommen?«

Später hat man in Moskau versucht, die Sache mit technischen Verzögerungen zu erklären. Der russische Kalender sah etwa so aus:

6. Oktober. Eintreffen der telegrafischen Anfrage des Patriarchen Athenagoras.

7. Oktober. Antwort der Russen: nichts Neues.

8. Oktober. Eintreffen des Telegramms von Kardinal Bea (aufgegeben am 4.).

9. Oktober. Eintreffen der eilbrieflichen Einladung von Kardinal Bea (aufgegeben am 4.).

10. Oktober. Beschluß der Synode, anzunehmen.

11. Oktober. Eintreffen des Telegramms von Athenagoras, worin dieser seine Absage an Rom mitteilt (aufgegeben am 8.).

Wie es auch immer gewesen sein mag – das Resultat entsprach genau den russischen Wünschen. In der ersten Session des Zweiten Vatikanischen Konzils war die Orthodoxie allein durch Geistliche aus der Sowjetunion vertreten. Athenagoras war ausgeschaltet und gedemütigt. Papst Johannes und der Vatikan aber mußten zur Kenntnis nehmen, daß die Regierung der UdSSR keinen anderen Verhandlungsweg zwischen Rom und der Orthodoxie dulden werde als den über Moskau. Damit war die ökumenische Frage politisiert. Damit war außerdem – durch die Initiative Rußlands, nicht des Heiligen Stuhls – die Grundsituation geschaffen für die ganze vatikanische Ostpolitik, der Paul VI. später so große Opfer bringen sollte.

Das erschütterndste dieser Opfer gelangte der Öffentlichkeit erst im Herbst 1971 zur Kenntnis, als die römische Bischofssynode tagte. Im zweiten Teil der Sitzungen diskutierte man das von Paul VI. angeordnete Thema »Gerechtigkeit und Frieden«. Der vorliegende vatikanische Entwurf zeigte starke antikapitalistische Tendenz. Getreulich beschränkte sich der Grundsatzreferent, Erzbischof Alberti y Valderrama von den Philippinen, auf die Ungerechtigkeit, die den schuldlos zurückgebliebenen Staaten durch die technologisch überlegenen Nationen zugefügt werde. Die Synode applaudierte. Dann ging sie voller Unbehagen auf die Suche nach ein paar nebulosen Formulierungen über Folter und Verfolgung, die der Kirche mißlicherweise eher im nichtkapitalistischen Teil der Welt widerfuhren. Deutlicher zu werden schien nicht ratsam. Denn obwohl man kurz zuvor dem Heiligen Stuhl in der Zölibatsdebatte beträchtlichen Widerstand geleistet hatte, gab es immer noch Hoffnung, der Papst werde in der Frage der Priester-Ehe zum Kompromiß einlenken, wenn man seine Ostpolitik nicht störte. Außerdem hatte die Abberufung des Kardinals Mindszenty aus Ungarn zum Synodenbeginn deutlich gezeigt, daß Paul VI. keine Angriffe auf sozialistische Staaten vornehmen wollte. Doch kam die Nachgiebigkeit der Väter zu spät.

Denn am 20. Oktober erhob sich der Metropolit der Exil-Ukrainer in Kanada, Erzbischof Maxim Hermaniuk, und sagte: »Es scheint mir höchst überraschend, in Arbeitspapier und Grundsatzreferat von allen möglichen Formen der Ungerechtigkeit zu lesen: politischen, kulturellen, wirtschaftlichen und internationalen, nicht aber von der einem Christen am meisten beklagenswerten Ungerechtigkeit, der Verfolgung der Kirche Christi. In dem ganzen Dokument wird der Ausdruck ›Verfolgung der Kirche‹ nicht ein einziges Mal gebraucht. Man hat nicht einmal gewagt, sich auf das hervorragende Dekret des Zweiten Vatikanischen Konzils über die Religionsfreiheit zu berufen.«

Nun wußte jedermann, was kommen würde. Der Mann sprach nicht für die nach Kanada ausgewanderten Ukrainer, sondern für die in der Sowjetunion verbliebenen Anhänger der ukrainischen Kirche. Sie ist seit dreihundertfünfzig Jahren mit Rom verbunden. »Alle ihre Bischöfe, Aberhunderte von Priestern, Tausende von Ordensleuten und hunderttausend Gläubige, Männer und Frauen, wurden angeklagt und verurteilt wegen ihrer Treue zum Heiligen Stuhl. Viele von ihnen, der Folter und unmenschlicher Kerkerhaft unterworfen und erschöpft durch Zwangsarbeit in Konzentrationslagern, starben einen ruhmreichen Tod als Märtyrer. Vor fünfundzwanzig Jahren wurde die katholische Kirche in der Ukraine als Institution für illegal erklärt. Heute – so dekretiert eine atheistische Regierung – existiert sie nicht mehr.«

Als ein Jahr vor der römischen Synode der neue Patriarch von Moskau, Pimen, inthronisiert wurde, erklärte er sofort und nachdrücklich, eine ukrainisch-katholische Kirche gäbe es nicht. Der bei den Feierlichkeiten anwesende Kardinal Willebrands, offizieller Abgesandter Pauls VI., nahm diese Behauptung schweigend zur Kenntnis und hat auch nach seiner Rückkehr in den Vatikan nicht dagegen protestiert. Dabei wußten alle Beteiligten, daß Pimens Erklärung nur eine Interpretation des sowjetischen Wunschdenkens war. Wenn die ukrainischen Katholiken schon unbedingt an der Religion festhalten wollten, so durften sie sie nicht aus Rom beziehen. Denn dafür gab es eine russische Instanz – das Moskauer Patriarchat.

Der Standpunkt der Sowjetregierung war einfach. Die UdSSR ist ein atheistischer Staat. Da ein nicht genau meßbarer Teil ihrer Bevölkerung trotzdem am Christentum festhält, genießt dieses ein gerade noch vertretbares Maß an Toleranz. Religionsform ist die unter Staatskontrolle stehende russische Orthodoxie. Seit dem Krieg hat sich das Gebiet des Staates erweitert. So brachte Litauen eine gewisse katholische Minderheit ein, die es erforderlich machte, auch den römisch-katholischen Glauben zu dulden, sofern er den lateinischen Ritus wahrte und auf die Angehörigen der Minderheit beschränkt blieb.

Anders lag der Fall der Ukrainer. Sie lebten zum größeren Teil in der Sowjetunion, zum kleineren in Polen, hatten jedoch ihr eigenes Volkstum, das weder russisch noch polnisch war. 1596 beschlossen ihre Bischöfe im Vertrag von Brest-Litowsk, zur römischen Kirche zurückzukehren. Der Vatikan gestand ihnen den ukrainischen Ritus und die ökumenische Kirchenverfassung zu, was dem lateinischen Klerus in Polen aufs höchste mißfiel. In Rußland dagegen war der Abfall der Ukrainer von der Orthodoxie gleichbedeutend mit einem Majestätsverbrechen. Denn fortan erkannten die Ukrainer als ihr religiöses Oberhaupt nicht mehr den Zaren an, sondern den Papst. Katharina die Große, Nikolaus I. und Alexander II. befahlen blutige Verfolgungen. »Es ist merkwürdig genug«, so sagte mir der Metropolit Hermaniuk, »daß das Sowjetregime, das doch eine Reaktion auf die Zarenherrschaft war, schließlich gleich jener zu dem Schluß kam, die ukrainisch-katholische Kirche zu zerstören.«

Das folgenschwerste Privileg, das der Heilige Stuhl den Ukrainern im Vertrag von Brest-Litowsk zugestanden hatte, war das Recht, einen Groß-Erzbischof zu wählen, der im ukrainisch-katholischen Gesamtbereich Bischöfe ernennen und Synoden einberufen konnte. In seiner Person kulminierte stets der Widerstand gegen Moskau. Beeindruckt bestätigten mehrere Päpste seine Sonderstellung. Den letzten Träger dieser Würde hat Paul VI. mit Grund im Jahre 1965 zum Kardinal erhoben. Groß-Erzbischof Joseph Slipyi hatte siebzehn Jahre in sowjetischen Gefängnissen und in Konzentrationslagern nördlich des Polarkreises verbracht. Einmal war er zum Tod verurteilt worden, ohne je zu erfahren, aus welchem Grund seine Hinrichtung unterblieb. Den Bemühungen von Papst Johannes war es endlich gelungen, ihn freizubekommen, allerdings gegen die Zusicherung, er werde in Rom Wohnung nehmen und das sowjetische Staatsgebiet niemals mehr betreten. Paul VI. besuchte den erkrankten Slipyi noch am Tage seiner Wahl, um seine Solidarität zu dem ukrainischen Bekenner kundzutun. Acht Jahre später aber, im Sommer 1971, verhielt sich der Papst anders.

Ein sehr großer Teil der katholischen Ukrainer war schon in den zwanziger Jahren aus der Sowjetunion illegal emigriert. Die meisten wandten sich nach Kanada und den USA, viele nach Australien, einige blieben in Europa, hauptsächlich in Paris und Rom. Die zweite Generation dieser Emigranten war vielfach zu Vermögen gelangt und stützte damit die altvertraute Kirche. So begannen die Exilgemeinden der Ukrainer allenthalben zu blühen – und Slipyi verfügte über eine weltweite, ihm ergebene Hierarchie. Diese wandte sich im Juni 1971 namens ihrer Gläubigen an Paul VI. mit dem offiziellen Gesuch, dem Groß-Erzbischof den längst verdienten Rang eines Patriarchen zu verleihen. Es war eigentlich eine Prestigefrage. Denn aufgrund des Brest-Litowsker Vertrages besaß Slipyi schon das Recht, das Patriarchen auszeichnet – Bischöfe zu ernennen und Synoden einzuberufen. Am 7. Juli antwortete Paul VI. den Ukrainern: »Wir waren geneigt, eure Bitte günstig aufzunehmen, sind aber zu Unserem Schmerz zu dem Schluß gelangt, daß es – wenigstens für den Moment – unmöglich ist, ein ukrainisches Patriarchat zu schaffen.« Slipyi ermahnte die Seinen, die päpstliche Entscheidung in Demut zu akzeptieren.

In der Bischofssynode von 1971 allerdings änderte Slipyi seine Taktik. Er hatte die Verlegenheit der Väter vor der ukrainischen

Frage wohl bemerkt. Nun ersparte er ihnen das Dilemma nicht. Entweder man verurteilte die Verfolgung der Ukrainer auf Sowjetterritorium – dann mußte man sich von der päpstlichen Ostpolitik distanzieren. Oder man verdammte Folter und Verfolgung nicht länger, weil sie durch eine bestimmte Politik begründbar wurden. Betretenes Schweigen.

Slipyi ließ Taten folgen. In der letzten Synodenwoche gründete er zusammen mit den anwesenden Bischöfen seiner Kirche im Herzen des alten Rom, auf der Piazza della Madonna dei Monti, die erste ukrainisch-katholische Pfarrei der Stadt. Zur Eröffnung der Pfarrkirche sagte er: »Sie verkörpert in Stein und Geist die Einheit der ukrainischen Kirche mit Rom und dem Papst.« Auf Ehrenplätzen saßen seine drei großen Gegner. Erzbischof Casaroli, der »Außenminister« des Papstes, der die neue Ostpolitik der Kurie auf Moskau konzentriert hatte; Kardinal de Fuerstenberg, der den Ukrainern schon vor Monaten erklärt hatte: »In eurem Land hat eure Kirche formell keine Existenz mehr«; Kardinal Willebrands, jahrelang Geheimbotschafter des Heiligen Stuhles in kommunistischen Ländern und Zeuge der Nichtigkeitserklärung, die der Patriarch Pimen über Slipyis Kirche ausgesprochen hatte. Alle drei waren feierlich mit Weihrauch bedacht worden, als ob sie Metropoliten der Ostkirche wären.

Nach dem Gottesdienst zog man die Vorhänge vor den Altar. Es begann eine Art Sitzung, in der Slipyi bitterste Worte sagte. Der erste, der mit eingezogenem Kopf verschwand, war Casaroli. Die beiden anderen Prälaten blieben; de Fuerstenberg bleich und irritiert, Willebrands von bewundernswerter Undurchdringlichkeit und Kälte. Am gleichen Abend konstituierte sich in der kleinen Pfarrkirche eine eigene ukrainische Synode mit 15 Bischöfen, die einzuberufen Slipyis verbrieftes Recht war, erstens aus dem alten Vertrag, zweitens aus einem Konzilsdekret, das die Groß-Erzbischöfe juristisch den Patriarchen gleichsetzt. Man bat sogleich um den Segen des Papstes. Er blieb aus. Die Synode erklärte »Respekt, Hingabe und Bewunderung für den höchsten Pontifex«. Der Vatikan erklärte die »Gegensynode« für unerlaubt.

Man gab um eine Audienz beim Papst ein. Keine Antwort. So tagte man auf eigene Faust und konnte tatsächlich einen Erfolg bei der römischen Bischofssynode erzielen. Der Text zur Gerechtigkeitsfrage fiel unter dem Eindruck, den die Ukrainer hervorgerufen hatten, vorsichtiger aus als vergleichbare Passagen der Enzyklika über den Fortschritt der Völker, die Paul VI. lange vorher veröffentlicht hatte. Das konnte der Vatikan nicht vergessen.

Im November 1972 leitete der Kardinalstaatssekretär Villot den ukrainischen Bischöfen in aller Welt ein von ihm unterzeichnetes Schriftstück zu, das in dem Satz gipfelte: »Die ukrainische Kirche hat keine Rechtsautorität, die über den Bischöfen stünde – ausgenommen den Heiligen Stuhl.« Das bedeutete die Amtsenthebung des Kardinals Slipyi als Groß-Erzbischof und gleichzeitig die Abschaffung des Amtes selbst. Der selbständige Charakter der ukrainischen Kirche, in Brest-Litowsk durch den Heiligen Stuhl garantiert, war umgewandelt worden in die direkte Abhängigkeit jedes einzelnen Bischofs von der römischen Kurie. Slipyi konnte fortan keine Bischöfe mehr ernennen, weniger noch sie zu gemeinsamem Handeln veranlassen. Der Vatikan hingegen konnte freigewordene Bischofssitze mit Metropoliten versehen, die seiner Ostpolitik gefügig waren, weil ihnen Slipyis Erfahrung fehlte. Eine autokephale Ostkirche von fast fünfzig Millionen Menschen, durch Treue und Martyrium mit Rom verbunden, hatte Recht und Gestalt verloren, der Papst glaubte richtig gehandelt zu haben, und Moskau hatte sein Ziel erreicht.

Für Paul VI. stellte sich die Sache anders dar. Das Martyrium der katholischen Ukrainer fiel in die Jahrhunderte währende Zeit, da Rom in Rußland zwei Feinde hatte – den Staat und die Orthodoxie. Wenn unter solchen Umständen ein Katholik Freiheit und Leben hingab, war sein Opfer gerechtfertigt. Denn er setzte seine Existenz für einen Glauben ein, den die Umwelt bekämpfte. Wenn aber die alten Feinde sich endlich zur Versöhnung mit Rom anschickten, wurde dasselbe Opfer zum Hindernis für die Handlungsfreiheit des Heiligen Stuhles. Somit mußte es zwar scheinen, als vergelte Rom Treue mit Undank. In Wirklichkeit aber stand gerade diese starre Treue einem größeren Frieden entgegen, zu dem man schon auf dem Wege war. Folglich wurde zur Unbotmäßigkeit, was gestern noch als Heroismus galt. Es ist immer schmerzlich, Menschen zu der Einsicht zu bringen, daß die Zeit über sie hinweggeschritten ist. Den Ukrainern wollte Paul VI. es nicht ersparen. Nur ihrem Glauben war erlaubt, zeitlos zu sein, nicht aber ihrem Verhalten.

Dem päpstlichen »Außenminister«, Erzbischof Casaroli, wurde in Rom das Wort in den Mund gelegt: »Wenn es uns vergönnt ist, diese Ostpolitik ohne Störung durch fünfzehn Jahre weiterzuentwickeln, wird Rußland christlich, vielleicht sogar katholisch sein.« Man lachte darüber, ohne zu bemerken, daß dieses Wort, auch wenn es erfunden war, ein Fernziel kennzeichnete. Es konnte Phantasie, konnte Wunschdenken sein. Dennoch war ihm jene eingeschränkte Realität nicht abzusprechen, die für jede Zukunft gilt. Für Paul VI. hieß das Kernproblem ohne Frage: Verständigung mit Moskau. Dabei gab es eine kirchliche und eine politische Komponente, die ineinander verflochten waren. Die politische Seite der Aufgabe zu lösen, war nur möglich durch eine beharrliche Annäherung der Standpunkte, die der Heilige Stuhl und die Sowjetregierung gegenüber der sozialistischen Lebensform einnahmen. Je weiter diese Verständigung fortschritt, um so begründeter konnte man hoffen, die Sowjetregierung werde sich auch in kirchlichen Dingen nachgiebiger zeigen. Waren die Einigungsgespräche mit der russischen Orthodoxie erst einmal in Gang gebracht, so würden auch die autokephalen Kirchen in den Satellitenstaaten, die indirekt vom Moskauer Patriarchat abhingen, einbezogen werden können. Von da an hatte man die Repräsentanten von 92% der orthodoxen Christenheit als Partner. Die Aussöhnung der Orthodoxie mit Rom würde dann aus dem Bereich der reinen Utopie allmählich heraustreten. Ernsthafte theologische Schwierigkeiten bestanden nicht. Das politische Glacis würde durch die Anerkennung der möglichen Symbiose zwischen Christentum und Marxismus-Leninismus geschaffen sein. Offen bliebe nur noch die Frage des päpstlichen Primates – also das Auffinden einer Form, in der die Sonderstellung des Papstes von den Orthodoxen akzeptiert werden konnte. War aber auch dieses Problem einmal zufriedenstellend gelöst, warum sollten die beiden Kirchen dann weiter getrennt bleiben? Erst hier, am Schlußpunkt des phantastischen Programmes, offenbarte sich der folgenschwere Denkfehler. Der Vatikan setzte die künftige Vereinigung der beiden Kirchen gleich mit der Rückkehr der Orthodoxie nach Rom.

Die Kurie zeigte unter Paul VI. einen bislang unbekannten Mangel an Geschichtsbewußtsein. Der kühne Vorsatz, die Kirchenspaltung zu beseitigen, wurde als reines Zukunftsprogramm gesehen. Im Gegensatz zur Orthodoxie hielt sich in Rom niemand mit der Vergangenheit auf. Was verschlug es schon, wenn die Geschichte mit Feindseligkeiten belastet war – sobald man sie ausgeräumt hatte, würde Rom auch für die Orthodoxie die Anziehungskraft als gottgewollte Hauptstadt der Christenheit ganz von selbst zurückgewinnen. In schöner Unbekümmertheit übersah man dabei, daß der Primat des Papstes weder die letzte noch die einzige Schwierigkeit der Orthodoxie war. Daneben hatte die Geschichte der Kirchenspaltung schon von Anfang an ein zweites Problem gezeitigt – die Fortführung des »Rom-Gedankens«, unabhängig von jenem ersten Rom, das heute noch mit dem Anspruch auftritt, die »Ewige Stadt« zu sein. Schon am Ende der Antike hatte sich die Orthodoxie auf ein anderes, das »zweite Rom« konzentriert – Byzanz. Nach dessen Fall entstand das »dritte Rom«, das heute noch besteht – Moskau. Dieses – und nicht die Stadt, die den Vatikan beherbergt – ist auch gegenwärtig noch das einzige legitime Rom, sowohl für die Orthodoxie als auch für Rußland. Der Wandlungsprozeß der Rom-Idee ist dramatisch genug, um die Neugier des Laien zu reizen, der den vatikanischen Geschichtshochmut nicht als Fortschritt begrüßt, sondern mit der Skepsis betrachtet, welche vor dem Gesinnungswandel des katholischen Klerus gegenwärtig geboten ist.

Konstantin der Große hatte den alten Handelsplatz Byzanz am Bosporus dazu auserwählt, als Hauptstadt der östlichen Reichshälfte das zweite Rom zu werden. Wenig später war die alte »Roma aeterna« samt den meisten Westprovinzen den Barbaren der Völkerwanderung anheimgefallen, während das Ostreich standhielt. Als Justinian, der erste wahrhaft byzantinische Kaiser, im 6. Jahrhundert die Goten aus Italien warf, gelang es noch einmal, die beiden Hälften des Imperium Romanum zusammenzufassen. Doch mußte Byzanz den Westen wieder preisgeben, als es im Osten zuerst von den Persern, dann von den Scharen Mohammeds berannt wurde. Die byzantinische Herrschaft über Italien sank zu einem papierenen Anspruch herunter, die Päpste in Rom sahen sich der Willkür städtischer Adelsgeschlechter und germanischer Volkskönige preisgegeben. So flüchteten die Nachfolger Petri schließlich in die Arme der Franken – ein Vorgang, der mit der Kaiserkrönung Karls des Großen endete. Byzanz aber hatte auch nach der Preisgabe des Westens niemals auf das sakrosankte Recht verzichtet, das einzige Kaisertum der christlichen Welt zu sein. Daß ein Bischof von Rom den Franken Karl zum Kaiser krönte, war in den Augen der Byzantiner glatter Reichsverrat. Das Ostreich konnte den Päpsten diesen Schritt niemals verzeihen. Noch bis in die spätesten Zeiten von Byzanz war die Kaiserkrönung Karls des Großen die Wurzel der tiefen Abneigung, die man in Konstantinopel gegen den Westen hegte.

Während die Päpste der dunklen Jahrhunderte oftmals mit zweifelhaften Mitteln den Heiligen Stuhl gegen weltliche Übergriffe zu verteidigen suchten, blieben die Patriarchen von Konstantinopel im Schutze einer intakten kaiserlichen Gewalt. Die Folge war der Versuch der byzantinischen Reichskirche, das Patriarchat ihrer Hauptstadt im Range dem römischen Papste möglichst anzunähern. Wie das neue Rom sich als die jüngere Schwester des alten Rom verstanden hatte, sollte nun der Stuhl von Konstantinopel der jüngere Bruder des Stuhles Petri sein. Der Vorrang Roms durfte nicht eine Funktion, sondern nur eine Formel bedeuten.

Die östliche Kirche war damals schon eine Staatsbindung eingegangen, die die westliche nicht kannte. Ihr Schöpfer war Justinian.

In seiner Person gingen Heiligkeit und Macht ineinander über, Palast und Kirche wurden eins. Unter Justinians Einfluß begann die Orthodoxie beharrlich um ein Zentrum zu kreisen, das das göttliche Weltregiment bildhaft verkörpern sollte. Dieses Zentrum war der Heilige Palast in Konstantinopel – nicht mehr der Heilige Stuhl in Rom. Bald stritt man sich an der Oberfläche um das Protokoll des geistlichen Vorrangs der beiden Städte. In der Tiefe aber war die Spaltung schon im Gange.

Politik und Theologie zu verflechten, war Justinians große Kunst. Seine Nachfolger lernten sie ebenso schnell von ihm wie die Päpste. Der Wille, Weltschicksal politisch zu begreifen und theologisch zu beeinflussen, führte bald zu dem berühmten Streit um die petrinischen Sitze. Rom leitete schon damals seinen Anspruch auf den Primat aus dem Worte Jesu ab, der Fels, worauf er seine Kirche bauen werde, sei Petrus. Byzanz, mächtiger als Rom, erhob den gleichen Anspruch auf Heiligkeit. Dagegen operierten findige römische Prälaten mit einem zweifelhaften Argument. Der erste Bischofssitz Petri, so sagten sie, war Antiochia. Von dort aus ging er nach Rom, wo er blieb bis zu seinem Tode. Er hatte einen einzigen Schüler, den heiligen Markus. Dieser wurde Bischof von Alexandria. Es gibt also drei petrinische Sitze – Antiochia, Rom und Alexandria. Byzanz ist nicht darunter.

Dort hatte man flugs eine nicht minder löchrige Antwort bereit. Unser erster Bischof, so sagten die Byzantiner, war der heilige Andreas. Ihn hat Christus noch vor dem Petrus zum Jünger erwählt. Den Vorrang Petri macht niemand streitig. Aber unmittelbar nach ihm kommt Andreas – und damit Byzanz.

Der Streit ließ sich nicht beilegen. Zu verschieden war inzwischen die innere Struktur der beiden Hemisphären. Im Westen ein politisches Chaos, mitten darin der Papst, schwach, aber nicht gehindert, seinen weltlichen Schutzherrn zu wählen. Im Osten ein theokratischer Staat mit christlicher Gesellschaft, deren absolutes Oberhaupt der Kaiser war. Im Westen eine starke Bindung der Geistlichkeit an das Rechtsdenken. Im Osten die stille Umwandlung der Reichskirche in eine Mönchskirche, die damals schon durchsetzte, daß ein orthodoxer Bischof nur aus dem Mönchsstande hervorgehen kann. Dazu auf beiden Seiten immer wieder die Verschlingung von Politik und Theologie.

Im siebenten Jahrhundert waren die Bewohner Syriens und Ägyptens der byzantinischen Steuerschraube überdrüssig geworden. Das persische Sassanidenreich versprach eine angenehmere Herrschaft. Also wurde der Abfall von Byzanz vorbereitet. Dazu bedurfte man eines zureichenden Grundes. Gegenüber der byzantinischen Theokratie war es am einfachsten, zu einer Irrlehre zu greifen, die Kaiser und Patriarch nicht dulden konnten. Man behauptete, in Christus seien wohl zwei Naturen anzuerkennen, aber nur eine Energie, eine Aktivität, ein einziger Wille. Byzanz wußte genau, was auf dem Spiel stand. Gingen Syrien und Ägypten verloren, konnte niemand mehr die Perser daran hindern, auch noch den Rest des Reiches zu erobern. So zeigte man sich aus politischen Gründen gegenüber der monotheletischen Irrlehre tolerant. Dagegen aber protestierte Rom. Erst im letzten Augenblick konnte verhindert werden, daß es zum Schisma kam.

Im achten Jahrhundert erschütterte der Bildersturm die östliche Christenheit. Die Frage, ob Abbilder von Christus, Maria, den Märtyrern, den Engeln verehrt werden durften oder nicht, führte zu Massakern, Blendungen, Nasenabschneiden und ähnlichen Scheußlichkeiten. Es gab byzantinische Kaiser, die jede Ikone verbrennen ließen: Heiligenbilder seien Blendwerk des Teufels, denn man könne nicht mit den Sinnen verehren, was mit dem Herzen geglaubt werden müsse. Dahinter stand der politische Plan, die psychologische Herrschaft der Mönche über das Volk zu brechen. Außerdem wollte man die abgespaltenen Nestorianer und Monophysiten wieder näher an Byzanz ziehen. Rom sah die Gefahr, seine – wenn auch nur formelle – Autorität über die Orthodoxie gänzlich zu verlieren und protestierte aufs heftigste. Das Schisma wurde schließlich beigelegt.

Im neunten Jahrhundert ging es um Bulgarien. Es wurde damals christlich, neigte zu Rom, entschied sich aber schließlich für Konstantinopel. Wie üblich, wurde der kirchenpolitische Machtkampf mittels einer theologischen Streitfrage ausgetragen. Ob der Heilige Geist vom Vater und vom Sohn – »filioque« – ausgehe, oder nur vom Vater, ist noch heute die einzige Glaubensfrage zwischen der Orthodoxie und der römischen Kirche. Der Mann, der das vom Osten abgestrittene »filioque« damals zur Waffe gegen Rom machte, hieß Photius. Er war als Gelehrter überragend genug, um durch den Kaiser in sechs Tagen vom Universitätsprofessor und Laien zum Patriarchen von Konstantinopel erhoben zu werden. Sein Antagonist auf dem römischen Stuhl war Nikolaus I., ein unbeugsamer zentralistischer Geist von nicht minderem Format. Ihm warf Photius vor, mit dem Festhalten am »filioque« gegen die Stimmen aller Propheten, Apostel, Priester, Märtyrer zu blasphemieren und Gott selbst den Krieg zu erklären. Der Streit schlug tiefere Wunden als alle vorhergehenden. Der Kaiser Basilius sprach schließlich ein Machtwort. Das Schisma wurde beigelegt.

Im zehnten Jahrhundert begannen die ottonischen Kaiser im Westen, Päpste ihrer Wahl auf den Heiligen Stuhl zu setzen. Byzanz und seine Kirche verweigerten ihnen die Anerkennung, da die Westkaiser für sie Usurpatoren waren. Wurde hingegen ein Papst durch die Willkür der römischen Adelsparteien erhoben, so fand er in Byzanz keine Schwierigkeiten.

1054 kam es zum endgültigen Bruch. Der päpstliche Legat Humbert a Silva Candida legte auf dem Altar der Hagia Sophia eine päpstliche Bulle nieder, worin über den byzantinischen Patriarchen Michael Kerullarios und seine Anhänger der Bann ausgesprochen wurde. Als Antwort exkommunizierte Kerullarios seinerseits den Papst und die römische Hierarchie. Beide Parteien ahnten nichts von der rechtlichen Fragwürdigkeit ihres Vorgehens. Denn Leo IX., der seinen Legaten zum Anathem ermächtigt hatte, war schon gestorben, als dieser es aussprach, ein neuer Papst aber noch nicht erwählt. Andererseits bannte Kerullarios eine Autorität, die während der Sedisvakanz stillag, weil sie nicht durch eine Person verkörpert wurde. Trotzdem war das Schisma vollzogen – und diesmal wurde es nicht beigelegt.

1204 erschien vor Konstantinopel die Flotte Venedigs. Man landete Truppen und erstürmte die Stadt. Sinnigerweise wird das Unternehmen der vierte Kreuzzug genannt, obwohl der Papst den Segen dazu verweigert hatte. Die Venezianer versicherten sich bei dieser gewinnbringenden Unternehmung der Hilfe des heiligen Markus, dessen Leib sie sechs Jahrhunderte vorher aus dem petrinischen Sitz Alexandria geraubt hatten. Um die Markus-Republik an die Stelle Konstantinopels zu setzen, vernichtete man das Kaiserreich des Ostens und den Hort der Orthodoxie. Der Hymnus »Veni Creator Spiritus«, den die Feldgeistlichen auf dem Deck der venezianischen Galeeren angestimmt hatten, wurde zum Schlachtgesang gegen eine Kirche, die wie keine andere den Heiligen Geist als Lebenshauch und Alldurchdringer preist. Den Sturm auf die Mauern Konstantinopels leitete der Doge Enrico Dandolo, hundertjährig und blind.

Venedig konnte sich jedoch in Byzanz nicht halten. Die griechischen Kaiser kehrten zurück, wenn auch mit gebrochener Macht. Es war ihre Tragödie, daß sie schon wenig später gegenüber dem verhaßten Westen eine neue Politik einschlagen mußten. Denn plötzlich standen die Türken vor den Toren. Inzwischen hatte sich aber auch die Lage des Heiligen Stuhles verändert. Bonifaz VIII. hatte seine Nachfolger in das Exil von Avignon getrieben. Von dort kehrten sie geschwächt zurück, umgeben von Irrlehren voller Scharfsinn und Demagogie. Im fünfzehnten Jahrhundert gab es schließlich drei Päpste. Zwei davon waren rechtmäßig gewählt. In Basel tagte ein schismatisches Konzil. Dorthin wandte sich Byzanz, die Türken im Nacken, zuerst. Darauf ließ der in Rom residierende Papst den byzantinischen Kaiser wissen, er sei auf der Stelle zu Unionsgesprächen mit der Orthodoxie bereit. Der Kaiser stimmte zu, weil nur noch der Anschluß an den Westen die Rettung vor den Türken bringen konnte. Das Einigungskonzil begann in Ferrara und endete in Florenz.

Wieder kam das »filioque« zur Sprache, nebenbei auch die Fegefeuer-Frage, aber der eigentliche Streitpunkt war wie immer der Primat des Papstes. Vierzehn Tage vor dem Ende des Konzils ließ der anwesende Papst Eugen IV. dem byzantinischen Kaiser Johannes VIII. Palaiologos ein Billett zustellen. Darin waren die Forderungen Roms definiert, die den Primat betrafen. Der Papst verlangte das Recht, Konzile einzuberufen, was seit der Antike Sache der Kaiser gewesen war. Weiterhin sollten Patriarchen und Bischöfe des Ostens nicht nur des Papstes Vorrang anerkennen, sondern ihm auch Gehorsam zollen. Johannes VIII. war über den Inhalt des Schreibens so erbost, daß er den Untergang seines Reiches riskierte und zur Abreise rüstete. In letzter Minute einigte man sich auf einen Kompromiß, der Roms Stellung nicht schmälerte, den Griechen aber ihre Privilegien beließ. In Purpurtinte setzte der byzantinische Kaiser seinen Namenszug unter das Dokument, das die Einheit der Kirche wiederherstellen sollte. Papst und Patriarch sanken sich in die Arme. Man trennte sich in dem Gefühl, die Christenheit gerettet zu haben.

Es war eine Illusion. Als die Orthodoxen ihre Heimat erreichten, fanden sie sich belagert von aufrührerischen Mönchen und fanatischen Volksmassen, die ihnen in wildem Geschrei vorwarfen, einer Räubersynode zugestimmt zu haben. Lieber die Herrschaft des Halbmonds, so hieß es, als die Juristen Roms. Die Einheit war auseinandergebrochen, noch bevor sie zustande kam.

Vierzehn Jahre später fiel Konstantinopel, das zweite Rom.

Weitere siebzig Jahre später setzte sich in Pskov, der ältesten Stadt Rußlands, ein Starez namens Filofej an sein Pult, um ein Sendschreiben an den Großfürsten Vasilij III. von Moskau zu verfassen. Die Ansicht, die er darin niederlegte, wurde in unserem Jahrhundert von sowjetischen Forschern als »harmonische, kernig formulierte Theorie« gelobt, Filofej selbst als »progressiver Mensch« bezeichnet. Beide Urteile stehen im Widerspruch zu den simplen Gedankengängen und der sprachlichen Unbeholfenheit des Mönches. Der Grund, warum man sich überhaupt mit Filofej beschäftigte, lag tiefer. Dieser Mann hatte trotz seiner Einfalt eine Idee zur Weltgeschichte beigesteuert, die bis heute wirksam ist.

Zunächst nannte er den großfürstlichen Adressaten seines Sendschreibens »den Zügelhalter des heiligen göttlichen Thrones der ökumenischen und apostolischen Kirche«. Neu an dieser Formel war die Bezeichnung »apostolisch« für die Kirche Rußlands. Keiner der zwölf Apostel hatte auf russischem Boden ein Bistum gegründet. Der nächstliegende apostolische Sitz war immer Konstantinopel gewesen, das seine geistliche Würde auf den Apostel Andreas zurückführte und Rußland missioniert hatte. Mit der türkischen Eroberung aber war das byzantinische Kaisertum versunken, während der Patriarch von Konstantinopel sich der Gnade des Sultans ausgeliefert sah. So brachte das Ende des zweiten Rom für die Kirche Rußlands eine veränderte Situation. Man hatte dort von Anfang an die byzantinische Katastrophe als ein Strafgericht Gottes gewertet, heraufbeschworen durch den Abfall von der Orthodoxie auf dem Unions-Konzil von Florenz. An diesem hatte auch der Metropolit von Moskau teilgenommen und nach seiner Rückkehr versucht, die Florentiner Beschlüsse in Rußland durchzusetzen. Durch das Eingreifen des damaligen Großfürsten wurde die Union jedoch sofort verhindert, der Metropolit abgesetzt und ein neuer gewählt, der nun sowohl von Rom als auch von Konstantinopel unabhängig war. Seither verstand sich Rußlands Kirche als die einzige Hüterin der reinen Orthodoxie. Hieraus erwuchs ganz von selbst der Anspruch, die apostolische Würde von Byzanz als legitimes Erbe zu besitzen. Folgerichtig begann in Moskau die gleiche intime Verflechtung zwischen geistlicher und weltlicher Herrschaft, die den byzantinischen Staat gekennzeichnet hatte. Bald ließ sich der Großfürst von Moskau mit dem Wort »Car« anreden, das nichts anderes war, als die russische Übersetzung des byzantinischen Kaisertitels »Autokrator« – Selbstherrscher. Als solchen bezeichnete ihn auch Filofej, der schon früher mehrmals betont hatte, »daß unser Herr (der Moskauer Großfürst) der einzige christliche Zar in der ganzen Welt ist«. Damit bescheinigte Filofej dem Großfürsten, Erbe des byzantinischen Kaisertums zu sein – nicht nur als Herrscher über den Staat, sondern auch als Oberhaupt der Kirche. Auf dieser ideologischen Grundlage formulierte er seinen berühmten Satz: »Zwei Rom sind gefallen, das dritte besteht und ein viertes wird es nicht geben.«

In dem Jahrhundert zwischen dem Fall von Byzanz und der Regierung Iwans des Schrecklichen geschah in Moskau mancher bedeutsame Versuch, das dritte Rom im Bewußtsein Rußlands zu verankern. Iwan III. vermählte sich in zweiter Ehe mit der Prinzessin Zoë Palaiologa, einer Nichte des letzten byzantinischen Kaisers, um den russischen Anspruch auf die Nachfolgeschaft Ostroms noch weiter zu legitimieren. 1498 krönte man den jungen Fürsten Dimitrij Ivanovič zum Thronfolger und bediente sich dabei dreier vorher unbekannter Insignien, die ein byzantinischer Kaiser am Anfang des 12. Jahrhunderts angeblich an den Fürsten Wladimir Monomach von Kiew gesandt hatte – als Anerkennungszeichen für dessen herrscherliche Würde. Unter den besagten Insignien war das ehrwürdigste Stück eine Karneol-Kassette, die dem Hausschatz des römischen Kaisers Augustus angehört haben sollte. War es also nicht offensichtlich und gottgewollt, daß das verschollene Rom am Tiber und das zerstörte am Bosporus auf geistige Weise nunmehr zusammenfließen mußten in Moskau, dem dritten Rom? Im Wappen der Großfürsten von Moskau erschien der Doppeladler – Erbe aus Byzanz. Drei Architekten aus Italien verliehen dem Kreml eine imperiale Architektur – Erbe von Rom. Genealogen konstruierten einen Stammbaum der Moskauer Dynastie, als dessen Ahnherr Augustus auftrat, der erste Kaiser überhaupt. Das erste und das zweite Rom hatten ein neues Herrschaftsgebiet erhalten – das »heilige Rußland«. Dessen Herrscher aber, die Kaiser des dritten Rom, hatten zu ihrer Sendung gefunden: »Mittelpunkt und Erfüllung der Weltgeschichte« zu sein.

Um die Mitte des 16. Jahrhunderts schrieb der Erzbischof Feodosij von Nowgorod an Iwan den Schrecklichen: »Du sollst jede Sorge um Frömmigkeit tragen und die, die Dir unterworfen sind, von körperlichen und seelischen Unruhen retten.« Auch von seelischen Unruhen – das konnte nur bedeuten, daß der Zar damals nicht nur als geistliches Oberhaupt galt, sondern zur am meisten geheiligten Gestalt auf Erden geworden war. In einem Brief an seinen ehemaligen Freund, den Fürsten Andrej Kurbskij, legte Iwan der Schreckliche seine Auffassung von kaiserlicher Seelsorge dar: »Beachte und verstehe, daß, wer sich gegen die Staatsgewalt erhebt, sich gegen Gott erhebt, und wer sich gegen Gott erhebt, abtrünnig ist, was die stärkste Sünde ist. Wenn du gerecht und fromm bist, weshalb wolltest du nicht von mir, dem widerspenstigen Herrscher, Leiden auf dich nehmen und die (Märtyrer-) Krone des Lebens empfangen?« Es leuchtet ein, daß bei solchen Divergenzen in der Interpretation der »Heiligen Herrschaft« innere Kämpfe zwischen der russischen Kirche und den Zaren unausbleiblich waren.

Kurz vor dem Jahre 1600 erhielt Moskau endlich die Zustimmung der Gesamtorthodoxie für ein selbständiges Patriarchat. Voller Stolz empfing man wiederholt den Besuch des verarmten Patriarchen von Konstantinopel, der von den Türken bedrängt, in Moskau um Unterstützung und Geld bitten mußte. In der ersten Zeit des Patriarchats von Moskau schien es, als werde die russische Kirche gegenüber der Zarengewalt ein gewisses Gleichgewicht halten können. Nachdem die Rurik-Dynastie erloschen und die nachfolgende »Zeit der Wirren« überwunden war, bestieg 1613 Michail Romanow den Thron, machte seinen Vater Filaret zum Patriarchen von Moskau und regierte fünfzehn Jahre lang praktisch mit ihm gemeinsam. Dann aber flammten die Kämpfe um die Vorherrschaft zwischen Kirche und Zarentum wieder auf und füllten noch ein weiteres Jahrhundert, bis Peter der Große »das Fenster nach dem Westen« aufriß und das Leben der Kirche dem Staat gänzlich unterordnete.

Das für die russische Kirche verhängnisvolle Edikt erschien 1721 unter dem Titel »geistliches Reglement«. Peter der Große schaffte das Patriarchat von Moskau ab und ersetzte es durch den »Heiligen Synod«, eine kollektive Kirchenleitung. Darin hatte die eigentliche Macht ein Oberprokuror inne, der Laie war und das »Auge des Zaren« genannt wurde. Seine Weisungen waren bis 1917 für die orthodoxe Kirche Rußlands verbindlich. Von Kaiserin Katharina II. an – sie nannte sich im schönsten Stil der Aufklärung »chef de l'église« – verfuhren die Zaren mit den Bischöfen, als ob sie Staatsbeamte mit absoluter Gehorsamsverpflichtung wären. Am Anfang des vorigen Jahrhunderts erweiterte Alexander I. das Amt des Oberprokurors zum Ministerium für geistliche Angelegenheiten und Volksaufklärung. Wenig später stufte der Oberprokuror Graf D. A. Tolstoi den Religionsunterricht unter die unwichtigen Schulfächer ein. Die russische Niederlage gegen Japan 1905 und die Revolution von 1905/06 zwangen den Staat endlich zum teilweisen Einlenken gegenüber der Kirche. Doch mußte die Zarenherrschaft erst gestürzt sein, bis 1917 in Moskau ein Konzil zusammentreten und dem »heiligen Rußland« seinen Patriarchen zurückgeben konnte, den die Zaren zwei volle Jahrhunderte nicht geduldet hatten.

Noch im gleichen Jahr kamen die Sowjets an die Macht. Fast sofort wurde »die Trennung der Kirche vom Staat und der Schule von der Kirche« verfügt. Der kaum gewählte Patriarch Tychon und zahlreiche Geistliche wanderten ins Gefängnis. Allein bis 1923 starben 28 Bischöfe und 1215 Priester als Märtyrer. 1927 veröffentlichte der soeben aus dem Kerker entlassene Metropolit von Nischni Nowgorod eine Erklärung, in der er die Gläubigen zur Loyalität gegenüber dem Sowjetstaat verpflichtete. Die Regierung nahm die Unterwerfung zur Kenntnis, verfuhr aber weiter nach den religionspolitischen Richtlinien, die Stalin entworfen hatte. Methode: scheinbare Staatsneutralität gegenüber der Kirche, Kampfziel: totale Vernichtung des religiösen Lebens in Rußland. Nach zwei weiteren großen Verfolgungswellen waren im Jahre 1939 in ganz Rußland nur noch 4225 Kirchen geöffnet und 5665 Priester in Freiheit. Einen entscheidenden Umschwung der Situation brachte erst der deutsche Angriff auf die Sowjetunion im Jahre 1941.

Der »Große Vaterländische Krieg«, zu dem Stalin damals aufrief, veranlaßte die russisch-orthodoxe Kirche, im Rückgriff auf ihre enorme patriotische Tradition, die Waffen der Roten Armee zu segnen. Als Antwort zog die Regierung alle antireligiösen Publikationen aus dem Verkehr. Sogleich setzte eine positive Reaktion in England und den USA ein, auf deren Waffen- und Güterhilfe Stalin damals dringend angewiesen war, wenn er Rußland halten wollte. Da Stalin auch an den Tiefpunkten des Krieges weit über dessen Ende hinauszudenken pflegte, lag ihm daran, aus dem notwendig gewordenen Friedensschluß mit der Kirche spätere Vorteile für den Staat zu ziehen. Die Orthodoxie schien ihm geeignet, das außenpolitische Ansehen der UdSSR vor allem dort zu steigern, wo der russische Kommunismus wenig Anreiz bot. Unter so komplexen Perspektiven empfing Stalin am 4. September 1943 im Kreml eine Delegation orthodoxer Würdenträger, angeführt von dem Metropoliten Sergej. Stalin gab die Erlaubnis zur Einberufung einer Synode, die ihrerseits – zum dritten Mal in der russischen Geschichte – das Patriarchat von Moskau, das mit dem Tode Tychons 1925 erloschen war, wieder errichten und seinen neuen Inhaber wählen sollte. Sergej, nunmehr Patriarch, konnte Stalins außenpolitische Wünsche nach Kriegsende nicht mehr erfüllen, denn er starb schon zwei Jahre nach seiner Investitur. Sein Nachfolger Aleksej jedoch erwies sich als ein Meister sowjetisch durchflochtener Kirchen-Diplomatie. Seine geschickte Taktik gegenüber dem Genfer Weltkirchenrat, das erwähnte Spiel um die Beobachter beim Zweiten Vatikanischen Konzil, die teils höfliche, teils brüskierende Behandlung päpstlicher Emissäre, die sorgsam voranschreitende Oppression der ukrainisch-katholischen Kirche – all das waren Schritte auf dem Wege zu einer neuen Weltgeltung der sowjetrussischen Orthodoxie. Aleksejs Nachfolger, der 1970 gewählte Patriarch Pimen, übernahm eine Kirche, die zu einem hervorragenden geistlichen Instrument der Sowjetregierung geworden war.

Die Bestätigung für diesen Tatbestand erhielt die Welt im Frühjahr 1972 durch einen Brief, den Alexander Solschenizyn an Pimen gerichtet hatte. »Die gesamte kirchliche Verwaltung, die Einsetzung der Priester und der Bischöfe (selbst solcher, die diesem Stand zur Unehre gereichen, damit durch sie die Kirche bequemer lächerlich gemacht und zerstört werden kann), erfolgt insgeheim durch den Rat für kirchliche Angelegenheiten. Eine diktatorisch von Atheisten geleitete Kirche – ein Schauspiel, das man in zwei Jahrtausenden nicht erlebt hat! ... An Hand welcher

Beweisgründe kann man zu der Überzeugung gelangen, die planmäßige Zerstörung von Geist und Leib der Kirche unter atheistischer Führung sei ihre allerbeste Erhaltung? Erhaltung – für wen? Doch nicht mehr für Christus. Erhaltung der Kirche – wodurch? Durch die Lüge? Mit welchen Händen kann man aber nach der Lüge die heilige Eucharistie vollziehen?«

Solschenizyns Anklage steckt voller Informationen. Aus ihnen läßt sich einmal mehr die Kontinuität ablesen, die zwischen der sowjetischen und der zaristischen Politik besteht. Den Rat für kirchliche Angelegenheiten gab es auch unter den Zaren. Damals stand ihm der Oberprokuror vor, später der Kirchenminister, ein Atheist. Wie viele Oberprokuroren überzeugte Christen waren, bleibt fraglich. Die Beherrschung religiöser Institutionen war ein russisches Staatsproblem, das durch die Änderung des Systems nicht verringert wurde. Folgerichtig griff Solschenizyn zur Vergangenheit: »Wer die russische Geschichte der letzten Jahrhunderte studiert, gewinnt die Überzeugung, daß sie unvergleichlich menschlicher und allseitig harmonischer verlaufen wäre, hätte die Kirche ihre Selbständigkeit nicht aufgegeben ...« Der Dichter, dessen Mut an manche Bekenner des Urchristentums erinnert, mißkannte dabei, daß es nicht die Schwierigkeit der russischen Kirche war, selbständig zu bleiben, sondern es vom Wesen her zu sein. Das Erbe von Byzanz war ein Staatskirchentum, das weder von der Orthodoxie noch von den Zaren allein verwirklicht werden konnte, sondern nur von beiden zusammen. Jahrhundertelang haben Kirche und Staat um das Übergewicht in der Herrschaft gerungen. Ihr ernsthaftes Zusammenleben gelang – seltsam genug – erst nach dem Zweiten Weltkrieg.

Es wäre töricht, den machiavellistischen Weitblick Stalins zu schmälern, den er mit der dritten Errichtung des Moskauer Patriarchats bewiesen hat. Damals wurde der Prozeß in Gang gesetzt, der schrittweise zur sichtbaren Integration der Orthodoxie in das Sowjetsystem führte. Der Preis für die Kirche war sehr hoch. Sie mußte ihr Einverständnis geben zu der inneren Immobilität, gegen die Solschenizyn im Namen Tausender Anklage erhob.

Die außenpolitische Wirkung der im vollen Prunk auftretenden Geistlichkeit war beträchtlich – die Anzahl der christlichen Delegationen aus aller Welt bei Pimens Investitur bewies es. Die meisten ließen sich blenden und erkannten nicht, daß in Wirklichkeit die Unterwerfung der Orthodoxie unter den Staat bedingungsloser vollzogen war als je zuvor. Diesen Zustand zu erreichen, war ein Meisterstück sowjetischer Staatskunst gewesen – an Einfühlungskraft Lenins würdig, im abrupten Wechsel zwischen Härte und Kompromiß beste byzantinische Tradition.

In der Vergangenheit hatte das Regime den Fehler gemacht, den russischen Geistlichen ihre Frömmigkeit rauben zu wollen. Nun beließ man sie ihnen – mit dem Resultat, daß etwa der Chef des kirchlichen Außenamtes, Erzbischof Nikodim, von einem hohen vatikanischen Würdenträger emphatisch als ein »Engel vom Himmel« bezeichnet werden konnte. Die Formulierung mochte übertrieben sein, die Frömmigkeit des Mannes war echt. Was die Regierung aber gleichzeitig zu unterbinden trachtete, war die Wirkung jenes schwer definierbaren Phänomens, das Chateaubriand »le génie du christianisme« genannt hatte: die Ausstrahlung des Glaubens auf den Nächsten, das heißt auf das russische Volk. Um die so geschaffene Spannung für die Orthodoxie erträglich und begründbar zu machen, griff man zurück auf das allrussische Sendungsbewußtsein. In Dostojewskis Tagebuch von 1878 findet sich die Eintragung: »Es ist in der Tat unsere fast brüderliche Liebe zu den anderen Völkern, es ist unser Bedürfnis, der ganzen Menschheit zu dienen, oft sogar gegen unsere eigenen und wichtigen nächsten Interessen, unsere Versöhnung mit ihren Zivilisationen, die von uns erworbene Fähigkeit, in jeder der europäischen Persönlichkeiten die in ihr enthaltene Wahrheit zu entdecken und zu finden, unabhängig von vielem, womit man nicht einverstanden sein kann. Es ist schließlich das Bedürfnis, vor allem gerecht zu sein und nur die Wahrheit zu suchen. Mit einem Wort, es ist vielleicht der Anfang, der erste Schritt zur tätigen Anwendung unserer Kostbarkeit, unserer Orthodoxie im Dienste der Menschheit.« Solche Gedanken waren, trotz aller Leidenszeit, in der russischen Kirche auch hundert Jahre nach Dostojewski noch nicht erloschen. Jetzt, da der Staat die Aufgabe der Kirche neu stellte, konnte die Orthodoxie es nicht mehr als Verrat an der eigenen Sache empfinden, der globalen Sowjetpolitik nützlich zu sein. Im Gegenteil: Indem sie die Intentionen der Regierung erfüllte, diente sie gleichzeitig und mit legitimer Begründung dem alten »heiligen Rußland«, das durch den »Großen Vaterländischen Krieg« ohnehin beschworen war. Auf diese Weise konnte die Orthodoxie – vor allem im psychologischen Bereich – das internationale Prestige der UdSSR überall dort steigern, wo die traditionelle Religionsfeindlichkeit des Regimes bisher tiefe Abneigung hervorgerufen hatte, so etwa bei weiten Teilen der nicht großstädtischen Bevölkerung in den Vereinigten Staaten. Auch der Konflikt mit China ließ einen neuen Impuls des besonderen russischen Patriotismus wünschenswert erscheinen, selbst wenn dieser seit Jahrhunderten an die Orthodoxie gebunden war. So gelang auf der Basis des russisch-patriotischen Sendungsbewußtseins die Schaffung eines Staatskirchentums, wie es Byzanz und die Zaren vergeblich erträumt hatten. »Alle Menschen müssen russisch werden«, so hatte Dostojewski geschrieben, »vor allen Dingen russisch werden! Ist die Allmenschlichkeit die russische Nationalidee, so muß vor allem jeder Mensch Russe werden.« Der Anspruch dieser Worte hätte auch auf das Römische Reich gepaßt, das sein Rechtsdenken stets als profundeste Ausformung der Humanitas empfand. Er traf ebenso zu auf Byzanz, das sich als den Inbegriff der Gesittung inmitten eines Meeres von Barbarei verstanden hatte. Dostojewskis russische Allmenschlichkeits-Idee harmonisierte selbst noch mit dem marxistisch-leninistischen System, dessen Ziel die klassenlose Lebensform der ganzen Menschheit war. In einem solcherart kontinuierlichen Sendungsbewußtsein war auch das kommunistische Moskau noch immer das dritte Rom.

Paul VI. maß der Tiefe eines solchen Geschichtszusammenhanges nur soweit Bedeutung zu, als sich pragmatische Anknüpfungspunkte daraus ableiten ließen. Dem Tatbestand einer staatskontrollierten Orthodoxie wollte der Papst durchaus Rechnung tragen. Er hatte seit langem erkannt, daß die Position der Katholiken in Rußland hauptsächlich deshalb gefährdet war, weil die vom Staat geduldete orthodoxe Form des Christentums von ihnen zurückgewiesen werden mußte. Um die Beziehungen zwischen Vatikan und Kreml zu verbessern, gab es für Paul VI. keinen anderen Weg, als sich unter Opfern dem sowjetischen Standpunkt anzunähern. So beseitigte er die ukrainisch-katholische Kirche, weil sie ein störendes Element in der innerpolitischen Situation der UdSSR darstellte. Bei Bischofsernennungen in der litauisch-katholischen Kirche stimmte er den sowjetischen Vorschlägen zu, obwohl ihm bekannt sein mußte, daß die Ernannten mehr zur Überwachung als zur Seelsorge der Litauer eingesetzt wurden. Als sich im Mai 1972 ein litauischer Student aus Protest gegen die Unterdrückung der katholischen Kirche in seinem Lande öffentlich selbst verbrannte, nahm der Vatikan diese Tragödie ebenso reaktionslos hin wie die Hilferufe der dortigen Bischöfe. Die schmähliche Behandlung des Erzbischofs Casaroli bei der Unterzeichnung des Atomwaffensperrvertrages in Moskau wurde im Vatikan als Geduldsprobe interpretiert. Es sei eben ein langer Weg, bevor die Russen den Ernst des vatikanischen Annäherungswillens erkennen und die alten Ressentiments fallenlassen würden. Aus derselben Haltung erklärt sich das Schweigen des Vatikans angesichts der Verfolgung kleinerer evangelischer Kirchen und der Verurteilung tiefgläubiger russischer Schriftsteller. Immer war die von Paul VI. geübte Langmut genährt von der Hoffnung, die Sowjetregierung werde sich durch ausreichende Vorleistungen schließlich doch überzeugen lassen, Rom als Partner anzuerkennen.

Meisterhaft getarnt in der Methode, kompromißlos in der Sache verfolgte der Papst seine beiden großen Ziele – die Wiedervereinigung von Rom und Orthodoxie und die Vermittlerposition des Vatikans in den Konflikten einer friedensbedürftigen Welt. Beides war ohne das Einverständnis der Sowjetunion nicht erreichbar. Sie allein hatte die Orthodoxie in der Hand und bestimmte den Grad ihres Entgegenkommens. Von ihr allein hing das Gespräch mit den orthodoxen Kirchen der Satellitenstaaten ab. Ihrer Duldung war auch die Lebensfähigkeit aller vatikanischen Bemühungen ausgeliefert, die Beziehungen mit den kommunistischen Staaten römisch-katholischer Bevölkerung neu zu regeln – Polen, Tschechoslowakei und Ungarn. Als Versöhnungsgeste an die Adresse der dortigen Regierungen rief Paul VI. zwei unbeugsame antikommunistische Kardinäle ins Exil – zuerst Beran von Prag, dann Mindszenty von Budapest. Mit dem Kardinal Wyszyński von Warschau focht Monsignore Casaroli jahrelange Kämpfe aus, um ihn auf die vatikanische Moskaupolitik festzulegen – was mißlang. Keine dieser Maßnahmen geschah ohne einen Seitenblick auf den Kreml.

Im Profanbereich war es nicht anders. Die beiden heißesten Krisenherde, Vietnam und Palästina, boten dem Papst legitime Anknüpfungspunkte für seine Ambitionen als Friedensvermittler. In Vietnam war die Bevölkerung zu starken Teilen katholisch, in Palästina lagen die heiligen Stätten. In beiden Fällen aber ergriff Paul VI., anstatt zu vermitteln, die Partei einer Seite. Den südvietnamesischen Präsidenten behandelte er bei dessen Besuch wie einen geschworenen Feind der Kirche, obwohl Van Thieu ein gläubiger Katholik ist. Dagegen bedachte er den Leiter der Hanoi-Delegation bei der Pariser Vietnamkonferenz, Xuan Thuy, mit der ungewöhnlichen Ehrung, ihn in der Generalaudienz namentlich zu nennen und gleichzeitig den Friedenswillen Nordvietnams zu betonen. Was Palästina angeht, dessen heilige Stätten zum größten Teil in israelischer Hand sind, so fühlte sich der Papst dadurch nicht gehindert, den Premierminister Israels, Frau Golda Meir, öffentlich zu brüskieren. Wenig später überbrachte der in Alexandria residierende koptische Patriarch Shenouda III. für Paul VI. eine Einladung nach Ägypten, die der Papst angenommen hat – ein eindeutiges Bekenntnis zur arabischen Welt. Damit ist nicht gesagt, daß die päpstlichen Entscheidungen sich ausschließlich nach den Interessen Rußlands richteten, dem Nordvietnam und die arabischen Länder so sehr am Herzen lagen. Aber die Rücksicht auf den Kreml war auch hier unverkennbar. Fast endlos schien die Kette der Goodwillaktionen Pauls VI. gegenüber Moskau. Rätselhaft blieb nur, warum sie der Zugkraft ermangelten und keinerlei Gegenleistung hervorriefen. Der Grund lag in einem fundamentalen Irrtum des Vatikans. Paul VI. und die Kurie vertrauten dem pragmatischen Sinn der sowjetischen Politik. Sie mißkannten aber, was dahinter stand – das Sendungsbewußtsein der Russen.

Als eine DDR-Delegation im Dezember 1972 dem damaligen russischen Vize-Außenminister die Absicht Pankows vortrug, mit dem Heiligen Stuhl diplomatische Beziehungen aufzunehmen, war die Antwort ein vorläufiges Nein. Begründung: Zeitpunkt und Modus eines solchen Schrittes müßten Moskau vorbehalten bleiben. Bedeutung: Die Sowjetunion duldete auch in ihrem indirekten Machtbereich keine Kontakte mit Rom, die der Kontrolle des Kremls entzogen waren. Der Vatikan war kühn genug gewesen, durch eine Kette von Angeboten und Vorleistungen sein kirchenpolitisches Endziel erkennen zu lassen. In Moskau war man gewohnt, imperial zu denken und auf lange Sicht zu planen. Vom Kreml aus gesehen, mußte die Rückkehr der Orthodoxie nach Rom gleichbedeutend sein mit der möglichen Einwirkung des Vatikans auf innersowjetische Verhältnisse. Um diesen Gedanken radikal zu eliminieren, erledigte Moskau die ukrainisch-katholische Kirche und stellte befriedigt fest, daß der Vatikan gleichzog. Dadurch ermutigt, drehte die Sowjetregierung das vatikanische Konzept um. Man mußte die Vereinigung der beiden Kirchen so gestalten, daß es die orthodoxen Patriarchen waren, die künftig auf die Gesamtentwicklung der katholischen Kirche einwirken konnten. Zur Anerkennung eines päpstlichen Ehrenvorranges würde man sich bereit finden – schon um die Tradition zu respektieren, die in opportunen Fällen in Rußland stets geschickter genützt wird als im Westen. Der Preis dafür mußte aber die gesicherte Macht der Orthodoxie im Regiment der Gesamtkirche sein. Nur unter dieser Voraussetzung ist das Spiel zu begreifen, das Moskau mit dem Vatikan trieb. Um zu erkunden, wie hoch die Chancen für das sowjetische Konzept in Rom einzuschätzen wären, bediente sich Moskau eines alten byzantinischen Rezepts. Man behandelte den römischen Bittsteller mit Verachtung und Ungerechtigkeit und hatte bald herausgebracht, daß seine Geduld keine feststellbaren Grenzen zeigte. Von da an brauchte man die römischen Zugeständnisse nur noch für unzureichend zu erklären, um sie immer weiter zu steigern.

Erst nach neun Jahren seines Pontifikates hat Paul VI. Zeichen von Unmut über die fortgesetzten Kirchenverfolgungen im sowjetischen Machtbereich erkennen lassen. Um aber ja keine offizielle Mißstimmung zu provozieren, faßte er seine Erfolglosigkeit in die Form persönlicher Klage – gleich einem Menschen, der für seinen guten Willen viele Beweise erbrachte und nun nicht begreift, warum er Undank erntet. Paul VI. war überzeugt, die Welt der Zukunft könne nur sozialistisch sein. Er fühlte sich berufen, vor der mündig gewordenen Menschheit als ein Papst aufzutreten, der nicht nur mahnt und verzeiht, sondern vor allem versteht. In einem gewissen Gegensatz zum Evangelium hielt er es für möglich, den Frieden auf dieser Welt zu verwirklichen und betrachtete sich selbst als den Katalysator politischer Spannungen. Die Immoralität kapitalistischer Lebensform verursachte ihm Widerwillen, die eingeschränkte Freiheit des Kollektivs schien ihm ein geringer Preis für die höhere Sittlichkeit des Sozialismus. All dies verdichtete sich in Paul VI. zu dem Impuls, das Heil für die erschütterte römische Kirche in einem utopischen Rußland zu suchen, das christlich, sozialistisch und zugleich mächtig genug sein sollte, um der Menschheit zu einem humanen Dasein zu verhelfen. Der Atheismus der Russen bekümmerte ihn. Aber wie jeder Mensch, dem die eigene Utopie zur wahren Wirklichkeit wird, hielt er die Widerspenstigkeit der Gegenwart für überwindbar. Gott zu leugnen, setzt immerhin die Möglichkeit voraus, es könnte ihn geben. Warum sollte es der christlichen Liebe nicht auf verborgenen Wegen gelingen, die Herzen zu wandeln, wenn nur erst die peripheren Hindernisse von Ideologie und Politik beseitigt waren? Das Sendungsbewußtsein Pauls VI. war stark genug, ihn an der Erkenntnis zu hindern, daß Moskau ein nicht minder intensives, aber konträres Sendungsbewußtsein entwickelt hatte. Das dritte Rom, gleichviel ob christlich oder atheistisch, hat niemals ein Jota von der Überzeugung preisgegeben, der Mittelpunkt und die Erfüllung der Weltgeschichte zu sein.

Eine ähnliche Fehlbeurteilung unterlief dem Papst im Falle China. Nichts im vatikanischen Verhalten deutete darauf hin, daß man sich des Wortes erinnerte, das der sowjetische Parteichef Breschnew vor dem Kongreß der Kommunistischen Partei im Juni 1969 gesagt hatte: »Die Idee von der messianischen Rolle Chinas wird den chinesischen Arbeitern und Bauern doktrinär eingepflanzt.« Im November 1971 – die Bischofssynode war eben zu Ende gegangen – erschien in Rom der chinesische Pater Louis Wei Tsing-sing. Er lebte seit Jahren in Paris und hatte den Sommer zuvor mit seinem Buch »Der Heilige Stuhl und China« internationales Aufsehen erregt. Seither galt er als Fachmann für die delikate Frage einer möglichen Annäherung zwischen dem Vatikan und der Volksrepublik China. Ein von ihm verfaßtes Memorandum über dieses Thema lag dem Papst vor. Pater Wei hielt sich in Rom einen vollen Monat auf. Er besuchte mehrere vatikanische Persönlichkeiten, darunter den Kardinalstaatssekretär Villot und den »Außenminister« Monsignore Casaroli. Auch mit dem großen alten Mann des italienischen Linkssozialismus, Pietro Nenni, kam ein Gedankenaustausch zustande, der fraglos mit Nennis damaliger Pekingreise zusammenhing.

Pater Wei veranstaltete in Rom zwei Pressekonferenzen sehr verschiedenen Inhalts. Bei seiner Ankunft hatte er erklärt, er wolle zwar nicht ablassen, den Dialog zwischen dem Heiligen Stuhl und China in Gang zu bringen, müsse aber zugeben, daß der Zeitpunkt einer tatsächlichen Normalisierung der Beziehungen noch weit entfernt sei. Einen Monat später, kurz vor seiner Rückreise nach Paris, sagte der Pater bei seinem zweiten Auftritt vor der Presse das Gegenteil. Er habe den Eindruck gewonnen, die wechselseitige Anerkennung zwischen Peking und dem Vatikan befinde sich bereits im Zustand der konkreten Klärung – so daß er selbst nicht ausschließe, bald auf offiziöse Erkundungsreise nach China zu gehen. Die letztere Äußerung hat der Vatikan in seinem Wochenblatt »Osservatore della Domenica« mit etwas zu betonter Energie dementiert.

Das politische Spiel zwischen der Volksrepublik China und dem Vatikan hatte seit etwa 1950 einen seltsamen Verlauf genommen. Kaum war China kommunistisch geworden, begann zunächst eine allgemeine Verfolgung der katholischen Kirche. Sie richtete sich mit gleicher Schärfe gegen die einheimischen Katholiken wie gegen die ausländischen Missionare. Katholische Schulen und Krankenhäuser wurden verstaatlicht, Bibliotheken und Druckereien beschlagnahmt, die Kirchen profaniert. Die Missionare selbst hielt man zum Teil jahrelang in Haft und verwies sie schließlich des Landes. Der verbleibende Restbestand chinesischer Katholiken wurde nur noch auf drei Millionen Gläubige geschätzt. Obwohl diese Minderheit verschwindend war, schien sie der Regierung in Peking störend genug, um nach einer nationalen Lösung des Kirchenproblems zu suchen. So kam es zur Gründung einer chinesischen katholischen Kirche, die sich ausdrücklich von Rom trennte und gegenüber dem Staat bedingungslose Loyalität zeigte. Um ihr die notwendigen Oberhirten zu geben, wurden seit 1957 in China fünfundvierzig einheimische Priester zu katholischen Bischöfen geweiht, ohne daß man dem Papst davon auch nur Mitteilung gemacht hätte. Der Vatikan nahm diese Bischöfe in befremdlichem Stillschweigen hin. Er hat sie weder anerkannt noch exkommuniziert. Offensichtlich wollte man die Türe nicht zuschlagen, zumal im Verlaufe der eskalierenden Kulturrevolution selbst der chinesischen Nationalkirche jede Kulthandlung verboten worden war.

Bis 1965 schien die Lage festgefroren. Dann tat Paul VI. einen ersten Schritt. In seiner Friedensrede vor der UNO begünstigte er zur allgemeinen Überraschung den damals sehr umstrittenen Eintritt Chinas in die Vereinten Nationen. Die romferne chinesische Nationalkirche, deren Existenz noch Pius XII. aufs tiefste empört hatte, war zum sekundären Problem herabgesunken. Der

Vatikan begründete diese Beurteilung mit der Information, die chinesischen Schismatiker hätten fast keinen Nachwuchs mehr, weshalb sich die Frage bald von selbst erledigen werde. Paul VI. rechnete fest darauf, China werde seine Geste anerkennen und entsprechend honorieren. Er wartete ein volles Jahr auf ein Wort aus Peking – vergeblich.

Darauf änderte der Papst seine Politik und entschloß sich zu einem Schritt, der die Chinesen empfindlich verärgern mußte. Er erhob die apostolische Vertretung in Formosa in den Rang einer Nuntiatur. Das war gleichbedeutend mit der Anerkennung der vollen Souveränität Nationalchinas. Damit hatte sich der Vatikan von der durch Rotchina vertretenen These distanziert, Formosa sei ein Teil des chinesischen Territoriums, folglich nicht souverän und dadurch außerstande, eigene diplomatische Beziehungen zu unterhalten und zu empfangen. Die Absage an Peking war offiziell, die Linie Pius' XII. schien wieder erreicht.

Ein weiteres Jahr später – 1966 – versuchte es Paul VI. erneut mit einem Angebot. In einer programmatischen Rede in der Peterskirche wies er zunächst den alten Vorwurf Pekings zurück, die katholische Kirche sei dem chinesischen Volke feindlich gesinnt. Sodann betonte er, die Jugend Chinas solle wissen, »mit wieviel Sorge und Liebe Wir ihren gegenwärtigen Aufschwung zu den Idealen eines neuen arbeitsamen gedeihlichen und einigen Lebens betrachten«. Der Anlaß für diese sehr weitgehenden Worte war allerdings wiederum wenig geeignet, Peking günstig zu stimmen. Es war der 40. Jahrestag der Weihe der ersten sechs chinesischen Bischöfe (unter Pius XI.) und der 20. Jahrestag des Bestehens einer (von Pius XII. eingerichteten) selbständigen katholischen Hierarchie in China, die soeben von Peking zerstört worden war.

Schwankend zwischen Angebot und Brüskierung verhielt sich der Heilige Stuhl auch 1971, als China den Vereinten Nationen beitrat. Im Vatikan wurde das Ereignis offiziell mit großer Befriedigung begrüßt – wobei man nicht versäumte, gleichzeitig über die Ausschließung Formosas Worte des tiefen Bedauerns zu finden. Analog dazu schrieb der Osservatore Romano anläßlich der hoffnungsvollen Tiraden des Paters Wei: »In fünf Jahren ist nichts geschehen, was vermuten läßt, die Worte des Papstes seien irgendwann in Peking vernommen worden.« Als persönliche Meinung fügte der Chefredakteur Federico Alessandrini an, er rechne natürlich mit einigen kleinen Erleichterungen – den künftigen Touristen aus dem Westen zuliebe. Im übrigen werde sich an der grundsätzlichen Haltung Chinas gegenüber der römischen Kirche wohl nichts ändern.

Diese Äußerung war inzwischen von der chinesischen Politik überholt. Seit 1970 trieb Peking eine diplomatische Großoffensive gegen die Sowjetunion voran. Ihr sensationellstes Ergebnis war die fortschreitende Verständigung zwischen China und den Vereinigten Staaten. Die Basis der chinesischen Offensive dagegen lag in den Staaten der »dritten Welt« in Asien, Afrika und Lateinamerika, die den Russen zum Teil schon abgeworben waren und in Zukunft noch weit mehr auf die chinesische Seite herübergezogen werden sollten. Da der Vatikan in vielen dieser Staaten erheblichen Einfluß besaß, versuchte Peking mit gewohnter politischer Brillanz den psychologischen Faktor »katholische Kirche« in der dritten Welt zu nutzen.

Somit galt es, dem Vatikan die Ziele der chinesischen Politik auf neue Weise deutlich und verlockend zu machen. Dazu brauchte man einen Botschafter, der überzeugte. Gemäß den bewährten Grundsätzen der Mandarin-Diplomatie wählte man eine Persönlichkeit, die über den Verdacht einseitiger Interpretation erhaben war. Der amerikanische Missionsbischof Walsh sah sich nach zwölf Jahren Gefängnis unvermittelt entlassen und von den Chinesen gebeten, sogleich nach Rom zu gehen. Paul VI. empfing ihn zu einem überlangen Gespräch. Walsh analysierte im Vatikan den Problemkomplex China mit dem Ziel, den Papst zu einem nächsten Schritt zu veranlassen. Man las ihn im Osservatore Romano.

Mitten in dem Dementi über die Äußerungen des Paters Wei Tsing-sing wandte sich das päpstliche Blatt plötzlich – ganz und gar im Sinne Chinas – gegen die Kirchenpolitik der Sowjetunion.

»Unter Chruschtschow, in voller Entspannungspolitik, wurden die religiösen Lebensbedingungen in der Sowjetunion empfindlich erschwert. Aus dieser Zeit stammt der ›Iljitschow-Report‹, das härteste Dokument des militanten kommunistischen Atheismus. Ungeachtet dessen konnte man gerade damals den Beginn der Kontakte mit der katholischen Kirche feststellen. Von sowjetischer Seite wurden solche Begegnungen aus äußerlichen Gründen akzeptiert, zum Beispiel in der Annahme, daß sich dadurch in den freien Ländern das Urteil der Gläubigen über den Kommunismus mildern würde. Im Inneren aber hat sich nichts geändert.«

Ein solcher Angriff auf die Sowjetunion, selbst im nur offiziösen Rahmen des vatikanischen Presseorgans vorgetragen, wäre ein Jahr zuvor noch nicht denkbar gewesen. Das chinesische Konzept hatte im Vatikan an Boden gewonnen. Eine entscheidende Mitwirkung dabei fällt dem Marschall Tito zu, der anfangs 1971 zum Staatsbesuch im Vatikan erschien. Die Unterredung zwischen Paul VI. und Tito fand im offiziellen Arbeitszimmer des Papstes statt und wies außer dem Dolmetscher keine Zeugen auf. Die Dauer des Gespräches wurde vom Vatikan amtlich mit einer Stunde und zwanzig Minuten angegeben. In Wirklichkeit währte die Aussprache aber zweieinhalb Stunden – eine Zeitspanne, die seit Menschengedenken keinem Staatsoberhaupt eingeräumt worden war. Dennoch konnte das vatikanische Presseamt zu Recht die geringere Zeit angeben, da man einen jener simplen Tricks angewandt hatte, die für die vatikanische Diplomatie leider fast unentbehrlich geworden waren. Man zog die Übersetzungszeit des Dolmetschers von der tatsächlichen Gesprächsdauer ab. Der Inhalt der Unterredung blieb geheim. Doch sickerte durch, daß der zur Spitzenprominenz des Kommunismus gerechnete Gast dem Papste die Warnung vor den Konsequenzen seiner auf Moskau festgelegten Ostpolitik nicht erspart hat.

Die Beziehungen des kommunistischen Jugoslawien zum Heiligen Stuhl waren in der Nachkriegszeit zunächst außerordentlich gespannt gewesen. Man erinnerte sich im Vatikan sehr wohl, welche Behandlung der Erzbischof von Zagreb, Kardinal Stepinač, durch die jugoslawischen Behörden bis zu seinem Tod erfahren hatte. Da der serbische Bevölkerungsteil Jugoslawiens – sofern er überhaupt religiös gebunden war – zumeist der orthodoxen Kirche angehörte, fiel das Katholikenproblem durch lange Jahre zusammen mit der schwierigsten innenpolitischen Frage des Landes – der Behandlung der kroatischen und slowenischen Minderheiten. In ihren ausgedehnten Gebieten war die katholische Kirche eine Macht, der man in Belgrad beinahe naturgesetzlich zuschrieb, die völkischen Eigenständigkeiten der Kroaten und Slowenen in staatsgefährdender Weise zu unterstützen.

Mittlerweile hatten sich die Verhältnisse in Jugoslawien so weit konsolidiert, daß zwischen Minderheiten und Staat eine Art Balance bestand. Der katholische Episkopat bemühte sich, zwischen der kommunistischen Ideologie und der eigenen Glaubensüberzeugung einen beweglichen Kompromiß zu finden, den die Regierung tolerieren konnte. In der Hoffnung, der Schwebezustand werde einige Dauer zeigen, hatte der Vatikan schon seit einigen Jahren hartnäckig und verschwiegen versucht, die Wiederaufnahme offizieller Beziehungen zu Belgrad stufenweise vorzubereiten. Doch war es immer noch eine Überraschung, als Marschall Tito im Sommer 1970 dem Botschafteraustausch mit Jugoslawien plötzlich zustimmte. Der Grund für dieses unvermittelte Nachgeben zeigte sich in den Tagen, die Erzbischof Casaroli zum Abschluß der Verträge in Belgrad verbrachte. Nach vollzogener Unterschrift erreichte den »Außenminister« des Vatikans die Nachricht, Tito würde sich freuen, ihn persönlich zu sehen. Der Marschall weilte zu jenem Zeitpunkt nicht in Belgrad, sondern in seiner Sommerresidenz Brioni. Monsignore Casaroli begab sich also dorthin, wurde vom Protokollchef mit betonter Liebenswürdigkeit empfangen und gebeten, einen Augenblick im Vorzimmer Platz zu nehmen, da der Marschall noch einige Minuten beschäftigt sei. Der Abgesandte des Vatikans ahnte nicht, was sich hinter dieser ganz normalen Entschuldigung verbarg. Einige Augenblicke später öffnete sich die Tür, herein trat aber nicht das Staatsoberhaupt, sondern der in Belgrad akkreditierte Botschafter der Volksrepublik China. Der Protokollchef murmelte einige Worte und ließ die beiden Herren allein. Der Gedankenaustausch dauerte nur ein paar Minuten, sein Inhalt muß aber ausgereicht haben, in Monsignore Casaroli die Vorstellung zukunftsreicher weltpolitischer Veränderungen wachzurufen. Fraglos hat Tito dem vatikanischen Erzbischof bei der anschließenden Unterredung einen Kommentar zu diesem merkwürdigen Zusammentreffen gegeben. Wenig später zeigten sich bedeutsame Konsequenzen in der vatikanischen Politik.

Seit Beginn des Jahres 1970 waren die massiven Anklagen der chinesischen Presse gegen kapitalistische Unterdrückung, imperialistische Ausbeutungsabsicht und den Aggressionswillen der westlichen Welt fühlbar zurückgegangen. Ohne gänzlich von dem altgewohnten Wortschwall gegen die USA abzurücken, gab die Regierungszeitung in Peking zu verstehen, die Anwesenheit der Amerikaner in Vietnam sei zwar verdammenswert, aber gegenüber einer möglichen Vorherrschaft der UdSSR in Südostasien sicherlich das kleinere Übel. In Hongkong behaupteten rotchinesische Funktionäre schlicht, zwischen China und den Vereinigten Staaten gäbe es keine direkten Konfliktstoffe. Mehrfach wurde von halbamtlichen chinesischen Stellen das Angebot wiederholt, mit allen Staaten zusammenzurücken, denen die russische Machtpolitik selber hautnahe Sorgen bereitete. In Europa war für eine solche Sprache niemand hellhöriger als der Marschall Tito.

Die demonstrative Anwesenheit massierter russischer Flottenverbände im Mittelmeer konnte Jugoslawien nicht gleichgültig lassen. Die Sowjetunion hatte es überdies für richtig gehalten, Tito darüber aufzuklären, daß sie im Falle politischer oder ideologischer Veränderungen in Jugoslawien entschlossen sei, die tschechischen Ereignisse von 1968 im Lande Titos zu wiederholen. Nicht ohne Zynismus demonstrierte man dem Marschall in diesem Zusammenhang, welche strategischen Möglichkeiten sich von der wiedergewonnenen Tschechoslowakei aus gegen Jugoslawien entwickeln ließen. Durch eine derartige sowjetische Militäraktion wäre auch Albanien bedroht gewesen, dessen politischer Kurs seit

Jahren auf Peking festgelegt war. Kein anderer Staatsmann Europas hatte zu jenem Zeitpunkt mehr Grund als Tito, einer Politik zuzustimmen, die Rußland belasten konnte. China bot dafür die Handhabe an, indem es seine Absicht kundtat, lieber mit der nichtkommunistischen Welt ein Bündnis einzugehen als mit Moskau.

Die Begegnung zwischen Casaroli und dem Peking-Botschafter in Brioni hatte die Tendenz, die vatikanischen Dialoge mit kommunistischen Ländern nicht mehr ausschließlich in Moskau enden zu lassen. Wie zu erwarten war, reagierten die Russen schnell und empfindlich. Zunächst erschien der sowjetische Außenminister Gromyko im Vatikan und versuchte, den Heiligen Stuhl auf die bisherige Linie festzulegen, obwohl die Sowjetregierung den Vorleistungen des Papstes so lange Zeit mit demonstrativem Hohn begegnet war. Der Besuch kam zu spät. Denn inzwischen war ein weiterer bedeutsamer Schritt geschehen – die Anerkennung Chinas durch Italien. Da die Verflechtung vatikanischer und italienischer Interessen jede Phantasie in die Schranken weist, war es undenkbar, daß der Quirinal die Aufnahme diplomatischer Beziehungen zu Peking riskiert hätte, ohne sich vorher mit dem Vatikan zu verständigen. Die Russen erkannten sogleich den Ansatz zu einem politischen Schaukelspiel, das nur auf ihre Kosten in Betrieb gesetzt werden konnte. Die Quittung bekam Monsignore Casaroli bei der Unterzeichnung des Atomwaffensperrvertrages in Moskau. Man wußte im Vatikan, welch hohen Kurs in der Sowjetunion protokollarische Fragen besitzen. Also versuchte man, die Wertschätzung, die der Vatikan für den Kreml hegte, durch die persönliche Entsendung des päpstlichen »Außenministers« augenfällig zu machen – während die gleiche Formalität der Vertragsunterzeichnung in Washington und in London durch kuriale Diplomaten ausgeführt wurde, die im Range weit niedriger standen. Die Russen dagegen hielten sich mit der Auswertung solcher durchsichtiger Gesten nicht auf. Monsignore Casaroli mußte in Moskau eine protokollarische Niederlage hinnehmen. Der ranghöchste Funktionär der Sowjetregierung, von dem Casaroli überhaupt empfangen wurde, war der Kirchenminister. Weder Breschnew noch Kossygin, noch Gromyko haben von Casarolis Anwesenheit Notiz genommen. Zudem bedeutete man dem vatikanischen Emissär, die Regierung der UdSSR schreibe die Unruhen in Polen und in den baltischen Sowjetrepubliken, deren Bevölkerung großenteils katholisch ist, der antisowjetischen Einwirkung des Heiligen Stuhles zu. So sah sich der Vatikan von Rußland in halb Osteuropa unter Druck gesetzt, weil er einen Augenblick lang gezeigt hatte, daß ihm die chinesischen Argumente nicht ganz gleichgültig waren.

Trotzdem blieb die politische Aktivität zwischen China und dem Vatikan nicht bei dem Belgrader Botschaftergespräch stehen. Im Spätherbst 1971 – also zur selben Zeit, da Pater Wei in Rom weilte – reisten zwei italienische Missionare von der ostbengalischen Hauptstadt Dacca nach Hongkong und nahmen merkwürdigerweise die pakistanische Fluglinie, die in Kanton zwischenlandete. Dort wurden die beiden Priester von chinesischen Funktionären mit extremer Höflichkeit zu einem Kurzaufenthalt eingeladen. Abgesehen vom Sonderstufenkomfort stellte man ihnen eine eigene Kapelle zur Feier der Messe zur Verfügung. Gleichzeitig wurde bekannt, daß in Rom zwei chinesische Privatleute Aufenthalt genommen hatten, die bereits über ein perfektes Netz von vatikanischen Verbindungen verfügten. Dies alles war den Russen bekannt und veranlaßte sie zu verstärkter Reaktion. Im Laufe des Winter 1971/1972 häuften sich die Besuche des sowjetischen Botschafters, der bei der italienischen Regierung akkreditiert ist und mit dem Vatikan nichts zu tun hat, im apostolischen Palast. Der Kampf zwischen Rußland und China hatte im Vatikan einen neuen stillen Schauplatz gefunden.

Dort bemerkte man bald, daß die antisowjetische Offensive der Chinesen sich nicht auf den Versuch beschränkte, die UdSSR von außen unter Druck zu setzen. Durch konzentrierte Rundfunkaktivität wußte Peking auch auf dem Boden der Sowjetunion selbst Unruhe zu erzeugen, vor allem bei den nichtrussischen Minderheiten. Zu diesen zählte auch das großenteils katholische

Litauen – und hier war der Heilige Stuhl direkt betroffen. Die litauischen Katholiken hatten schon seit langem gegen die Repressalien protestiert, mit denen der sowjetische Kulturbeauftragte Rugienis die Kirche im Lande zu unterdrücken suchte. Nur wer das achtzehnte Jahr erreicht hatte, durfte am Gottesdienst teilnehmen. Fünf Pfarrer waren nach Sibirien deportiert worden, weil sie Kinder auf die Beichte vorbereitet hatten. Die Zulassung zum Priesterseminar hing von den Behörden ab, Verwandte im Ausland zu haben, galt schon als Hinderungsgrund. Junge Priester organisierten trotz angedrohter Gefängnishaft die Unterschrift von 17 000 Litauern für einen Brief an Breschnew, worin sie gegen die Atheismuskurse protestierten, deren Besuch den Katholiken zur Staatsbürgerpflicht gemacht worden war. Nach der öffentlichen Selbstverbrennung des Arbeiter-Studenten Roman Talanta griffen die Unruhen auf die Straße über. Hunderte von Jungkatholiken stürmten mit dem Rufe »Freiheit für Litauen« gegen Polizei und Militäreinheiten an. Drei Tage bot Kaunas das Bild eines Schlachtfeldes. Sowjetische Fallschirmjäger und Truppen aus Zentralasien beendeten die Revolte. Es war schwerlich ein Zufall, daß zur selben Zeit die chinesische Propaganda in den baltischen Ländern der Bevölkerung die Hilfe Chinas anbot, um die alte Unabhängigkeit wieder zu erreichen.

Seltsamerweise stand das Verhalten des Heiligen Stuhles diesmal im Gegensatz zu den gewohnten Prinzipien seiner Ostpolitik. Noch ein halbes Jahr zuvor hatte man dem betagten Bischof von Kaunas bedeutet, man lege keinen Wert auf Märtyrer und empfehle den Litauern, sich um jeden Preis den sowjetischen Forderungen zu fügen. Nun aber, nach den Ereignissen von Kaunas im Sommer 1972, erfolgte ein kühner Schachzug des Staatssekretariats. Die baltischen Diözesen, obwohl auf Sowjetterritorium liegend, wurden in Jurisdiktion und Kirchenverwaltung der Hierarchie Polens angegliedert. Das bedeutete, daß der Heilige Stuhl die Westgrenze Rußlands nicht als definitiv anerkannte, zumal sie nicht durch frei geschlossene Verträge, sondern durch den Krieg zustande gekommen war. Manche Kurienprälaten fürchteten, der vatikanische Schritt werde neue Katholikenverfolgungen in der Sowjetunion nach sich ziehen. Das Gegenteil geschah. Das litauisch-sowjetische Parteiblatt mahnte die Moskauer Zentrale zur Nachsicht mit Litauens Katholiken, ohne auf Widerspruch zu stoßen. Daß der Vatikan den Mut hatte, die russische Westgrenze zur Diskussion zu stellen, verschafft einem Worte tiefere Bedeutung, das der chinesische Ministerpräsident Tschou En-lai einem Besucher sagte, als dieser die Rede auf die Stadt Kaliningrad brachte: »Ich kenne keine Stadt dieses Namens, ich kenne nur Königsberg.«

Der Vatikan war gegen den sanften Sog des chinesischen Konzepts nicht unempfindlich geblieben. Peking wußte einleuchtend darzustellen, es hege mit Ausnahme der Gebiete, die schon einmal zu China gehört hatten, keine Territorialansprüche und wolle auch seine Einflußsphäre nicht erweitern. Im Gegenteil: Chinas antisowjetische Offensive richte sich ja gerade gegen den imperialistischen Charakter der russischen Politik. Die »begrenzte Souveränität«, die Moskau anderen kommunistischen Staaten aufzwingen wolle, sei Beweis genug für einen Führungsanspruch, der der marxistisch-leninistischen Lehre widerspreche. Einen gleichen Führungsanspruch werde China niemals erheben. Peking sei nur daran interessiert, die Doktrin des dialektischen Materialismus von dem Makel zentralistisch-russischer Hegemonie zu befreien, weshalb es allen Unterdrückten und Bedrohten zu Hilfe eile, ohne Gegenleistung zu verlangen.

Sachkenner beider Lager haben die Ansicht vertreten, es handle sich beim russisch-chinesischen Streitfall nicht um einen bloßen Machtkampf, sondern um einen Religionskrieg mittelalterlichen Formats. Im Vatikan hielt man eine solche Interpretation für unrealistisch. Es mochte ja zutreffen, daß mancher kommunistische Staat – so die DDR – eher auf Gewinne aus der Produktion verzichtete, als in der Ideologie Kompromisse zu schließen. Aber einen parareligiösen Fanatismus bis zur Kriegsgefahr zu treiben – nur wegen verschiedenartiger Auslegung der gleichen Lehre –, war das in der modernen Welt wirklich noch denkbar? Rom zog es vor, am konkreten Problem zu bleiben. In kühlem Pragmatismus schätzte man die möglichen Resultate ab, die ein Gespräch mit China bringen konnte. Dabei entging den vatikanischen Prälaten, was Mao Tse-tung schon 35 Jahre früher geschrieben hatte: »Diejenigen, die subjektiv, einseitig und oberflächlich an die Fragen herangehen . . ., ohne in die Sache als Ganzes (in ihre Geschichte und ihre gesamten gegenwärtigen Umstände) einzudringen und ohne bis zum Wesen der Sache (ihrem Charakter und ihrem innern Zusammenhang mit anderen Sachen) vorzudringen – solche Leute werden unweigerlich straucheln.«

Schon der Jesuitenpater Matteo Ricci, der im 17. Jahrhundert bis zum Kaiser von China vordrang, hatte vor tauben römischen Ohren das Grundgesetz chinesischen Lebens gepredigt: den Gegensatz von Gesittung und Barbarei. Von China aus gesehen war die Menschheit eine riesige chaotische Masse. Davon scharf abgegrenzt erhob sich in der Mitte der Welt die Pyramide der gesitteten Lebensordnung Chinas. In der Grundfläche ein Quadrat, war diese Pyramide den Himmelsrichtungen zugeordnet, stand in Harmonie mit Sonne und Mond, mit dem Umlauf der Gestirne und den Kräften der Natur. Ihre Spitze nahm der Kaiser ein – oder der Führer des Volkes. Ein nichtchinesischer Mensch, so gebildet er auch sein mochte, wäre nicht in der Lage gewesen, innerhalb der Pyramide einen Platz zu finden. Denn da er nicht das rechte Maß und Format mitbrachte, hätten seine Umrisse das Gesamtgefüge jedenfalls gestört. Einem solchen Weltbild ist es unmöglich, eine Erscheinung des Menschenlebens, ein Phänomen der Technik, einen politischen Plan für sich allein zu sehen. Das wesentliche am chinesischen Denken ist der Zusammenhang aller Dinge mit dem Ganzen. Da die Welt in Bewegung ist, erkennt der gesittete Mensch im Blick auf das Ganze seine immerwährende Aufgabe – das Schaffen von Ordnung. Dies geschieht in mehreren Stufen. Die erste: Zwischen Menschen, die im gleichen Milieu, in körperlicher Berührung zusammenleben, muß innere Übereinkunft hergestellt werden. Die zweite: Zugunsten eines festgefügten Staatsbaues bedürfen Last und Druck der gerechten Verteilung. Die dritte: Die Gesetze der Natur – die Atomphysik inbegriffen – müssen in Harmonie gebracht sein mit der Gesamtgestalt der gesitteten Welt, also mit China.

Solche Ordnung erzeugt sich nicht selbst. Um sie zu verwirklichen, bedarf es zweier kreativer Vorgänge – der Wissenschaft und der Praxis. Da der dialektische Materialismus eine Wissenschaftslehre ist, bot er dem chinesischen Denken wenig Schwierigkeiten. Die große Leistung Mao Tse-tungs bestand in der kategorischen Forderung, die Lehren der Theorie erst dann für wahr zu halten, wenn sie in der Praxis erwiesen waren. Zum Schrecken der Sowjet-Philosophen behauptete Mao, ein kommunistischer Revolutionär müsse den dialektischen Materialismus als Denkmethode beherrschen, seine daraus gewonnenen Ideen aber am konkreten Stoff prüfen und sie ändern, wenn sich ihr Wahrheitsgehalt als unzureichend herausstellt. Damit hat Mao Tse-tung zwar nicht die Unfehlbarkeit der Methode, wohl aber die Heiligkeit der Doktrin angetastet – und gleichzeitig das Herz des chinesischen Volkes gewonnen. Denn die starre Vorschrift, die durch den Gesetzgeber erlassen und durch den Gesetzesschüler ins Werk gesetzt wird, war den Chinesen immer ein Greuel. Es fehlt der menschliche Spielraum. Ein Hausvater kann die Notwendigkeiten des Tagesablaufes jeden Morgen am Schwarzen Brett im Korridor anschlagen – er täte aber besser, sie den Seinen in freundlicher Form selbst zu sagen. Das bloße Gesetz ist die niedrigste Stufe zwischenmenschlicher Beziehungen. Erst Versöhnlichkeit, Freundschaft, Sympathie bringen den Menschen zu seiner Würde. Wenn dann noch das gemeinsame Werk die Wahrheit der Idee erweist, unter der man es begonnen hat, tritt die große Ordnung zutage, die das Wesen Chinas ausmacht, seit es besteht. In dieser genialen Zusammenführung des Marxismus-Leninismus mit der Substanz des zeitlosen China liegt Mao Tse-tungs Geheimnis. Er wurde zum Vater aller gesitteten Menschen, in einem profunderen Sinn, als »Väterchen Zar« oder »Väterchen Stalin« sich jemals träumen ließen. Mit Mao Tse-tung kehrte China zu seinen ursprünglichen Vorstellungen vom Lenker eines Staates zurück, der nicht ein Regierer ist, sondern ein Denker, ein Weiser, ein Philosoph. Er erläßt keine Gesetze, sondern bestimmt, was sich ziemt. Der Gehorsam von annähernd einer Milliarde Chinesen beruht nicht auf autoritätshöriger Folgsamkeit – jeder, der Chinesen kennt, wird ihnen einen fast rebellischen Individualismus zubilligen –, der Gehorsam besteht in der Erfüllung des Schicklichen. Der weise Staatslenker denkt sich eine Art Etikette aus, deren Einhaltung bewirkt, daß die Gesellschaft in sich harmonisch ist und mit der allgemeinen Ordnung des Weltganzen übereinstimmt. Nichts wäre irriger, als von dieser an Platon erinnernden Position Maos auf eine Vergöttlichung des Vorsitzenden zu schließen. Nicht ein Gott ist Mao, sondern ein Heros, ein großer Mann. Auf die Frage aber, was ein großer Mann sei, wird die Antwort Chinas heute die gleiche sein wie zu allen Zeiten: ein Weiser, der die Welt im Zusammenhang erkennt und ihre Ordnung definiert.

Ein wesentlicher Teil von Maos Ordnung war die Regelung des moralischen Verhaltens bei jedem einzelnen Chinesen. Mao befahl ihm, höflich zu sein, zu bezahlen, was er beschädigt hatte, nicht um den Preis dessen zu feilschen, was er kaufen wollte, niemand zu beschimpfen, die Frauen nicht zu belästigen, nicht vor dem dreißigsten Lebensjahr zu heiraten, nicht mehr als drei Kinder zu zeugen. Es war eine heroische Moral, aufsteigend von Bescheidenheit über Tapferkeit bis zur Selbstaufopferung – die Moral eines erfahrenen Kriegers, der sein Volk zu neuen Kämpfen stählt. In einem solchen Programm konnte die Philosophie der Demut, als die das Christentum den Chinesen erscheinen mußte, nur unwahr und korrumpierend sein. Sie war in das Land Maos eingedrungen durch fremde Missionare, zumeist Angehörige von Völkern, denen die Schuld an Chinas Schwäche zufiel. Ihre Religion richtete den Willen des Menschen auf ein jenseitiges Ziel, das ihm vordringlicher sein sollte als die Probleme seines Volkes, Ernährung, Industrialisierung, Verteidigung. Das Christentum zog den wichtigsten Teil der geistigen und moralischen Kraft eines Menschen von der Aufgabe ab, die der Staat und sein Führer ihm stellten. Also war es volksfeindlich und mußte samt seinen Sendboten verschwinden. Sofern chinesische Menschen sich als unheilbar infiziert erwiesen, galt es, ihnen eine Glaubensgemeinschaft zu geben, die von vornherein paralysiert war. Beides gelang.

Dem Heiligen Stuhl waren alle diese Überlegungen zugänglich. Die aus China vertriebenen Missionare hatten das Wesentliche mit sich genommen: ihre Sprachkenntnisse, ihre oftmals jahrzehntelangen Erfahrungen im Umgang mit Chinesen, die Erlebnisse aus Gefängnissen und psychologischen Prozeduren. Es blieb rätselhaft, warum der Vatikan auf eine geschlossene Auswertung verzichtete. Nur einzelne Experten wurden dann und wann konsultiert. Die »Sache als Ganzes« schien den Vatikan nicht sonderlich zu interessieren. Die Missionare selber vermuteten mehrere Ursachen.

Die erste betraf die Grundsituation der Religion in China überhaupt. Es ist eine Tatsache, die man im Westen oft übersieht, daß eine der ältesten Kulturen der Menschheit in vier Jahrtausenden niemals Ansätze zur Metaphysik zeigte. Riten und Kulte des alten China hatten stets mit dem Kosmos und der Natur, niemals mit Gott zu tun. Die Frage nach der Herkunft der Kraft, die das Getriebe der Welt mit Leben erfüllt, ist in China nicht gestellt worden. Rußland hat nach einem halben Jahrhundert Atheismus seine religiöse Substanz noch keineswegs verloren. China dagegen hat zum Atheismus gar keine Beziehung, da es das Bedürfnis des Glaubens an die Existenz eines höheren Wesens niemals verspürte. Der außerordentliche Missionserfolg der Jesuiten im 17. Jahrhundert ist kein Gegenbeweis. Die meisten damaligen Bekehrungen, vor allem in den höheren Rängen der Staatshierarchie bis hinauf zu Mitgliedern des Kaiserhauses, geschahen keineswegs um des Glaubens willen. Vielmehr verehrte man die Patres ob ihrer beispiellosen Geschicklichkeit. Sie vermochten Sonnenfinsternisse auf die Sekunde vorauszuberechnen. Sie stellten mechanische Tiger und Elefanten her, die sich täuschend lebendig bewegten. Sie legten künstliche Seen und Wasserspiele an, malten kaiserliche Pavillons aus, zeichneten nach genauen Vermessungen eine neue Karte des Reiches, verhandelten zugunsten Chinas mit den Tataren in deren Sprache, kurierten den Kaiser mit Chinarinde, wußten in jeder Verlegenheit Rat. Es war die Gelehrsamkeit der Jesuiten, die die Chinesen überzeugte. Man nahm ihren Glauben an, weil es logisch war, daß so weise Männer keinen Unsinn lehren konnten. Logisch war allerdings auch der Zusammenbruch der Mission, der alsbald folgte. Als man im neunzehnten Jahrhundert neu anfing, geschah es ohne Illusionen. Hospitäler, Schulen und Armenspeisungen – damit konnte man unter unendlichen Mühen drei bis vier Millionen Chinesen für die Kirche gewinnen, deren zweite und dritte Generation vielfach tief gläubig war. Aber an das Gesamtgefüge des chinesischen Volkes war nicht heranzukommen. Folgerichtig wurden unter Maos Kirchenverfolgung katholische Chinesen als Ausländerknechte und halbe Landesverräter behandelt – zumindest so lange, bis die romferne Nationalkirche gegründet war.

Sie bildete den zweiten Grund für die Zurückhaltung des Vatikans. Die Kurie befand sich durch die Existenz dieser »abtrünnigen« katholischen China-Kirche in nicht geringer Verlegenheit. Hätten deren Bischöfe ihre Weihe unrechtmäßig empfangen, so wäre die Abtrennung von Rom die Konsequenz einer Sektengründung gewesen. Indessen befanden sich die chinesisch-katholischen Bischöfe offenbar im vollen Besitz der »apostolischen Sukzession«. Diese ist die geheimnisvollste und ehrwürdigste Tradition der katholischen Kirche. Die Apostel gaben ihre Vollmacht an Nachfolger weiter, indem sie ihnen die Hände auflegten. Dieselbe Weihe wurde durch viele Generationen weitergereicht bis zum heutigen Tag. Wenn die Kette der Weitergabe nicht irgendwann durch Amtsanmaßung oder Mißbrauch unterbrochen wurde, galt die apostolische Sukzession als intakt und ihr jüngster Empfänger als ein rechtsgültig geweihter Bischof – auch wenn er sich von Rom trennte. In dieser Lage waren die chinesisch-katholischen Bischöfe. Ihre durch Staatsorder dissidente Kirche spendete den Gläubigen gültige Sakramente. Im übrigen blieb sie in Ritus und Glaubensleben bei dem Zustand stehen, den die Gesamtkirche unter Pius XII. eingenommen hatte. Denn weder das Konzil noch die darauf folgenden Unruhen, noch die zwiegesichtigen Reformversuche Pauls VI. wurden in China wahrgenommen. Ein italienischer Journalist, der in Peking eine chinesisch-katholische Sonntagsmesse besuchte, berichtete voller Melancholie, er habe dort die Kirche gefunden, um derentwillen er einst ein überzeugter Katholik gewesen sei. Der konservative Flügel im Vatikan war davon beeindruckt. Für die politisch-progressiven Gruppen aber gab es ein wichtigeres Argument. Diese stockkonservative chinesische Kirche hatte sich dem Staatssystem Mao Tse-tungs hervorragend anzugleichen gewußt. Das war ein weiterer, fast absurder Beweis für die mögliche Symbiose zwischen Katholizismus und marxistisch-leninistischer Doktrin. All dies veranlaßte den Vatikan zur Vorsicht.

Ein weiteres Problem bildete Taiwan. Dort gab es eine tadellos arbeitende Hierarchie, katholische Schulen aller Grade, blühende Gemeinden – und den aus Peking emigrierten Kardinal. Nationalchina hatte einen beträchtlichen Teil der Festlandsmissionare aufgefangen, ihre Aktivität auf Formosa nicht behindert und zum Heiligen Stuhl ein über diplomatische Gepflogenheiten hinausgehendes freundliches Verhältnis angestrebt. Die Botschafter Tschiangkaischeks rechneten im Vatikan auf Verständnis, wenn sie immer eindringlicher darstellten, wie sehr durch den Anspruch der Volksrepublik China auf die Insel die Gefahr für Taiwans Selbständigkeit stieg, insonderheit seitdem Nationalchina aus der UNO verdrängt worden war. Dabei wurde die tatsächliche Lage von beiden Seiten sorgfältig verschleiert. Nur wenige wußten, daß die Mao-Hierarchen in Peking und die Tschiang-Mandarine in Taipeh einander großenteils persönlich kannten – aus der gemeinsamen Studienzeit, die sie zumeist in Europa, besonders in Deutschland verbracht hatten. Viele waren verwandt oder verschwägert und fuhren fort, heimliche Hochachtung füreinander zu hegen, ungeachtet ihrer politischen Gegnerschaft. Somit gab es private Kanäle, auf denen manches verlockende Angebot aus der Volksrepublik nach Formosa gelangte – einschließlich der außerordentlichen Ehrungen, die man für Tschiangkaischek und seinen

Sohn im Falle der Einigung von Gesamtchina vorgesehen hatte. Die erste gemeinsame Auffassung, die erreicht werden konnte, basierte auf einer hypothetischen Situation. »Wie würde«, so fragte ich einen Formosa-Diplomaten hohen Ranges, »Nationalchina reagieren, wenn die Sowjetunion sich zu einem bewaffneten Angriff auf die Volksrepublik entschlösse? Wäre man in Taipeh befriedigt, den Sturz des verhaßten Mao-Regimes nahen zu sehen – oder würde man Festland-China zu Hilfe eilen, zur Verteidigung des gemeinsamen Vaterlandes?« – »Letzteres«, sagte der Diplomat, »aber nur mit Tschou En-lai, nicht mit Mao Tse-tung.« Die Antwort enthielt drei ernst zu nehmende Faktoren. Tschiangkaischek verfügte über eine Armee von fast drei Millionen Mann, jahrelang drakonisch gedrillt und mit besten amerikanischen Waffen ausgerüstet. Sie zur Verteidigung Gesamtchinas gegen die UdSSR einzusetzen, war dem greisen Marschall nur dann ohne Gesichtsverlust möglich, wenn Mao Tse-tung, der ihn aus China hinausgeworfen hatte, nicht als Partner auftrat. Nun hatte sich Mao immer mehr auf die Position des Philosophen zurückgezogen und die Exekutive dem Ministerpräsidenten Tschou En-lai überlassen. Auf Grund dieser Situation war es möglich geworden, sich theoretisch zu einigen. Dabei täuschten sich beide Teile nicht darüber, daß eine einzige gemeinsame militärische Aktion die praktische Wiederherstellung Gesamtchinas bedeuten würde. Und hier genau lag der kritische Punkt für den Vatikan. Was geschah in einem solchen Fall mit der katholischen Kirche und ihren Einrichtungen in Taiwan? Mußte das alles aufgehen in der chinesisch-katholischen Nationalkirche – unter neuerlicher Vertreibung der Missionare? Oder entstand für die dissidente Kirche Rotchinas wieder die Möglichkeit, nach Rom zurückzukehren? Wenn ja, welchen Preis mußte der Papst dafür bezahlen? Und wenn er ihn zahlte, welche Rechnung war von den Russen zu erwarten?

Papst Paul VI. empfand derartige Konstellationen als sublime Herausforderung an seinen Intellekt. Widersprüchliche Faktoren der Weltpolitik gegeneinander abzuwägen, die eigene Flexibilität daran zu erproben und den globalen Augenblick auf seine Nutzbarkeit für Kirche und Vatikan zu prüfen – daraus zog er einen fast ästhetischen Reiz, der seinen Urteilen oftmals den Anschein von Sterilität verlieh. Zwischen der Position des Papstes, dem Problem Rußland und dem Phänomen China waren aus vatikanischer Sicht einige Gemeinsamkeiten zu entdecken. Der Blick auf die Massen konnte nur von oben geschehen. Beschlüsse mußten in Distanz und geheim gefaßt werden. Dem kleinen Mann war zu verübeln, wenn er sich gegen Entscheidungen auflehnte. Kritiker durften die Sorge um Menschheitswohl und Gerechtigkeit nicht anzweifeln. Große Ziele rechtfertigten große Opfer, die von der Mitwelt verdammt werden mußten, um von der Nachwelt Zustimmung zu erhalten. Die Aufgabe war weltgeschichtlich, erforderte pragmatische Mittel und verbot die Preisgabe des Programms. So theoretisch solche Spekulationen auch sein mochten, sie konnten immerhin das Verhalten des Papstes im Rußland-China-Konflikt beeinflussen. Die Chinesen hatten den Vatikan durch Titos Diplomatie in eine Art Schwebezustand versetzt. Erst dem Nachgeben der Russen war es gelungen, die Waage wieder zugunsten der Sowjetunion zu senken. Die Balance, der von Paul VI. bevorzugte Lebenszustand, hatte nur einen Lidschlag gedauert. Aber wenn der Papst jetzt die Chinesen zugunsten Rußlands benachteiligte, war seine Entscheidung eine neue Vorleistung gegenüber der UdSSR.

Ungeachtet aller möglichen Gefahren für Taiwans Katholiken war der Vatikan zu dem Schluß gelangt, ein Gespräch mit China könne für die Kirche nur nützlich sein durch seine Reperkussion in Rußland. Im geeigneten Moment würde Rom die Chance wahrnehmen, den Kreml darauf zu verweisen, daß auch die katholische Kirche ein Opfer Chinas war – durch die Vertreibung der Missionare, die Unterdrückung der einheimischen Katholiken, von der Zwangsgründung der chinesischen Nationalkirche ganz zu schweigen – und die Taiwan-Kirche notfalls dreingegeben. Ein so massives Argument mußte die Russen beinahe zwingen, den Vatikan als verläßlichen Partner anzuerkennen. Die einzigen, die das römische Spiel sofort durchschauten, waren die Chinesen. Als die

Geheimverhandlungen über die Chinareise des Präsidenten Nixon begannen, verlangte Peking als Grundsatzbedingung das tiefste Stillschweigen gegenüber der Kurie. Dort war man außer sich, die Nachricht erst durch die Weltpresse zu erfahren. John Cabot Lodge, Sonderbotschafter des US-Präsidenten beim Heiligen Stuhl, zuckte die Achseln. Um die Information verfrüht nach Moskau gelangen zu lassen, gab es für Peking keine durchlässigere Stelle als den Vatikan.

Einige Tage vor dem Weihnachtsfest 1972 beklagte sich Paul VI. in Worten, wie man sie nie von ihm gehört hatte, über die Kirchenverfolgung in Albanien. »Dem dortigen Teil der Kirche Christi«, so sagte der Papst, »scheint heute eine besondere Art von Frieden vorbehalten zu sein, gekennzeichnet nicht mehr durch die Stille des Leidens, sondern durch das Schweigen des Todes.« Schon 1948 hatte die albanische Regierung alle religiösen Organisationen, auch die orthodoxen und islamischen, für illegal erklärt. Die katholische Hierarchie wurde abgeschafft, Welt- und Ordenspriester zum großen Teil hingerichtet, selbst die kleinsten Kulthandlungen galten als Staatsverbrechen. 1967 erklärte sich Albanien offiziell zum ersten atheistischen Staat der Welt. Sein Ausscheren aus dem sowjetischen Block und die Allianz mit der Volksrepublik China änderten an der radikalen Antireligiosität im Innern nichts – nur schwieg man in Tirana jetzt über die Maßnahmen, deren man sich zuvor gerühmt hatte. Erst von dem Zeitpunkt an, da der Vatikan seine winzige Annäherung an China zugunsten der Sowjetunion erneut aufgegeben hatte, veröffentlichte Albanien wieder Nachrichten über Prozesse gegen Priester, die wegen Spionage für den Vatikan verurteilt worden waren. Im April 1973 erfuhr man durch Radio Vaticana, der fast siebzigjährige Priester Don Stefan Kurti sei in Albanien füsiliert worden, weil man ihn im Konzentrationslager bei dem Versuch überrascht hatte, ein Kind zu taufen. Wütend protestierte Tirana: »Bei uns werden keine Märtyrer geschaffen, sondern Verbrecher verurteilt.« Don Kurti sei ein Spion gewesen, der für den Vatikan, England und die Vereinigten Staaten gearbeitet habe. Merkwürdigerweise lag der Prozeß zwei Jahre zurück, die Hinrichtung ein Jahr. Entgegen den Gepflogenheiten sozialistischer Staaten, Spionageprozesse zu Schaustücken der Legitimität zu machen, hatte man von Don Kurtis Aburteilung und Tod nie etwas gehört. Beklemmend wie der Vorgang selbst war der verspätete Zeitpunkt seiner Bekanntgabe. Er konnte nur absichtsvoll gewählt sein. Das Naheliegende wollte niemand glauben. Albaniens »Schutzmacht« China hatte dem Heiligen Stuhl indirekt zu vergelten gewußt, daß die Hoffnungen Pekings von Rom zuerst geweckt und dann enttäuscht worden waren. Und weil auch die Farce nicht fehlen durfte, hatten die Chinesen am vorangegangenen Weihnachtsfest zum ersten Mal seit sechs Jahren in Peking die Feier der katholischen Christmette erlaubt, im alten tridentinischen Ritus und in lateinischer Sprache, mit Krippe, Weihrauch und einem Knabenchor, der das »Venite adoremus« sang – unter großer Assistenz zelebriert von einem Priester der chinesischen Nationalkirche, für den die Liturgiereform nicht stattgefunden hatte. Anwesend waren dreißig Chinesen und dreihundert Diplomaten.

Angesichts der albanischen Schreckensmeldungen besann der Papst sich auf ein Wort, das seit Beginn der Ostpolitik aus dem vatikanischen Vokabular verschwunden war – »die Kirche des Schweigens«. Wenig später häuften sich alarmierende Meldungen aus den Ostblockstaaten. Die erste kam aus Polen. Im Gegensatz zu der Übervorsicht des Papstes hatten die dortigen Bischöfe einen militanten Hirtenbrief riskiert. Sie stellten ohne kuriale Floskeln fest, der von Rom so warm empfohlene »Dialog« mit der kommunistischen Regierung finde nicht statt. Der Staat hatte zwar die Freiheit des Religionsunterrichtes garantiert, aber vorsorglich jede Benutzung von Schulsälen verboten. Die von der Kirche improvisierten Ausweichlokale wurden wegen angeblich unzureichender Hygiene gesperrt. Gläubige Katholiken entfernten Kreuze und Madonnenbilder aus ihren Wohnungen, aus Angst, ihre Kinder könnten nicht zum Studium zugelassen werden. Auf Weisung des Vatikans hatte die Kirche Polens jede ideologische und politische Opposition gegen das Regime eingestellt.

Trotzdem wurde bei Katholiken die Auszahlung der Gehälter verzögert, das Aufsteigen am Arbeitsplatz unterbunden. »Habt Mut und bleibt fest«, sagten die polnischen Bischöfe, »es ist niemand erlaubt, diese Nation atheistisch zu machen gegen den Willen des gläubigen Volkes, der Eltern und der Kinder.« Paul VI. las es mit Bestürzung.

In der Tschechoslowakei griff die amtliche Parteizeitung das Volk an. »Die Leute bleiben dabei, religiös zu sein. Es gibt Arbeiter, die in den Fabriken auf beispielhafte Weise ihre Pflicht tun und sich auch politisch aktiv zeigen. Haben sie aber ihre Fabriken verlassen, dann vergessen sie auf der Stelle, Kommunisten zu sein. Am Abend und am Sonntag sehen wir sie in die Kirchen eilen, mit dem Gebetbuch in der Hand. Nichts könnte mehr beweisen, wie gleichgültig ihnen die Probleme der Gesellschaft sind. Und in derselben Gleichgültigkeit erziehen sie auch ihre Kinder.« In der Slowakei setzte man sowjetische Experten ein, die der jungen Generation das »wissenschaftliche Konzept vom Leben« beibringen und sie aus dem »Gefängnis des Aberglaubens« befreien sollten. Die einzige Antwort aus Rom war eine Verlautbarung von Radio Vaticana, worin der tschechoslowakischen Bevölkerung seitens des Heiligen Stuhles versichert wurde, man könne durchaus ein guter kommunistischer Staatsbürger sein und zugleich in die Kirche gehen. Unter den vier Bischöfen, die Monsignore Casaroli nach endlosen Verhandlungen in Prag hatte weihen können, befand sich Monsignore Vrana, Präsident der kommunistischen Priestervereinigung »Pacem in terris«, die nach dem Zusammenbruch des Prager Frühlings unter Staatsaufsicht gegründet worden war. Der Vatikan hatte als Bedingung für Vranas Bischofsweihe verlangt, der Prälat müsse sein Präsidentenamt niederlegen. Die Regierung versprach, dafür zu sorgen. Vrana wurde Bischof und blieb Präsident. Allein in der Diözese Prag waren von 835 Pfarreien 533 ohne Pfarrer. Der Pater Studeny hatte ohne staatliche Genehmigung religiöse Texte drucken lassen. Bei seiner Verhaftung gab das tschechische Fernsehen einen Kommentar: »Jene Vertreter des Klerus und jene Gläubigen, die sich nicht mit den

Geschehnissen in unserem Lande identifizieren wollen, werden kein leichtes Leben haben.« Paul VI. hörte es mit Bestürzung.

Aus Jugoslawien wurde berichtet, in den Beziehungen zwischen Kirche und Staat sei eine fühlbare Verschlechterung eingetreten. Blasphemische Fernsehsendungen, Sonderregistrierung katholischer Kinder in den Schulen, Priesterprozesse – und als Reaktion darauf furchtlose Äußerungen der katholischen Presse: »Wir sind keine Marxisten und wir haben es nicht nötig, welche zu werden. Auch wenn der Marxismus nicht den Atheismus einschließen würde, hinge es immer noch von der freien Wahl eines jeden Gläubigen ab, diese Philosophie zu akzeptieren oder zurückzuweisen. Keinesfalls aber kann der Staat ein philosophisches System seinen Bürgern als Pflichtüberzeugung aufzwingen.« Solcher Mut mußte den Ostpolitikern im Vatikan unheimlich sein. Ernster noch aber wurden sie von einem Vorfall in Moskau betroffen. Dort hatten während der großen Parade am 1. Mai zweihundert junge Leute aus Europa und Amerika versucht, hunderttausend Exemplare des Evangeliums in der Menge zu verteilen. Dreiviertel der Jugendlichen wurden sofort verhaftet. Die westliche Presse hat kaum davon Notiz genommen, daß das Verschenken des Evangeliums in der Sowjetunion Arrest nach sich ziehen kann. Der Papst vernahm es mit Bestürzung.

Der Vatikan ließ sich jedoch nicht entmutigen. Man mußte mit der Tatsache fertig werden, daß zwischen der Intensivierung der päpstlichen Ostpolitik und dem Ansteigen der antireligiösen Kampagne im Ostblock eine makabre Synchronität bestand. Um aus der Zwangslage des Hinnehmens herauszukommen, gab es nur einen einzigen Weg. Er war leidig, wenig originell und führte bestenfalls zum Augenblickserfolg. Trotzdem beschritt ihn Paul VI. im Juni 1973. Damals tagte in Genf die Internationale Arbeitskonferenz. Als der vatikanische Delegierte, Monsignore Silvio Luoni, das Wort ergriff, geschah es zu einem Preislied – auf China. Er wolle niemand erschrecken, sagte Luoni, aber er müsse doch dem Beispiel Chinas als einem Modell für kulturelle Entwicklung seinen Respekt zollen – auch wenn die beschränkte Gedankenfreiheit, die Ideologie und das politische System der Volksrepublik Vorbehalte verlangten. »Trotz der Exzesse eines gelegentlich entfesselten revolutionären Enthusiasmus hat China an den menschlichen und gemeinschaftlichen Werten vergangener Jahrhunderte festgehalten. In Analyse, Methode und praktischer Anwendung wird das große Erbe in seiner Substanz bewahrt. Die Selbstentfaltung, die Ablehnung einer Bettlermentalität, die Obsorge für die Wahrung der Eigenständigkeit verdienen größte Hochachtung. Die regelmäßige Rückkehr der studentischen Jugend auf das Land ist nicht nur ein Mittel der Produktionssteigerung. Man festigt damit auch die Bindung der neuen Generationen an die tiefen Wurzeln einer Kultur, die zu Recht für eine der ruhmreichsten in der Geschichte der Menschheit gehalten wird.« Der chinesische Delegierte hörte zu, ohne mit der Wimper zu zucken.

Niemand wußte, ob es ein Schlag ins Wasser war. Wieder einmal hatte Paul VI. an dem Faden gezogen, der nach China reichte, in der Hoffnung, der Kreml werde den Ruck verspüren. Da das Spiel endlos wiederholbar war, begann man sich zu fragen, welches Maß an verstehender Intelligenz der Papst bei seinen Partnern voraussetzte. Er selbst sah Rußland und China als kontroverse Teile seines Programms. Darin kam der Sowjetunion die Rolle zu, ein weltweiter Alliierter der Zukunft zu sein – wogegen China nur der Kontrast war, der den Prozeß fördern konnte. Die Idealposition, die der Papst für den Heiligen Stuhl erträumte, war allerdings noch höher angesetzt. Er fühlte sich berufen zur Autorität des Urteils über die moralischen Werte auf der Welt. Es war, so glaubte er, seine Sache, abzuschätzen, in welchem gesellschaftlichen Zustand der Mensch der Zukunft seiner Natur nach am gesündesten leben würde. Als Kriterium bediente er sich – durch sein Sendungsbewußtsein als Papst völlig begründet – des Evangeliums. Die Geschichte der Menschheit berührte ihn kaum, da er die Umwälzungen des 20. Jahrhunderts für einschneidend genug hielt, um nicht nur die Lebensbedingungen, sondern das Wesen des Menschen zu verändern. Diesen neuen Menschen, dem seine Sorge galt, hat Paul VI. zu Ostern 1971 als fähig definiert, die

Grenze zur Vollkommenheit auf dieser Welt zu erreichen. Erstaunlicherweise nahm kaum jemand wahr, daß hier ein Menschenbild proklamiert wurde, welches in der bislang auf das Jenseits gerichteten Theologie nicht existiert hatte. Was bedeuteten schon periphere Rückschläge vor der Vision einer solchen Zukunft?

Dennoch trafen ihn Mißerfolge persönlich. Paul VI. ist stets ein Wanderer zwischen den Gegensätzen gewesen, ein Mann, der mit beharrlichen kleinen Schritten seiner Utopie näher zu kommen suchte. Er hat dabei in Kauf genommen, von allen Seiten falsch verstanden zu werden. Schon früh rankte sich um seine Person die Legende, er sei ein Spielball in der Hand seiner Mitarbeiter. Das traf in keinem Sektor seiner Tätigkeit zu, am wenigsten in der Politik. Der Papst trug schwer an seinen Entscheidungen, aber er fällte sie allein. Deshalb nahm er Enttäuschungen stets auf, als hätte man sie nicht dem Papst, sondern dem Menschen Montini zugefügt. Seine Unternehmungen in dieser Welt, der er sich wie kaum ein Vorgänger verschrieben hatte, mochten zuweilen einen Anflug von Machiavellismus zeigen. Daß sie bei aller Rationalität der Methode einen religiösen Kern hatten, gab der scheue Papst erst im zehnten Jahre seines Pontifikates preis. Als Christ, so sagte Paul VI., müsse man »sperare contra spem« – hoffen gegen alle Hoffnung. Er tat es, aber er litt daran.

»Die Zeit ist aus den Fugen: Schmach und Gram,
Daß ich zur Welt, sie einzurichten, kam« –

sagt Hamlet.

Rom und die Nachbarn des Christentums

Unvergeßlich ist mir der Tag in der marokkanischen Stadt Fez, an dem ich in das Ghetto kam. In der Kühle des Morgens suchte ich nach der Synagoge. Ein Mann gesellte sich mir bei, dreißig Jahre alt, französischer Maßanzug, Intellektuellenbrille, bartgerandetes Kinn – er hätte ein Rechtsanwalt sein können, dem die Trauer wie ein Berufsleiden in den Augen stand. Ehrfürchtig grüßte ihn der Küster und öffnete Tor und Pforte. In dem kleinen Betsaal roch es ein wenig nach Moder, wie immer, wenn Armut und Frömmigkeit lange beieinander wohnen. Als ich beim Betreten des Raumes meine Mütze aufsetzte, glitt über den Mund meines Begleiters ein winziges Lächeln, das verschwand, sobald ich es bemerkte. Plötzlich fühlte ich mich elend wie ein ertappter Betrüger. Er wird doch nicht wissen wollen, dachte ich, aus welchem Lande ich komme. »Wo leben Sie?« fragte er. – »In Rom.« – »Aber Sie sind doch kein Italiener.« – »Nein.« – »Ich dachte es mir.« In diesem Augenblick war ich von seiner Güte abhängig. Er schlug die Augen zu Boden, eine halbe Sekunde, dann sagte er: »Kommen Sie mit mir. Ich zeige Ihnen das Haus von Père de Foucauld.«

Der Graf Charles de Foucauld, geboren 1858, war Abenteurer, Soldat und Katholik. Er tat Dienst in der französischen Armee in Algier, verließ mit 34 Jahren seine Karriere und ging nach Marokko, das zu betreten den Christen damals ebenso verboten war wie heute noch Mekka und Medina. Um es dennoch auszukundschaften, nahm de Foucauld die Maske eines jüdischen Rabbiners an. So kam er nach Fez, der heiligen Stadt Marokkos – und wurde entdeckt. Man jagte ihn von Gasse zu Gasse, aus der Tiefe des Färberbazars hinauf ins Ghetto am oberen Rand der Talsenke. Dort klopfte er an die Tür eines vornehmen Hauses, gab sich dem Besitzer zu erkennen und war einige Augenblicke später bereits unauffindbar. Der jüdische Kaufmann gefährdete Existenz und Vermögen, um einen illegal eingedrungenen Christen vor der Rache der Moslems zu schützen.

Wir gingen in das Haus. Ein wunderschöner arabischer Innenhof, darin eine junge hochschwangere Frau vor einem Bottich dampfender Wäsche, inmitten von Ballen, Bündeln und Koffern. Eine steile Stiege, im ersten Stock das verbröckelnde Wohngemach mit einer Fensternische zum Hof. Dort auf Tüchern ausgestreckt ein hustender alter Mann, vom Tod gezeichnet. »Blicken Sie nicht weg«, sagte mein Begleiter, »das ist der Sohn des Kaufmanns, der de Foucauld versteckt hat.« Wir sahen das Zimmer, das dem flüchtigen Franzosen zur Wohnung gedient und die ummauerte Terrasse, worauf er unbeobachtet Luft geschöpft hatte. Mein Begleiter erzählte, Charles de Foucauld sei später Trappist geworden, nach Syrien gegangen und schließlich als Einsiedler nach Algerien zurückgekehrt. Dort habe er die Sprache der Tuareg gelernt, in ihr eine Grammatik und ein Lexikon verfaßt, sei aber 1916 von Mitgliedern dieses Stammes erschossen worden. Seit 1927 bemühe man sich in Rom um seine Seligsprechung, denn sein Projekt einer »pré-évangelisation« des nichtchristlichen Afrika übe steigenden Einfluß auf die dortigen Missionsgemeinschaften aus.

Als wir in den Hof zurückkamen, trafen wir bei den Ballen und Bündeln einen Mann, der neue verschnürte. Ich fragte: »Warum verpacken Sie alle diese Sachen?« – »Wenn wir Glück haben«, sagte er, »können wir in sechs Wochen auswandern. Nach Israel.« – »Ja«, sagte die junge Frau am Wäschebottich, »wir möchten gerne, daß unsere Kinder in Freiheit groß werden.« – »Und was«, so fragte ich, »geschieht mit dem alten Mann dort oben in der Nische?« – »Der stirbt entweder, bevor wir aufbrechen, oder wir nehmen ihn mit.«

Eine Schlaglichtsituation. Ein Vorkämpfer der katholischen

Afrikamission wird von einem Juden vor den Moslems versteckt. Achtzig Jahre später liegt im selben Haus der Sohn dieses Juden im Sterben, während seine Enkel und Urenkel mit geschnürter Habe darauf warten, nach Israel zurückzukehren. Kein Missionar begleitet sie. Denn das Werk des Charles de Foucauld ist aufgebaut auf Achtung und Freundschaft gegenüber den Moslems. Barmherzigkeit, einem Juden erwiesen, könnte gefährden, was einst durch jüdische Barmherzigkeit zustande kam.

Am 15. Januar 1973 brachte der »Osservatore Romano« unter der Rubrik »Unsere Informationen« die Notiz: »Der Heilige Vater hat Ihre Exzellenz Frau Golda Meir, Premierminister von Israel, in Audienz empfangen.« Kein Kommentar. Am Vortage, wenige Minuten nach dem Ende der erwähnten Audienz, hatte der Direktor des vatikanischen Presseamtes die befremdlichste Verbalnote des Pontifikates verlesen: »Was den Besuch von Frau Golda Meir beim Papste betrifft, muß beachtet werden, daß es sich nicht um eine Geste des Vorzugs oder der Exklusivität handelt. Paul VI. empfing den König Hussein von Jordanien und andere Persönlichkeiten höchsten Ranges aus der arabischen Welt und arabischen Ländern. Der Heilige Stuhl pflegt herzliche Beziehungen zu Ägypten, dem Libanon, Syrien und unterhält diplomatische Beziehungen zu Tunis, Algerien, Kuwait und dem Irak.« Schon diese Einleitung war unglaublich. Sie verriet den Vorsatz, die weitgerühmte vatikanische Diplomatie im Falle von Golda Meir nachdrücklich beiseite zu lassen. Niemals bisher war es vorgekommen, daß der Vatikan einem Regierungschef, der den apostolischen Palast noch kaum verlassen hatte, schon die ganze Phalanx seiner politischen Feinde und deren Freundschaft mit dem Heiligen Stuhl öffentlich vorhielt. Von solchem Tonfall bis zur unverhohlenen Feindseligkeit war nur noch ein Schritt. Der Text fährt fort: »Die Audienz wurde von Frau Golda Meir aus Anlaß ihrer Reise nach Paris erbeten und war vorher weder abgesprochen noch programmiert. Sie bedeutet und beinhaltet nicht den mindesten Wechsel in der Haltung des Heiligen Stuhles in bezug auf die Probleme des Heiligen Landes. Auch gegenüber

Israel ist diese Haltung unverändert.« Als Motiv für die Gewährung der Audienz wurde weiterhin angegeben, der Papst hielte es für seine Pflicht, »sich keine Gelegenheit entgehen zu lassen, um zugunsten des Friedens, zur Verteidigung der Menschenrechte, aller religiösen Interessen tätig zu werden und den Schwächsten und am wenigsten Verteidigten zu Hilfe zu kommen, in erster Linie den Flüchtlingen aus Palästina«. Offensichtlich war dieses Dokument in seiner brutalen Nichtachtung der Form an die Adresse der arabischen Länder gerichtet. Außer diesen gab es aber noch eine Großmacht, bei der der Vatikan auf Beifall hoffen konnte – die Sowjetunion. Nur mit ihrer Hilfe hatten die Pläne des Vatikans in Palästina eine Chance zur Verwirklichung. So fiel das vatikanische Bronzetor im Rücken von Golda Meir krachend ins Schloß.

Wenige Tage später gab Frau Meir in Tel Aviv ein Interview, worin sie den Verlauf der Begegnung schilderte. »Der Beginn des Gespräches hat mir gar nicht gefallen. Der Papst sagte mir sofort, es fiele ihm schwer, das jüdische Volk zu begreifen, das – anstatt Barmherzigkeit zu zeigen – in seinem Lande mit solcher Bitterkeit reagiere. Ich kann nicht ertragen, wenn man mit uns in derartiger Form spricht. Also sagte ich dem Papst: ›Heiligkeit, wissen Sie, was die erste Erinnerung in meinem Leben ist? Der Pogrom von Kiew.‹« Der Angriff war hervorragend. Rußland war schon in der ersten Minute ins Spiel gebracht. Der Papst, in seiner Sensibilität richtig eingeschätzt, konnte den unterschwelligen Vorwurf nicht überhören, für die Menschenrechte der Juden in der UdSSR bisher kein Wort der Verteidigung gefunden zu haben. Konsequent stieß der israelische Premier nach: »Als wir barmherzig waren und noch kein Vaterland hatten, als wir schwach waren, hat man uns in die Gaskammern geschleppt. Wir haben geschworen, daß niemals mehr ein Jude vergast werden solle und daß wir das Äußerste tun werden, damit es keine jüdischen Flüchtlinge mehr gibt.« Das war die Antwort auf die Frage der Palästina-Flüchtlinge, als deren Anwalt der Papst aufgetreten war. Mit dem Instinkt des großen Politikers und mit der Weisheit der jüdischen

Frau hat Golda Meir die Position des Papstes gegenüber Israel schon zu Beginn des Gespräches klar erkannt, obwohl sie nicht ahnen konnte, daß das brüskierende Kommuniqué längst fertig war. Die Atmosphäre blieb eisig. »Aber natürlich«, so erzählte Golda Meir, »hat man nie die Stimme erhoben, alles verlief ruhig, in beispielhafter Weise. Wir haben uns angesehen, einer den anderen, mit durchdringendem Blick. Er fixierte mich, ich ihn wieder, so stark ich konnte. Es war mir unmöglich, zu vergessen, daß ich mich vor dem Oberhaupt der Kirche befand, vor dem Mann des Kreuzes – und daß unter diesem Zeichen Juden aller Generationen getötet worden sind. Der Papst, dem es Eindruck machte, sich einer Jüdin gegenüber zu finden, sagte zum Schluß: ›Das ist ein historischer Augenblick.‹«

Golda Meir hatte ein Interesse daran, die Begegnung mit Paul VI. nachträglich zu entdramatisieren. Die israelische Regierung konnte nicht wünschen, die starken katholischen Kräfte in arabischen Ländern nunmehr mit offizieller Billigung des Vatikans gegen sich zu mobilisieren. Dennoch war Frau Meir sorgfältig bedacht, auch noch die kleinste Unrichtigkeit vatikanischer Darstellung zu korrigieren, so die Behauptung, sie selbst hätte um die Audienz nachgesucht. In Wirklichkeit war die Anregung dazu von einigen vatikanischen Prälaten ausgegangen und dem israelischen Botschafter beim Quirinal in Frageform zugespielt worden. Erst als über Zeitpunkt und Form des Gespräches Einigung bestand, hat Israel, den internationalen Gepflogenheiten entsprechend, um das Zusammentreffen gebeten. »Für uns war das einzig Wichtige, daß der Papst nicht Golda Meir, sondern den Regierungschef von Israel empfing – und zwar auf die klarste Weise.« Der bei solchen Gelegenheiten übliche Austausch von Geschenken war von seiten Israels verbunden mit einem energischen Protest des Botschafters gegen die Verbalnote des Vatikans, während von dort ein »Bote« an Golda Meir abging, der eine nicht überzeugende Klarstellung des Kommuniqués überbrachte. Niemand machte sich Illusionen.

Zum Überfluß jubelte die Presse in den arabischen Ländern.

In Kairo erschien eine Karikatur, die Golda Meir vor dem Anschlagebrett am Bronzetor bei der Lektüre der vatikanischen Verlautbarung zeigte. Der Papst wurde als Mann von Prinzipien gefeiert. Die Nachricht als Ganzes hatte den Vorrang gegenüber dem Friedensschluß in Vietnam, der gleichzeitig zustande kam. Für die arabische Welt war deutlich geworden, daß der Vatikan nicht die Absicht hatte, in dem Konflikt mit Israel neutral zu bleiben. Schon in seiner Neujahrsrede hatte Paul VI. dem diplomatischen Korps auseinandergesetzt: »Wir sind nicht neutral. Das Evangelium verbietet uns Gleichgültigkeit, wenn es um das Wohl des Menschen geht, um seine physische Gesundheit, die Entfaltung seines Geistes, seine Grundrechte, seine spirituelle Berufung; und nicht weniger, solange durch die sozialen Bedingungen einer Bevölkerung diese Güter in Gefahr geraten; und schließlich solange nicht, als eine internationale Einrichtung (gemeint war wieder einmal die UNO) Unterstützung nötig hat, um die humanitäre Rolle zu spielen, die man von ihr erwartet.« Durch die Begegnung des Papstes mit dem israelischen Premier wurde nachträglich klar, daß solche Ablehnung von Neutralität nicht eine allgemeine Äußerung bedeutete, sondern auf die konkrete Lage im Nahen Osten gemünzt war. Anstatt neutral zu sein, hatte der Vatikan jedoch bisher immer vorgegeben, eine »notwendige Abstandsgleichheit« gegenüber beiden Seiten anzustreben. Sie war geradezu die Basis für die Vermittlerposition, die Paul VI. im Palästinakonflikt für sich selbst zu erreichen wünschte. Um so rätselhafter mußte der – offensichtlich vorgeplante – diplomatische Zwischenfall erscheinen. Die offizielle Fotografie der Audienz, auf der Paul VI. und Golda Meir einander die Hand reichen, wurde vom Vatikan erst mit einer Verspätung von 24 Stunden freigegeben. Man wollte sichergehen, daß der tatsächliche Verlauf der Begegnung samt dem Inhalt der Verbalnote in den arabischen Ländern bekannt war, bevor das Bild erschien. Es galt, etwaigen antivatikanischen Emotionen zuvorzukommen, die der Handschlag hätte heraufbeschwören können. Der Vatikan hatte Partei ergriffen.

Der Grund für die Preisgabe der »notwendigen Abstandsgleichheit« lag in Jerusalem. Dort war im Januar 1972 der Substitut des vatikanischen Staatssekretariats, Erzbischof Giovanni Benelli, mit einem äußerst delikaten Auftrag erschienen. Benelli stand in der Rangfolge des Vatikans nach dem Papst an dritter Stelle. Er war der Chef des Ressorts für die »ordentlichen Angelegenheiten« der Kirche, somit in allen Klerusfragen der entscheidende Mann. Der Fall, den er in Jerusalem zu behandeln hatte, verriet nach außen nichts von seiner verborgenen Brisanz. Es ging um ein Pilgerhospiz, Notre-Dame de France, das im Zentrum der Stadt lag und während des Krieges von 1948 starke Beschädigungen erlitten hatte. Besitzer waren Assumptionistenpatres, denen es trotz großer Mühe nicht gelingen wollte, die Mittel zur Wiederherstellung des Gebäudekomplexes aufzubringen. Eine der Grundregeln der kirchlichen Verwaltung besagt, jede Kommunität habe von dem zu leben, was sie selbst zu leisten vermag. Zuschüsse zu erwarten, ist illusorisch. Die Patres von Notre-Dame de France rechneten sich alsbald aus, daß schon die einfachsten Erhaltungskosten des Besitzes ihre Einkünfte weit überstiegen. Also begannen sie, nach einem Käufer zu spähen. Dabei vermieden sie ängstlich, ihre Oberen und die Kurie zu informieren, um nicht durch ein dortiges Nein das Geschäft zu gefährden, bevor es zustande kam. Lange geschah nichts – und die Lage der Patres wurde immer aussichtsloser. Dann aber trat plötzlich ein sehr potenter Käufer auf. Eine jüdische Organisation in den Vereinigten Staaten bot die gewünschte Summe – in der Absicht, das Gebäude der Universität Jerusalem zur Verfügung zu stellen. Der Verkauf wurde perfekt gemacht, ohne daß die Patres ahnten, welchen Sturm sie an der römischen Kurie auslösen würden. Ein Besitz der katholischen Kirche mit zum Teil sakralen Räumen sollte in die Hände einer jüdischen Institution übergehen – dagegen standen kirchenrechtliche Schwierigkeiten sonder Zahl. Benelli nützte den Umstand aus, daß die Patres in Rom nicht nachgefragt hatten, und legte den israelischen Behörden die Ungültigkeit des Vertrages dar, da die katholische Seite ohne notwendige Vollmacht gehandelt habe. Der vatikanische Erzbischof wanderte vom Justizminister zum Bürgermeister der Stadt und erreichte schließlich von der Regierung eine Nichtigkeitserklärung des Verkaufs. Die Patres mußten die volle Summe zurückzahlen, erhielten aber von Benelli – also aus kurialen Mitteln – eine persönliche Abfindung, die ihnen die Weiterexistenz im Heiligen Lande ermöglichen sollte. All dies, der Rang des Prälaten, das Geld für die Patres, war sehr ungewöhnlich. Der Fall von Notre-Dame de France trug seine Begründung nicht in sich selbst. Im Vatikan war man der Auffassung, der Übergang eines ehemals kirchlichen Gebäudes in israelische Hände hätte eine indirekte Anerkennung der Rechte Israels auf die Stadt Jerusalem eingeschlossen, die der Heilige Stuhl bestritt. Diese politische Version der Begebenheit hat Benelli in Jerusalem verschwiegen. Golda Meir aber erinnerte sich ihrer sehr wohl, als im Gespräch mit dem Papst die Jerusalemfrage auftrat.

Zwar hatte Paul VI. anerkennende Worte für die Toleranz gefunden, mit der Israel die Pilgerschaft im Heiligen Lande unterstütze. Aber gleichzeitig hielt er es für angebracht, auf einen Lieblingsgedanken zurückzugreifen, der in israelischen Ohren einen furchtbaren Mißklang erzeugen mußte: das internationale Statut für die heiligen Stätten. Schon Pius XII. war von der Idee fasziniert gewesen, die Altstadt von Jerusalem samt der Grabeskirche und Gethsemane aus der israelisch-arabischen Auseinandersetzung zu lösen und damit dem wichtigsten Schauplatz im Leben Christi völkerrechtliche Unantastbarkeit zu sichern. Paul VI. war noch drei Wochen vor Golda Meirs Besuch in einer Rede vor dem Kardinalskollegium auf das Argument zurückgekommen: »Der fortgesetzte Kriegszustand ohne wirksame Schritte zu friedlicher Lösung bildet eine ständige Gefahr, die nicht nur Ruhe und Sicherheit der dortigen Bevölkerung, sondern auch Werte bedroht, die der ganzen Menschheit teuer sind.« Der Papst fügte die Forderung an, alle Menschen christlichen Glaubens müßten sich in Jerusalem als vollwertige Bürger fühlen können. Auf derartige Überlegungen konnte Israel in seiner Gesamtheit nur neuralgisch reagieren. Jerusalem war das Herz des jüdischen Volkes – und es war in jedem Stein die Hauptstadt von Israel. Man war bereit, Gäste willkommen zu heißen und ihr Glaubensbekenntnis zu respektieren. Rechte anzumelden oder zu bestreiten, stand niemand zu, schon gar nicht dem Papst.

Die Erwähnung des Pogroms von Kiew durch Golda Meir – so spontan sie erfolgt sein mochte – war geeignet, an den Nerv des Ressentiments zwischen dem Heiligen Stuhl und den Juden zu rühren. Der Pogrom von Kiew war zunächst eine grausige Episode in der Judenverfolgung gewesen, die in den letzten zwanzig Jahren des vorigen Jahrhunderts Rußland durchtobte. Diese aber wurde im ganzen zu einem mächtigen Impuls für die Entstehung der weltweiten Bewegung des politischen Zionismus, ohne dessen beharrliches Wirken der Staat Israel nicht hätte gegründet werden können. Der Zionismus hatte von Anfang an das Ziel, »dem jüdischen Volk eine öffentlich-rechtliche Heimstätte in Palästina zu schaffen«. Die Verwirklichung dieser Absicht mußte zwangsläufig zur Folge haben, daß die heiligen Stätten in jüdische Oberhoheit übergingen. Das zu dulden, war dem Heiligen Stuhl unmöglich.

Geistiger Motor und politischer Führer des Zionismus war damals der in Budapest geborene Theodor Herzl. Er arbeitete als Journalist und Schriftsteller in Wien und wurde von der dort führenden Zeitung »Neue Freie Presse« 1894 als Korrespondent nach Paris geschickt, um über die berüchtigte Dreyfus-Affäre zu berichten. Als er zurückkehrte, wußte er, welchen Hitzegrad der Antisemitismus erreichen konnte. Und er fürchtete für sein Volk, wenn er die Mittel bedachte, deren sich dieser abgründige Haß im beginnenden Zeitalter der Technik bedienen konnte. Vier Jahre später gelang es Herzl, in Basel den ersten Zionistenkongreß zusammenzurufen, der die gesicherte Heimstätte der Juden in Palästina offiziell zum Ziel der Bewegung erklärte. Sieben Jahre später war der Zionismus stark genug, um Herzl zu dem Wunschdenken zu verleiten, er könne auch den Papst für seinen Plan gewinnen. Der Vatikan arrangierte eine päpstliche Privataudienz und gab damit zu, daß der Zionismus nicht mehr unter die reinen Utopien einzureihen war. Im Jahre seines Todes, 1904, stand Theodor Herzl vor Pius X.

Der Papst, der Güte, Liebenswürdigkeit und Witz mit Johannes XXIII. gemeinsam hatte, empfing den Zionistenführer freundlich und hörte ihm aufmerksam zu. Herzl ging in seinem Vortrag von der psychologischen Grundsituation des Zionismus aus, die im Jahr zuvor von dem russischen Juden Leon Pinsker klassisch definiert worden war: »Als Jude geplündert sein oder als Jude beschützt werden müssen, ist gleich beschämend, gleich peinlich für das menschliche Gefühl der Juden.« Dann entwickelte Herzl mit großem Engagement seinen Plan der allmählichen Landnahme in Palästina. Schon waren sechzigtausend Juden aus Rußland und Polen durch die finanzielle Unterstützung des Barons Edmund Rothschild und mehrerer Hilfsorganisationen zu palästinensischen Landbesitzern gemacht worden. Wenn die Juden es selber wollten, so erklärte Herzl, sei die Rückkehr in das Land ihrer Väter kein Märchen mehr. Demzufolge bitte er nicht um Unterstützung, sondern um Verständnis und Duldung. Am Ende seines Vortrages wurde Herzl gewahr, daß der verbindliche Papst sich mittlerweile in einen Mann von eisiger Zurückhaltung verwandelt hatte. Als Pius endlich antwortete, gebrauchte er schonungslose Worte. Er werde zwar, falls sich die Sache überhaupt verwirklichen ließ, Herzls Vorhaben nicht verhindern können. Doch sei er gänzlich außerstande, den Plan des Zionismus zu billigen. Der Papst, so sagte Pius X., müsse davon ausgehen, daß das jüdische Volk Jesus Christus nicht anerkannt habe. Also könne niemand vom Papste erwarten, seinerseits das jüdische Volk anzuerkennen. Überdies sei es absurd, vom Papste zu verlangen, er solle eine Bewegung unterstützen, die danach trachte, die den Christen heiligen Stätten durch käuflichen Erwerb in den Besitz von Juden zu bringen. Sollte also die jüdische Einwanderung nach Palästina zahlenmäßig ansteigen, könne der Papst sie nur mit der totalen Mobilmachung der dortigen katholischen Missionstätigkeit beantworten. Die Audienz endete für Herzl mit einem Mißerfolg. Pius X. war ohne

Einschränkung bei dem Kurs geblieben, den schon seine Vorgänger im 19. Jahrhundert gegenüber der Judenfrage eingeschlagen hatten.

Nur die kurze Herrschaft Napoleons über Italien hatte den Juden die vollen bürgerlichen Rechte eingeräumt. Kaum war Napoleon gestürzt, begann insonderheit für die Juden im Kirchenstaat eine Epoche der Unterdrückung, die schlimmer war als jede frühere. Erneut mußten sie im Ghetto Wohnung nehmen. Römische Priester saßen über sie zu Gericht und fällten ihre Urteile nach den judenfeindlichen Satzungen des damaligen kanonischen Rechtes. Keinem Juden war es erlaubt, einen höheren Beruf auszuüben. Schließlich wurde ihnen auch noch das Recht auf Besitz abgesprochen. Der einzige Ausweg aus der existentiellen Abhängigkeit von der feindseligen Kirchenmacht war, dem mosaischen Glauben abzuschwören und katholisch zu werden. Doch blieb die Zahl der Konversionen verschwindend. Dagegen entschlossen sich manche Juden, der Geheimbewegung beizutreten, welche die desperaten Zustände im Kirchenstaat durch die Revolution beenden wollte, die dann 1848 Wirklichkeit wurde.

Zwei Jahre zuvor aber gab es noch einen bedeutsamen Wechsel im Pontifikat. Nach nur zweitägigem Konklave bestieg der Graf Giovanni Maria Mastai-Ferretti als Pius IX. den Heiligen Stuhl. Und plötzlich regnete es liberale Dekrete. Der neue Papst suchte die Liebe seiner Untertanen zu gewinnen und berauschte sich an ihrem Jubel, wenn er Freiheit verhieß. Die Juden wurden eingeladen, das Ghetto zu verlassen. Die leidigen Bekehrungspredigten, die anzuhören sie bislang gezwungen waren, wurden sofort abgeschafft. Selbst die neu gegründete Bürgergarde stand ihnen offen. Pius IX. glaubte, durch solche Beispiele der Liberalität die Sympathie der italienischen Einigungsbewegung zu gewinnen, und tatsächlich konzentrierten die nationalbewußten Italiener alsbald ihre Hoffnungen auf den Papst. Als aber der Augenblick des aktiven Vorgehens gegen Österreich kam, das noch immer einen großen Teil des italienischen Nordens besetzt hielt, besann sich der

Papst auf seine übernationale Position und zögerte, seine Truppen gegen Österreich marschieren zu lassen. Italien fühlte sich verraten, die Römer hielten die päpstlichen Versprechungen für Täuschungsmanöver, die Revolution brach aus. Mitten in der Nacht, unter Assistenz des französischen und des bayerischen Gesandten, floh der verstörte Papst verkleidet aus dem Quirinal, erreichte unbeschadet neapolitanisches Gebiet und nahm Zuflucht in der Festung Gaeta, die damals als uneinnehmbar galt. In den folgenden zwei Jahren kämpften französische und österreichische Truppen in verlustreichen Gefechten um die Wiederherstellung des Kirchenstaates. Als diese 1850 gelungen war, kehrte Pius IX. nach Rom zurück – er kam als ein gänzlich Verwandelter. Vorbei war es mit der Liberalität, vorbei auch mit der Freiheit. Autokratisch und reaktionär begann der Papst den zweiten Teil seiner Herrschaft.

Schon die ersten Maßnahmen galten den Juden. Man zwang sie, ins Ghetto zurückzukehren. Die antijüdischen Bestimmungen des kanonischen Rechtes wurden buchstabengetreu auf sie angewandt. Schlimmer noch waren aber die Diffamierungen aus päpstlichem Munde, gegen die sie sich nicht zur Wehr setzen konnten. Weil eine Anzahl römischer Juden an der Revolution teilgenommen hatte, behauptete Pius IX. nun in folgenschwerer Verallgemeinerung, die Juden seien überhaupt die Anstifter aller Revolutionen. Aus jener Zeit stammt auch die berüchtigte Identifikation von internationalem Judentum und Freimaurerei. Den Papst kümmerte es wenig, daß er mit solchen Äußerungen das längst untergrabene Ansehen des Kirchenstaates in der öffentlichen Meinung Europas noch weiter schwächte. Als schließlich die weltliche Herrschaft der Päpste im Jahre 1870 an das geeinte Italien verlorenging, steigerte Pius IX. seine Angriffe, wie er meinte, mit gutem Grund. Denn in dem neuen italienischen Königreich gab es viele Juden und Freimaurer, die einflußreiche Positionen innehatten und mitschuldig sein konnten, daß der Papst den Kirchenstaat eingebüßt hatte. Lügen, Beleidigungen und Haß gegen die katholische Kirche, skrupellose Liebe zu Geld und Macht – das waren

Anschuldigungen, die die katholische Presse vieler Länder nunmehr unter Berufung auf die päpstliche Autorität gegen die Juden erhob.

Nach dem Tode des unglücklichen Pius wählten die Kardinäle einen Mann von großer Weitsicht – Leo XIII. Diesem zarten Intellektuellen gelang es als erstem Papst, das Verhältnis der Kirche zur modernen Welt realistisch einzuschätzen, erstarrte Gegensätze abzubauen, anhand der Arbeiterfrage die kirchliche Soziallehre zu reformieren, den aufgerissenen Zwiespalt zwischen Kirche und Kultur zu überbrücken. »Ich will«, so sagte Leo XIII. einmal, »die Kirche so weit nach vorne verpflanzen, daß mein Nachfolger verhindert wird, wieder umzukehren.« Auf allen Gebieten konnte der Papst Erfolge buchen. Das moralische Ansehen des Heiligen Stuhles im Weltgeschehen war nach Ansicht nichtkatholischer Zeitgenossen unter Leos Pontifikat größer als je zuvor. Ein einziger Punkt blieb problematisch – die »Verschwörung der Juden, Freimaurer und Anarchisten«, in deren Beurteilung Leo die Auffassung seines Vorgängers kritiklos übernahm. Sie waren für ihn Feinde der Kirche, untergruben die bestehende Gesellschaft, bekämpften skrupellos die maßvollen Sozialreformen, die der Papst proklamiert hatte. Als Antwort darauf bezeichnete das »Jüdische Lexikon« Leo XIII. als »starren Judenfeind«. Was die Person des Papstes angeht, war dieses Urteil nicht gerecht. Denn man weiß, wie sehr Leo etwa in der Dreyfus-Affäre am Schicksal des Beschuldigten Anteil nahm. Die vorsätzliche Ungerechtigkeit, mit welcher der jüdische Artillerie-Hauptmann der französischen Armee durch bewußt unterschobene Fälschungen wegen Spionage zur Degradierung und zu lebenslänglicher Gefangenschaft auf der Teufelsinsel Cayenne verurteilt worden war, um erst Jahre später rehabilitiert zu werden, hat den Papst tief erschüttert – und er hat kein Geheimnis daraus gemacht. Doch war dies ein Einzelfall, der nichts über Leos grundsätzliche Einstellung aussagte. Diese wurde viel eher deutlich in der dem Papst sehr nahestehenden Jesuitenzeitschrift »Civiltà cattolica«, deren Einfluß auf die Meinungsbildung der katholischen Welt nicht zu unterschätzen war. Darin erschien 1890 eine ganze Artikelserie über die Juden. Die ihr entnommene Textpassage spricht für sich selbst. »Nach dem Talmud, zu dem sich die Juden bekennen, ist es ihr Ziel, sich immer weiter zu bereichern und die Christen arm zu machen; um dieses Zieles willen erlaubt und heiligt der Talmud die Anwendung aller, auch der verbrecherischsten Mittel; er schreibt ihnen vor, die Christen grausam zu hassen . . .

Die Juden beherrschen die Banken, die Monopole in Bergwerken, Industrie und Handel; sie beherrschen den Journalismus, mit dessen Hilfe sie die angebliche öffentliche Meinung machen, welche die Völker tyrannisiert; sie besetzen Lehrstühle aller Fächer an den Universitäten und wichtige Posten in den Regierungen . . . Sie nutzen die Mühen und den Schweiß der Arbeiter aus und üben eine Macht, der gegenüber die des Staates schwach geworden ist.

Solange nicht Gesetze geschaffen werden, welche die dieser schändlichen Rasse zuteil gewordenen Freiheiten umsichtig beschränken, ist von anderen gesetzlichen Bemühungen, das Verhältnis zwischen Kapital und Arbeit besser zu regeln, nicht viel zu erwarten . . . Es werden keine Enteignungs- und Verbannungs-Gesetze gefordert, wie sie manche unter den Antisemiten anstreben; nein, Gerechtigkeit und Liebe sollen auch gegenüber diesen Feinden der christlichen Völker gelten. Es werden daher maßvolle Gesetze gefordert, welche die Völker vor diesen in ihre Länder eingelassenen Feinden verteidigen und welche zugleich auch diese Feinde selbst vor der Rache der Völker schützen, die durch ihren Wucher und ihre Erpressungen schon zu sehr gereizt wurden . . .«

Zwei Jahre nach dem Erscheinen dieser Pamphlete mußte die »Civiltà cattolica« ihre antijüdische Propaganda vorübergehend einstellen, weil deren Wirkung sich als zu radikalisierend erwiesen hatte. Noch fünfzig Jahre später aber zeigte sich, daß die damaligen unbewiesenen Behauptungen keineswegs vergessen waren. Der Mann, der sich ihrer erinnerte, hieß Benito Mussolini. Nach dem Zustandekommen der »Achse Berlin–Rom« veranlaßte die deutsche Reichsregierung den Duce, sich der gemeinsamen Linie auch in der Rassengesetzgebung anzupassen. Mussolini betrieb die Sache mit halbem Herzen und war heilfroh, durch Rückgriff auf die besagten vatikanischen Äußerungen ein Alibi für seine anti-jüdischen Maßnahmen vorweisen zu können. Die Jesuiten von der »Civiltà cattolica« beeilten sich zwar, von ihrem seinerzeitigen Vorurteil energisch abzurücken. Aber zur Befriedigung des Duce und seiner nationalsozialistischen Verbündeten hielten sie gleichzeitig daran fest, daß eine »gerechte Ausnahme-Gesetzgebung« für die Juden nach wie vor die einzige Lösung des Problems darstelle. Rätselhafterweise geschah dies alles unter den Augen eines Papstes, dessen Einstellung zu den Juden weit von der Auffassung seiner Vorgänger abwich.

Pius XI., dessen Bildung und Gelehrsamkeit seine Vorgänger und Nachfolger in diesem Jahrhundert erblassen läßt, hatte schon als Präfekt der Ambrosianischen Bibliothek in Mailand der jüdischen Religion nicht nur theologischen Respekt entgegengebracht, sondern auch hohen literarischen Reiz abgewonnen. Als Papst pflegte er vorurteilslos die freundschaftlichen Verbindungen weiter, die er zu einzelnen jüdischen Wissenschaftlern angeknüpft hatte. Manche von ihnen erschienen plötzlich in der Mitgliederliste der päpstlichen Akademie der Wissenschaften – auch wenn sie nicht katholisch waren.

Als Reaktion auf Mussolinis Rassengesetze kann eine Szene gelten, die keine zwei Monate nach deren Veröffentlichung im Vatikan geschah. Pius XI. empfing damals eine Gruppe belgischer Pilger und nahm von ihnen als Huldigungsgeschenk ein wertvolles römisches Meßbuch entgegen. Im Durchblättern traf der Papst auf die »Bitte um Annahme des Opfers«, ein Gebet, das nach der Verwandlung von Brot und Wein damals noch von jedem Priester der Welt gesprochen wurde (heute nur noch von jenen, die unter den vier möglichen Fassungen des Kernstückes der Messe die römische wählen). Pius XI. las seinen belgischen Pilgern das Gebet laut vor und betonte die Stelle, die vom »sacrificium Patriarchae nostri Abrahae« spricht – vom Opfer unseres Stammvaters Abraham. Anschließend sagte er: »Beachtet wohl, daß Abraham unser Patriarch, unser Vorfahr genannt wird...

Der Antisemitismus ist mit der Idee und der Wirklichkeit, die in diesem Text zum Ausdruck kommt, nicht vereinbar. Er ist eine abstoßende Bewegung, an der wir Christen keinen Anteil haben dürfen ... Im geistlichen Sinne sind wir alle Semiten.«

Erst 1972 entdeckte man im Nachlaß des zehn Jahre zuvor verstorbenen amerikanischen Jesuiten John LaFarge den Text einer Enzyklika, deren Entwurf Pius XI. unmittelbar nach der Publikation der italienischen Rassengesetze im Sommer 1938 in Auftrag gegeben hatte. Sie sollte den Titel »Humani generis unitas« tragen – die Einheit des Menschengeschlechtes. Kernsätze: »Menschen guten Willens werden jede Anstrengung unternehmen müssen, um aus dem öffentlichen Leben alle mit der Rasse begründeten Unterscheidungen auszumerzen; denn solche Unterscheidungen können nur als herabsetzend und entwürdigend empfunden werden.« Durch den ›Kampf um rassische Reinheit‹ werden »Millionen Menschen ihrer elementarsten Rechte und bürgerlichen Ehren in ihrem eigenen Vaterlande beraubt. Des gesetzlichen Schutzes gegen Plünderung und Gewalt entbehrend, jeder Form von öffentlicher Demütigung ausgesetzt, werden unschuldige Menschen als Verbrecher behandelt ... Der Antisemitismus wird ein Vorwand zum Angriff auf die geheiligte Person des Erlösers selbst, der Menschengestalt annahm als Sohn einer jüdischen Magd; er wird zum Krieg gegen das Christentum ...«

Daß dieser Text nicht rechtzeitig veröffentlicht wurde, lag an dem damaligen Jesuitengeneral, dem polnischen Grafen Ledochowski. Der »schwarze Papst«, ein Autokrat alter Schule, hatte von Pius XI. den Auftrag erhalten, dem Pater LaFarge zur Abfassung der Enzyklika ein Arbeitsteam an die Seite zu stellen. Ledochowski wählte den deutschen Jesuiten Gundlach, einen der scharfsinnigsten Denker der Kurie, dem erregende Theorien sonder Zahl in reinstem Hessisch von den Lippen flossen. Er sollte das Grundsatzkapitel schreiben. Hinzu trat der Franzose Desbuquois, dessen Anteil am Text nicht mehr festzustellen ist. Ledochowski jedoch fühlte sich für das gesamte Werk verantwortlich und somit auch ermächtigt, den Zeitpunkt der Vorlage beim Papst selbst zu bestimmen. Verbürgt ist, daß die Enzyklika am 3. Januar 1939, also ein halbes Jahr nach der Erteilung des Auftrags, dem Papst immer noch nicht zugeleitet war. Fraglos fürchtete Ledochowski, der Kampf der Kirche gegen den Bolschewismus würde seinen Vorrang einbüßen, wenn der Papst nun auf der Basis der Rassenfrage gleichzeitig den Nationalsozialismus angriffe. Pius XI. war nicht mehr in der Lage, die Angelegenheit zu steuern. Schon am 10. Februar 1939 ereilte ihn der Tod. Wäre seine Enzyklika gegen Rassendiskriminierung und Antisemitismus veröffentlicht worden, so hätte dem Klerus Deutschlands und Italiens wahrscheinlich ein Martyrium gedroht. Konsequent dazu wäre jedoch das Jahr 1939 anders verlaufen – und damit vielleicht auch die Weltgeschichte.

In der Betrachtung der von Pius XI. so kompromißlos eingeleiteten Revision des päpstlichen Standpunktes gegenüber den Juden ist die Frage unausbleiblich, welchen Grund sein dritter Nachfolger, Paul VI., haben konnte, anläßlich des Besuches von Golda Meir Israel derart zu brüskieren. Dem Papst einen Rückfall in den traditionellen Antisemitismus zu unterstellen, hieße ihn verleumden. Während der hitzigen Debatten um den die Juden behandelnden Konzilstext und bei vielen späteren Gelegenheiten hat Paul VI. energisch kundgetan, daß ihm Rassenressentiments ein Greuel sind. Auch das uralte religiöse Vorurteil der katholischen Kirche gegen die Juden hat er nach Kräften abzubauen versucht. In voller Übereinstimmung mit der römischen Tradition aber handelte er stets, wenn es um Palästina und darin besonders um Jerusalem ging. Vor diesem Argument standen Paul VI. und Golda Meir einander unversöhnlich gegenüber. Denn beide vertraten nicht nur ihre Staaten.

Für die Juden ist der Name Palästina auch heute nichts anderes als die artifizielle Bezeichnung eines geographischen Gebietes. Das »Land Israel« dagegen, bebaut und bewohnt vom jüdischen Volk, umgreift das Wesen der Judenschaft schlechthin. Erst die Identifizierung von Volk und Land erklärt das in der Weltgeschichte einmalige Phänomen eines Menschheitsstammes, dessen

Mitglieder durch 19 Jahrhunderte ihre ganze Gefühlskraft einem bestimmten Flecken der Erdoberfläche gewidmet haben. Noch heute ist die Architektur aller Synagogen auf der Welt nach Jerusalem ausgerichtet, streben gläubige Juden, die nicht in Israel leben konnten, zum Sterben dorthin, wird jenen, die in der Fremde hinscheiden, Israel-Erde auf die Augen gelegt. Wo noch rabbinisches Brauchtum lebendig ist, bleibt in der Wohnung gegenüber dem Eingang eine Stelle kahl, zum Zeichen der Trauer, daß man Zion nicht erreicht hat. Bei der Hochzeit läßt die Braut ihren Schmuck unvollendet, der Bräutigam streut sich Asche aufs Haupt. Allenthalben beteten Juden bis in unsere Tage herauf: »Blase, o Gott, die große Posaune zu unserer Freiheit und sammle uns alle von den vier Enden der Erde. Nach Jerusalem, deiner Stadt, kehre zurück in Erbarmen und wohne in ihrer Mitte, wie du gesprochen. Und baue sie bald, in unseren Tagen ...« (Geis).

Pragmatiker können mit Grund einwenden, von einer orthodoxen Minderheit abgesehen, sei heute die Bevölkerung Israels nicht mehr religiös, folglich könne man dem israelischen Premier kaum unterstellen, atavistische Ideen wie jene vom »Land Israel« zu vertreten. Dagegen spricht die berühmt gewordene Reportage aus dem Sechs-Tage-Krieg, in der der Augenblick geschildert wurde, als die israelischen Truppen die Klagemauer erreichten. Der Rundfunksprecher sagte: »Ich gestehe, daß ich nie in meinem Leben an Gott geglaubt oder auch nur verstanden habe, was Religion ist. Aber was sich hier ereignet, geht über allen Verstand hinaus ...« Und Tränen mischten sich in seine Stimme. Damit ist nichts anderes angesprochen, als eben die Identität von Volk und Land, die Israel ergibt und auch für Juden gilt, die den Glauben der Väter längst abgelegt haben. Hierin lag die große Schwierigkeit für Golda Meir im Gespräch mit Paul VI. Mit dem jüdischen Volk Frieden zu schließen, hatten Konzil und Papst sich bemüht. Das Land aber war für die Kirche ein getrenntes Problem – ein Denkfehler, an dem der Heilige Stuhl auch weiterhin mit einer Beharrlichkeit festhält, die auf das Alter des Gedankens schließen läßt.

Alle Päpste dieses Jahrhunderts sind dem Irrtum erlegen, Palästina als ein Gebiet zu betrachten, auf das »auch die Juden« ihren Anspruch anmeldeten. Ungleich höher jedoch bewerteten sie den Charakter der Heiligkeit, den der Landstrich durch das Erdenleben Christi angenommen hatte. So äußerte Benedikt XV., der Papst des Ersten Weltkrieges, wiederholt seine Freude darüber, daß die Engländer und ihre Alliierten im Dezember 1917 die Stadt Jerusalem hatten einnehmen können, wodurch diese endlich wieder in christlichen Besitz gelangt sei. Noch ein halbes Jahr zuvor, im Mai 1917, hatte Benedikt dem Zionistenführer Nachum Sokolow eine Audienz gewährt und mehr Sympathie für den Zionismus gezeigt als sein Vorgänger Pius X. Als aber England, von 1918 an, die Balfour-Deklaration ernst nahm und den Juden durch Übertragung von Besitzrechten die Grundlage für eine »nationale Heimstätte« schuf, änderte Benedikt XV. seinen Sinn. Er schwenkte auf die Seite der palästinensischen Araber, die sich schon damals durch die judenfreundlichen Manöver der britischen Mandatsverwaltung um ihr angestammtes Erbe betrogen fühlten. Rücksichten auf die in anderen arabischen Ländern lebenden Katholiken mögen dabei mitgespielt haben. 1921, in seinem letzten Lebensjahr, war Benedikt XV. zu der Überzeugung gelangt, der Zionismus schmälere die Rechte der Christen im Heiligen Land, verursache blutige Unruhen und sei sogar im Vergleich zur vormaligen Türkenherrschaft über Palästina das weit schlimmere Übel. Dreißig Jahre später gab es den Staat Israel. Weitere fünfundzwanzig Jahre später empfing Paul VI. Golda Meir. Was sich nicht geändert hatte, war die fixe Idee des Heiligen Stuhles, die Ansprüche des Christentums auf Palästina hätten einen moralischen Wert, der dem Recht der Juden auf das »Land Israel« überlegen sei. Unter solchen Voraussetzungen brachte Paul VI. vor dem israelischen Premier die Sprache auf Jerusalem.

Beide nannten dieselbe Stadt und meinten etwas gänzlich Verschiedenes. Metropole des Staates Israel bedeutet etwas anderes als »die Stadt des Landes Israel«. Nur aus der irrationalen Überhöhung, die der Begriff Jerusalem seit dreitausend Jahren im Bewußtsein der Juden erfährt, läßt sich begreifen, warum in allen Friedensgesprächen seit dem Sechs-Tage-Krieg der Vollbesitz der Stadt Jerusalem von Israel zur Bedingung für jeden Verhandlungsbeginn erklärt wurde. Christen und Mohammedaner mögen an einzelnen Stätten ihren religiösen Erinnerungen nachhängen – die Bindung der Juden gilt der Stadt im ganzen und jedem ihrer Steine. Dennoch hat der Papst gegenüber dem israelischen Premier versucht, Jerusalem erneut zur Frage zu machen. Auch bei Paul VI. waren die Gründe nicht nur sachlich. Sie hatten sich vermischt mit seinem eigenen Jerusalem-Erlebnis im Januar 1964.

Die damalige Reise des Papstes ins Heilige Land war als Pilgerfahrt angekündigt worden. Damit wollte der Vatikan zu verstehen geben, der Heilige Vater breche ausschließlich zu religiösen Zielen auf. Aber in einem weltumspannenden Organismus wie der katholischen Kirche war es kaum denkbar, daß der Träger ihrer höchsten geistlichen Rechtsgewalt den Boden zweier im Kriege liegender Staaten betrat, ohne politische Konsequenzen einzurechnen. Die erste zeigte sich sogleich. Dem gequälten Boden Palästinas wurden drei Tage ungewohnten Friedens zuteil – Israel und Jordanien öffneten vor dem päpstlichen Pilger ihre waffenstarrenden Grenzen. Die zweite Konsequenz ließ sich vorbereiten. Die Anwesenheit des Papstes konnte zur Basis für eine konkrete Vermittlerposition des Heiligen Stuhles im Nahen Osten werden. Von deren Nützlichkeit mußten allerdings nicht nur die direkten Partner überzeugt werden, sondern auch die in der arabischen Welt engagierte Sowjetunion. Dies setzte eine behutsame Wendung der vatikanischen Rußlandpolitik voraus, die ihrerseits nur auf dem Wege über die Orthodoxie einzuleiten war. Die Begegnung mit dem neutralen Athenagoras konnte, als unausgesprochene Nebenwirkung, die Tür nach dem Osten noch ein wenig weiter öffnen. Die arabischen Länder, die im Papste vielfach den Verbündeten der Vereinigten Staaten und der kapitalistischen Welt sahen, konnten somit veranlaßt werden, von dem überlebten Vorurteil abzurücken. Schließlich wollte Paul VI. am Schnittpunkt dreier Religionen durch die Kundgabe seines tiefen Respekts vor dem mosaischen Glauben und dem Islam historische Feindseligkeiten entschärfen und eine neue Toleranz der katholischen Kirche demonstrieren. Dadurch konnte das Ansehen des Heiligen Stuhles innerhalb der Vereinten Nationen die lang ersehnte Aufwertung erfahren. Im ganzen genommen umschloß diese erste Reise des Papstes innerhalb des paulinischen Pontifikates den Augenblick größter Hoffnungen.

Bestimmender aber als alle kirchenpolitischen Hypothesen scheint für Paul VI. der religiöse Eindruck gewesen zu sein, den er aus dem Lande empfing. Palästina besitzt die rätselhafte Eigenschaft, keinen Menschen ganz gleichgültig zu lassen. Ob man den Inhalt der Bibel für Legende oder Offenbarung hält, dort wird er als reales Geschehen vorstellbar. Es sind noch immer dieselben Hügel und Täler, die einst dem Abraham und seinen Kindern verheißen worden waren. Es ist die gleiche Erde, über die die Propheten geweissagt haben. Heute noch ziehen die Beduinen wie Patriarchen durch die Wüste, vorbei an den Ruinen römischer Macht, Mohammeds fundamentalen Spruch rezitierend, daß keine Macht ist außer der Macht des einen Gottes. Der Papst sah die Berge, aus denen Johannes der Täufer kam, den Fluß, mit dessen Wasser Jesus von Nazareth getauft worden war. Und er folgte dem gleichen Weg, den Jesus eingeschlagen hatte »hinauf nach Jerusalem«.

Paul VI. kam vom Jordan her, über Bethanien. An der Ölbergsenke, wo das Gelände den Blick auf die Stadt freigibt, hielt er inne. Es war der Punkt, von dem aus im Jahre 70 nach Christus der Römer Titus die Zerstörung Jerusalems begonnen hatte, die von Jesus vorausgesagt worden war. Von hier aus hatte ein halbes Jahrtausend später der Kalif Omar zum Sturm auf die Stadt angesetzt. Die Kreuzritter und der große Saladin, die Heiligen Franziskus von Assisi und Ignatius von Loyola hatten vor diesem Panorama gestanden. Aber seit Petrus nie mehr ein Papst.

Was Paul VI. nicht gesehen hat, weil eine hohe Mauer den Blick versperrte, waren Tausende von geschändeten jüdischen Gräbern, die den unteren Ölberg-Abhang bis hinunter zum Kidron-Bach bedeckten. Seit Beginn des israelisch-arabischen Krieges war auf jordanischer Seite den verstorbenen Juden das Recht verwehrt worden, dem Jüngsten Tage am Ort seines Geschehens entgegenzuharren. Dies sollte allein den Moslems vorbehalten sein, die aus dem gleichen Grund am jenseitigen Hang bestattet waren. Das religiöse Element in der Auseinandersetzung, von westlichen Beobachtern so geflissentlich geleugnet, war hier durch den Haß bloßgelegt.

Bei der Auffahrt zur Stadt wies man dem Papst die runde Kuppel der Omar-Moschee. Sie bedeckt den rohen Felsen, von dem aus Mohammed in den Himmel entrückt worden war, um den Koran zu empfangen. Sechzehn Jahrhunderte vor dem Propheten war über dem gleichen Felsen das Allerheiligste des salomonischen Tempels errichtet worden – der Stein ist noch heute unbehauen wie vor dreitausend Jahren. Jesus von Nazareth hatte in den Hallen des Tempels mit den Schriftgelehrten diskutiert, Jahr für Jahr sein Opfer gebracht und einmal die Händler aus den Vorhöfen vertrieben. Drei Religionen stießen an diesem Platz zusammen. Immer noch beten sie zu demselben einen Gott. Es gibt keinen Ort auf der Welt, an dem das Problem und die Größe des Monotheismus vergleichbare Eindringlichkeit erreichen.

Paul VI. war mutig genug, die Chance zu nützen, die der Ort ihm bot. Im Unterschied zu manchem seiner Vorgänger betonte er die Hochachtung, die er – gleich der sich erneuernden Kirche – gegenüber den »Nachbarn des Christentums« hege. Zum ersten Mal in der katholischen Geschichte ließ ein Papst erkennen, daß er den Ein-Gott-Glauben nicht nur dann als einigend empfand, wenn der »Gott Abrahams« in Gefahr geriet, gestürzt zu werden. Damit waren sehr alte Schwierigkeiten in eine neue Perspektive gerückt.

Der eine Gott, um den es immer noch geht, trägt in der Religion der Juden den Namen Jahwe, der ob seiner immensen Erhabenheit nur bei besonderen Anlässen ausgesprochen werden darf. Unter den ehrfürchtigen Umschreibungen der Juden gibt es das Wort »EL«, verwandelt in den Majestäts-Plural »Elohim«, das ist

»Gottheit der Götter«. »Eli, Eli«, hatte Jesus am Kreuze gerufen bei dem Wort: Mein Gott, warum hast du mich verlassen. Verwandt zu diesem Eli ist das Urwort der Mohammedaner: »al-llah«, der Name für den alten Gott der Kaaba zu Mekka. Das verbreitetste Gebet des Judentums lautet: »Höre Israel, der Herr unser Gott ist ein einiger Gott.« Im gleichen Sinne betet der Islam: »Gott ist Gott, und es ist kein Gott außer ihm.« Ewig wie dieser Gott ist für beide Religionen sein Gesetz. Auch Jesus sagte: »Eher werden Himmel und Erde vergehen, als daß auch nur ein Jota vom Gesetz vergeht, bevor nicht alles geschehen ist.« Gemeinsamkeiten, jahrhundertelang Tabu, rückten plötzlich wieder ins Bewußtsein der Welt. Man besann sich, daß Jerusalem etwas anderes ist als nur ein Kriegsschauplatz. Der Eindruck war unbegründet, aber spürbar – es schien, als würden die drei Religionen für einen Augenblick gewahr, ihre alten Feindschaften könnten etwas Vorläufiges sein.

Der Papst erfaßte die Vielschichtigkeit seiner Situation im Heiligen Lande sehr genau. Seine Grußformel an die Monotheisten hatte er lange bedacht. Sie durfte die Orthodoxie nicht erschrekken, die Rabbiner nicht verletzen, die Mullahs nicht verstören. Das Wort, das er schließlich fand, kennzeichnet den Mann, der es sagte, noch über die Stunde hinaus, in der es gesprochen wurde.

Judentum, Islam und Christentum stimmen in der Auffassung überein, der Mensch auf Erden könne nicht aus eigener Kraft zur Erfüllung seines Wesens gelangen. Ohne Offenbarung und ohne die Furcht Gottes bliebe dem Menschen nur die Natur, die zu unbarmherzig ist, um sittliches Verhalten und ethisches Bewußtsein hervorzurufen. Der allgegenwärtige und allwissende Gott ist als Leitstern des Lebens unerläßlich. Von ihm allein empfängt der Mensch die Gewißheit, in einer väterlichen Macht geborgen zu sein, die ihn zwar nicht vor seinen Untaten, aber vor deren bösen Ursprung in Schutz nimmt. In allen drei Religionen wird am Ende der Zeiten das Buch der Rechenschaft aufgeschlagen, Voraussetzung für die endgültige Gestalt der Welt, auf die alles irdische Geschehen zustrebt. Der Weg dorthin bleibt jedoch unsicher durch die Trübung der Erkenntnis, die Sünde und Zeit verschuldet haben. Um dem Menschen den Blick auf den Sinn seiner Bestimmung zu klären, mußte Gott selbst erbarmend eingreifen – durch die Offenbarung des Gesetzes, das seinen Willen enthält. Wie alles Göttliche entbehrt die Offenbarung begreifbarer Gründe, denn Gott erklärt nicht, er verlangt Glauben. Im jüdischen, christlichen und islamischen Gesetz ist die Familie heilig, das Alter der Ehre und der Fürsorge wert, haben Kinder und Schwache ein Recht auf liebevolle Hilfe. Doch trägt in den monotheistischen Religionen die gute Tat ihren Sinn nicht in sich selbst. Denn es ist Gott, der in der guten Tat durch die Erfüllung seines Willens gepriesen wird. Auch das Leiden, das dem Menschen zugemessen ist, verliert durch Gott seine Ungerechtigkeit. Gott verhängt es nach einem geheimnisvollen Plan, dem der Mensch sich vertrauensvoll fügt, ohne nach dem Warum zu fragen. Aus solcher kompromißlosen Bindung an Gott schöpft der Mensch die Kraft, Freude zu empfinden ohne äußeren Anlaß und getröstet zu sein, wenn er sich selbst nicht mehr helfen kann. Die Erkenntnis so tiefer Gemeinsamkeit hatte Mohammed zu seinem berühmten Wort an die »Schriftleute« veranlaßt (Koran III, 57): »Kommt her zu einer billigen Verständigung zwischen uns und euch, daß wir nur Gott verehren.« Die Antwort Pauls VI. lautete: »Mit verehrungsvollem Gruß wenden Wir uns allen zu, die den Glauben an den einen Gott bekennen und mit Uns ihren Gottesdienst dem einen und wahren Gott darbringen.« Das Wichtigste an diesem Satz ist das Wort »mit Uns«. Der Papst differenzierte dabei nicht zwischen mosaischem Glauben und Islam. Doch lag die Frage nahe, welche der beiden Seiten denn in der Tat die geringeren Schwierigkeiten hat »mit Uns« ihren Gottesdienst darzubringen.

Zwischen dem mosaischen Glauben und dem Christentum steht der Messiasbegriff. Christus als Messias, eine Glaubenswahrheit der Kirche, war für die Juden niemals akzeptabel – ebensowenig wie die Annektierung ihrer heiligen Schriften als »Altes Testament«. Es blieb für sie eine unerhörte Blasphemie, daß ihr Messias, um dessen verborgener Ankunft willen sie die Einheit von Volk und Land Israel so beharrlich gesucht hatten, im katholischen Glauben halb eine historische Figur, halb ein König am Ende der Zeit sein sollte, und überdies noch der Sohn Gottes und die zweite Person der Dreifaltigkeit. Längst war man geneigt, solche Lästerung weniger dem Menschen Jesus anzulasten als der römischen Kirche. Sie hatte sich stets angemaßt, die legitime Erbin der jüdischen Heilslehre zu sein, da doch angeblich die Juden selbst ihr Recht darauf verwirkt hatten – durch die Zurückweisung des Messias und den damit verbundenen Verrat am eigenen Glauben. Noch in der Konzilsperiode, die der Reise Pauls VI. unmittelbar vorangegangen war, war es in Kommissionen und Plenarsitzungen des Zweiten Vatikanum zu heftigen Debatten über die sogenannte »Judenerklärung« gekommen. Zwar hatte Kardinal Bea mit gewohntem Freimut gefragt: »Wo auf der Welt gibt es sonst noch ein Volk, dem wir heute insgesamt zum Vorwurf machen, was einige seiner Vorfahren vor neunzehnhundert Jahren verübt haben?« Aber es war noch keineswegs sicher, ob die Anhänger des Kardinals ausreichen würden, das verhärtete Urteil über die Juden, »Gottesmörder« zu sein, aus der katholischen Theologie zu streichen. Stets war es Rom gewesen, das die Juden der überzeitlichen Kollektivschuld am Tode Jesu geziehen hatte. Die wirkungsvollste Gegenanklage kam erst 1973 durch Golda Meirs Wort vom »Mann des Kreuzes«. Zehn Jahre zuvor, im Heiligen Lande, hat Paul VI. noch an die Möglichkeit geglaubt, es könne zwischen den Anhängern des mosaischen Gesetzes und der katholischen Kirche eine Art »Mit-uns-Bewußtsein« entstehen. In der gleichen Hoffnung handelte auch das Konzil durch die Definition der heilsgeschichtlichen Bindung von Kirche und Judentum. Damit jedoch erlosch die Aktion. Die Juden in aller Welt äußerten freudlose Befriedigung. Israel nahm zur Kenntnis, ohne zu antworten. Paul VI. mußte sich mit einem Schweigen abfinden, das berechtigt, aber nicht versöhnlich war.

Ganz anders stellte sich dem Papst die Beziehung zwischen Kirche und Islam dar. In einem sehr alten Text steht über Mohammed zu lesen, im Traum sei ihm der Erzengel Gabriel erschienen, ein weißgeflügeltes Pferd am Zügel haltend. »Fahre mit mir, sagte Gabriel, und Großes sollen deine Augen sehen. Und Mohammed fuhr auf dem Roß bis zur Klagemauer von Jerusalem – und er fand den Tempel offen und er trat ein und die Geister von Abraham, Moses und Jesus kamen auf ihn zu, um ihn zu begrüßen und mit ihm zu beten.« Abraham, Moses und Jesus – für die Mohammedaner drei Propheten, die den »rechten Weg zu leben« wiesen. Sie erschienen in Abständen unter den Menschen, je nach dem Grad, den deren Rückfälligkeit in Sünde und Unglauben erreicht hatte. Abraham hat zuerst die Botschaft von der Existenz des einen Gottes verkündet. Sein Verdienst ist es, daß das Bewußtsein von Gott in der Menschheit seither nicht mehr ganz verlorenging. Moses erkannte die Bindung des Menschen an Gottes Gesetz. Seine Nachfolger jedoch schränkten die Geltung des Gesetzes auf das jüdische Volk ein und schlossen die übrige Menschheit davon aus. Den Fehler auszumerzen, erschien Jesus. Seine Anhänger trugen den Glauben in die ganze Welt, verfielen aber dabei dem Irrtum, Jesus selber als Gott anzubeten. So bedurfte es eines weiteren, letzten Propheten, der künftige Entstellungen des Glaubens verhinderte – Mohammed. Er wußte, daß zur Verwirklichung seines Zieles die Enddefinition des Gesetzes und deren Verkündigung nicht ausreichte. Die Menschheit verlangte nach einem Beispiel, einem Vorbild und einem Weg. Das Beispiel gab Mohammed selbst. Sein Schwiegersohn erzählt: »Wenn es mich hungerte, so verscheuchte ein einziger Blick auf dieses Gesicht meinen Hunger. Und gleich mir vergaßen viele ihren Kummer und ihre Sorgen vor diesem Antlitz.« Das Vorbild war die kleine Gemeinschaft, die Mohammed um sich scharte. Da Gott verheißen hatte, sie selber zu leiten und zu schützen, lebte sie durch die Erfüllung des Gesetzes in vollkommener Harmonie mit den Prinzipien der Schöpfung. Der Weg endlich war der Islam – die Gesellschaft, die sich um das Vorbild herum kristallisierte und die geoffenbarte Wahrheit praktisch verkörperte. Die Aufgabe des Islams mußte sein, die Menschheit im ganzen zu umfassen und ihre Übereinstimmung mit dem Willen Gottes herbeizuführen.

Zum Judentum stand der Islam von Anfang an im Gegensatz durch dessen »Auserwähltheit«. Das Christentum dagegen war eine reale Konkurrenz durch den Anspruch auf Universalität. Wägt man die Auseinandersetzungen christlicher und islamischer Reiche in der spanischen Reconquista, in den Kreuzzügen und den Türkenkriegen nach dem religiösen Engagement, so sinkt die Schale fraglos zugunsten des Halbmonds. Aus der religiösen Substanz der islamischen Gesellschaft erklärt sich aber auch die fast unbegreifliche Toleranz, die in mohammedanischen Gebieten den unterworfenen Christen gewährt wurde. Man hatte einen gemeinsamen Besitz – den Sohn Mariens, Jesus von Nazareth.

Dreimal spricht Allah im Koran das Schöpfungswort »es werde!« – einmal bei der Erschaffung der Welt, zum andern beim Lebenseintritt Adams und endlich bei der Geburt Jesu. »Der Messias Jesus ist der Gesandte Allahs, ist Allahs Wort, das er in Maria legte, und Geist von ihm« (Koran IV, 169). Heute noch wallfahren im Norden von Pakistan fromme Moslems zum Grabe Jesu. Sie glauben, er habe sich nach den Ereignissen von Jerusalem ostwärts gewendet und sei am Südrand des Himalaya hochbetagt gestorben. Der Großmogul Akbar ließ am Siegestor seiner märchenhaften Residenzstadt Fatehpur Sikri in Nordwest-Indien eine Inschrift anbringen, die mit den Worten beginnt: »Jesus, mit dem Friede sei«. Nirgends im Islam taucht eine Spur des Erlöser-Gedankens auf, den das Christentum mit Jesus verbindet. Aber Jesus ist im Islam präsent, und seine Botschaft ist der eine Gott.

Der Kreuzestod Jesu wird vom Koran bestritten. Für den Christen ist er Wahrheit, für den Jerusalem-Pilger handgreifliche Realität. In Jerusalem versteht man, warum Jesus in der Via dolorosa zusammenbrach. Die Gasse biegt so unvermittelt in den Bazar ein, daß das lange Kreuz sich in der engen Kurve sperren mußte. Man begreift, daß Golgotha aus Abschreckungsgründen zur Hinrichtungsstätte gemacht wurde. Der schädelförmige Felsen lag damals unmittelbar vor dem Westtor, an der stets belebten Straße zum Meer. Man sieht ein, warum die Jünger den toten Jesus in einem leerstehenden Grab beisetzten, das keine dreißig

Schritt entfernt war. Am Rüsttag der Juden war ihnen durch Gesetz verboten, einen längeren Weg zurückzulegen. Golgotha und Bestattungsstelle werden seit Jahrhunderten von dem verrotteten Gebäudekomplex umfaßt, der den Namen Grabeskirche trägt. Dort feierte am Abend seines Ankunftstages der Papst die Messe.

Er war die Via dolorosa heraufgekommen, zu Fuß, eingezwängt in eine tausendköpfige Menge. Der arabische Militärkordon konnte ihm keinen Meter Platz verschaffen. Niemals in seinem Leben hatte der stets auf körperliche Distanz bedachte Paul VI. das Gewicht von Menschen, ihre Leiber und ihren Geruch so hautnah verspüren müssen. Tausende Kilometer von seinem Thron entfernt, tat der apostolische Souverän vor aller Augen Buße. Er wußte wohl, daß er den gleichen Weg beschritt, auf dem Jesus sein Kreuz bergan geschleppt hatte. Während der Messe in der Grabeskirche fingen zwei Kabel Feuer. Über das Holzgebälk, das die berstende Kuppel stützt, züngelten die Flammen. Ein beherzter Mann riß einem arabischen Legionär das Tuch vom Kopf, kletterte die Verstrebungen hinauf und erstickte den Brand. Das Licht ging aus. Nur zehn große Kerzen brannten weiter – vielleicht eine Wohltat für den erschöpften, noch am Altar bedrängten Papst, in dessen Antlitz sich Schweiß und Tränen mischten. Paul VI. sagte: »Stellen Wir sie uns vor Augen, die Sünden, die Wir begangen haben, dazu die Unserer Väter, die der Geschichte, die unseres Zeitalters, die der Welt, in der Wir leben.« In seiner Sprache hieß das: Es ist Sache des Papstes, sich mit der Schuld der Welt zu beladen und sie vor dem Erlöser zu bekennen. Glauben und Realität waren in jener Abendmesse von Jerusalem für den Papst zur Einheit geworden.

Wenig später kniete er auf Golgotha – dreimal. Zuerst in der lateinischen Hälfte der Kapelle, vor dem Altar des liegenden Kreuzes, an das Jesus genagelt worden war. Dann vor dem Altar des hochgerichteten Kreuzes, an dem das Erlösungswerk seine Vollendung fand, in der griechischen Hälfte der Kapelle. Schließlich auf dem marmornen Grenzstein, der den griechischen und den lateinischen Anteil an der Kapelle voneinander trennt und niemand gehört. Kein Bauwerk auf der Welt bietet der Christenheit die Frucht der Zwietracht unverhüllter dar als die Grabeskirche. Griechen, Lateiner, Armenier, Jakobiten, Kopten und Äthiopier teilen sich in die sakralen Räume. Alle außer den Lateinern sind gespalten – ein Teil erkennt den Papst an, einem größeren verursacht Rom mehr Widerwillen als Juden und Araber zusammen. Hinzu kommen die Russen, auch sie geteilt. Eine kleine russische Kommunität betet noch immer für den Zaren, die zahlreichere folgt dem Patriarchen von Moskau. Das Gestrüpp der Rechtsverhältnisse verbietet jede Veränderung. Vor den Augen aller christlichen Bekenntnisse sinkt die Grabeskirche immer mehr in Trümmer, notdürftig geflickt und gestützt, ohne daß auch nur ein Bild von der Wand genommen werden dürfte. Im Verlaufe der Jahrhunderte gab es hier manchen Märtyrer, der sein Blut vergoß, um den Vortritt eines fremden vor dem eigenen Patriarchen zu verhindern. Paul VI. hat das Grabhaus seines Meisters betreten und eine Ruine vorgefunden, die nicht von Armut, sondern von Verhärtung geschaffen worden war.

Absurderweise befand sich der Papst dabei in einem Gebäude, das den Steinen nach nicht den Christen, sondern den Mohammedanern gehört. Nachdem der Sultan Saladin Jerusalem den Kreuzrittern unter voller Wahrung ihrer Ehre wieder abgenommen hatte, verfügte er in Kenntnis innerchristlicher Zwiste über die Grabeskirche: Sie solle nur einen einzigen Eingang haben, der von zwei islamischen Familien zu bewachen, des Morgens zu öffnen und des Abends zu versperren sei. Dabei ist es bis heute geblieben. Daß Paul VI. seine Messe über die Schließungszeit ausdehnen konnte, verdankte er dem Entgegenkommen der Mohammedaner.

Erst in Jerusalem ist das Problem der heiligen Stätten für Paul VI. zum persönlichen Erlebnis geworden. Wie ein profanes Abbild der christlichen Zerrissenheit empfand er die Kriegsdrohung über der geteilten Stadt. Militärposten auf den Dächern, Stacheldraht an der Demarkationslinie, drohend aufgefahrene Panzer – selbst wenn man den Frieden erzwingen konnte, würden die heiligen Stätten keinen Teil daran haben. Den Juden würde ihr Anrecht auf das Gebet an der Klagemauer auch weiterhin verwehrt bleiben, denn sie lag auf jordanischer Seite. Die Christen würden auch künftig auf den Besuch des Abendmahlssaales verzichten müssen, denn er gehörte zu Israel. Die Mohammedaner würden den Christen den Zutritt zur Omar-Moschee gestatten, nicht aber den Juden, die dort den Felsen Jehowas suchten. Nur eine Internationalisierung aller Heiligtümer der drei monotheistischen Religionen versprach Erleichterung. Sie war von nun an ein vordringliches Anliegen des Heiligen Stuhles.

Der Papst konnte damals nicht mit den Veränderungen rechnen, die der Sechs-Tage-Krieg brachte. Zum ersten Mal seit 1900 Jahren erstand Jerusalem wieder als die Hauptstadt des jüdischen Volkes. Die heiligen Stätten befanden sich in den Händen der Säkularmacht Israel, in der Christus und Mohammed Namen für Privatentscheidungen waren. Die nicht gebannte Kriegsgefahr bot Grund genug, Menschen, die als Pilger kamen, durch eine diskrete und wohldurchdachte Organisation von Fremdenführern überwachen zu lassen. Jeder Besuch der heiligen Stätten war vorprogrammiert – vor allem in seiner Zeitdauer. Die Omar-Moschee, die man den Moslems mit Rücksicht auf die arabische Minderheit gelassen hatte, wurde für Ausländer gesperrt. Jedermann sollte verstehen, daß der Staat Israel über die heiligen Stätten verfügte, wie es seine Sicherheit erforderte – und wie es seinem Stolz entsprach.

Paul VI. war vorsichtig genug gewesen, bei der Begegnung mit Golda Meir das Wort »Internationalisierung« zu vermeiden. Statt dessen hatte er von einem internationalen Status der heiligen Stätten gesprochen. Obwohl das Konzept inzwischen absurd geworden war, bestand der Papst weiterhin auf der These, man müsse den drei monotheistischen Religionen gleiche Rechte auf Jerusalem einräumen, ohne einer von ihnen den Vorrang zu lassen. In israelischen Zeitungen wurden die Ambitionen des Papstes nicht ohne Ironie interpretiert. Wahrscheinlich wolle Paul VI. das Religionsproblem in Israel gänzlich in die Kompetenz des Heiligen Stuhles übernehmen, da dieser Souveränität besitze und über jedes politische Engagement erhaben sei. Tatsächlich aber war Paul VI. durch das Gespräch mit dem israelischen Premier zu einer schmerzlichen Überzeugung gelangt. Solange Israel besteht, wird Jerusalem »die Stadt« des jüdischen Volkes bleiben, nicht nur wie früher im idealen, sondern nunmehr auch im materiellen Sinn. Kompromisse zu erhoffen, war sinnlos. Jesus von Nazareth wird künftig in Jerusalem toleriert werden. Aber weder seine Anhänger auf christlicher noch seine Verehrer auf islamischer Seite werden das Recht besitzen, in Jerusalem Bürger zu sein. Der Papst konnte diesen Tatbestand nicht bestreiten. Doch sah er darin eine Ungerechtigkeit, die hinzunehmen ihm unmöglich war. Seine erste Antwort war die ominöse Verbalnote nach der Golda-Meir-Audienz gewesen. Der Vatikan hatte sie vorsorglich vorbereitet, weil man die Härte Israels in der Jerusalemfrage zu Recht befürchtete. Die zweite Antwort Pauls VI. kam drei Monate später.

Im Vatikan erschien Seine Heiligkeit Amba Shenouda III., Oberhaupt der koptischen Kirche. Er repräsentiert zweiundzwanzig Millionen orthodoxer Kopten in Afrika, davon sechs Millionen in Ägypten. Das Gefolge des »Papstes von Alexandria« war pompös – die koptischen Bischöfe von Jerusalem, Aboutig, Assiut, Fayoum, dazu vier Metropoliten aus Äthiopien und ein Bischof aus Libyen. Als Vertreter der koptischen Laienschaft trat Ibrahim Naguib auf, Mitglied des Zentralkomitees der Sozialistischen Einheitspartei Ägyptens. Der Besuch war mit unpolitischen Gründen wohl versehen. In das Jahr 1973 fiel der sechzehnhundertste Todestag des heiligen Athanasius, der als Bischof von Alexandria fünfmal in die Verbannung gehen mußte und ob seiner Unbeugsamkeit in Glaubensfragen später zum Kirchenvater erhoben wurde. Kurz nach dem Tode des Athanasius war der Priester Eutyches zu einer neuen Interpretation über die Natur Christi gelangt. Er lehrte, Christus könne als wahrer Gott und wahrer Mensch nur eine Natur haben – nämlich die göttliche, in der die menschliche notwendig aufgegangen sein müsse. Die Väter des vierten ökumenischen Konzils in Chalkedon 451 faßten ihren Protest gegen

Eutyches in dem Dogma zusammen, Christus habe unvermischt die menschliche und die göttliche Natur, die sich beide in einer Person vereinigen. Die Anhänger des Eutyches sonderten sich daraufhin von der katholischen Kirche ab und nannten sich fortan Kopten. Der Besuch des koptischen Oberhauptes im Vatikan hob eine mehr als fünfzehnhundertjährige Trennung auf. Paul VI. machte dem Amba Shenouda ein Silberreliquiar zum Geschenk, das einen Finger des heiligen Athanasius enthält. Man umarmte sich, betete gemeinsam und gab schließlich ein Kommuniqué heraus. Beide Kirchen verpflichteten sich, einander in Zukunft keine Gläubigen mehr abzuwerben. Theologische Probleme sollten von einer gemischten Kommission bearbeitet und beseitigt werden. Zur Lage im Vorderen Orient führten beide Kirchen Klage gegen jeden böswilligen Gebrauch von religiösen Argumenten und erhofften für das unruhige Gebiet einen wahren Frieden in Gerechtigkeit. Besondere Anteilnahme wandten Paul VI. und Shenouda III. den Tausenden von Leidenden und Obdachlosen des palästinensischen Volkes zu. Die Formulierung ließ keinen Zweifel über die Parteinahme der beiden Kirchenoberhäupter auf der arabischen Seite.

Abgesehen von ihrem prinzipiellen Charakter hatte die Versöhnung der Kopten mit Rom auch noch einen aktuellen Grund. In Ägypten war wenige Monate zuvor an alle Vorsteher mohammedanischer Gemeinden ein Pamphlet verteilt worden, das die Kopten der Subversion gegen den Staat beschuldigte. Shenouda habe an achtundzwanzig Bischöfe seiner Kirche die Geheimorder ausgegeben, die Geburtenzahl koptischer Kinder durch Manipulation in Hospitälern und Ambulatorien statistisch zu erhöhen. Dadurch solle der politische Einfluß der koptischen Religionsminderheit auf das Gesamtgefüge Ägyptens zum Schaden des Islams gesteigert werden. Sei erst einmal die Parität der Bevölkerungszahl erreicht, so würden Schlüsselpositionen in Staat, Wirtschaft und Armee in bedeutender Zahl den Kopten zufallen müssen. Im Laufe von zwölf bis fünfzehn Jahren werde auf diese Weise Ägypten aus dem Verband der islamischen Länder ausscheiden.

Es sei einleuchtend, daß ein solcher Plan nur durch ein geheimes Bündnis der Kopten mit Israel ausgeheckt werden konnte.

Ägyptens Regierung setzte einen parlamentarischen Untersuchungsausschuß ein, dessen Ergebnisse geheim blieben. Sicherlich konnte der Staatschef Sadat nichts weniger wünschen als eine innerägyptische Religionskrise. Dennoch kam es bald zu Repressalien gegen die Kopten. Eine Kirche in der Umgebung Kairos wurde von Moslems gestürmt und zerstört. Ein Professor in Alexandria, der Kopte geworden war, verlor mit einem Schlag seine Schüler. In der Nähe von Luxor gab die Heirat eines Moslems mit einem koptischen Mädchen Anlaß zu schweren Ausschreitungen auf beiden Seiten. Im oberen Niltal, wo die Kopten zahlreich sind, wurde die erforderliche Staatsgenehmigung zum Kirchenbau kaum mehr erteilt – was die Kopten veranlaßte, neue Kirchen in einer Nacht unter Dach zu bringen, um die Behörden vor vollendete Tatsachen zu stellen. Am wirkungsvollsten konnten sich die Kopten im Gesundheitswesen zur Wehr setzen; denn fünfzig Prozent der ägyptischen Apotheker und fast ebenso viele Ärzte sind koptische Christen.

Kenner des Problems führten das Ansteigen des islamischen Ressentiments gegen die Kopten weitgehend auf den Einfluß des libyschen Staatschefs Gaddafi zurück. Sein Projekt der libysch-ägyptischen Union beruhte nicht nur auf politischen Überlegungen, sondern noch weit mehr auf religiösen Gründen. Gaddafi war ein kompromißloser Moslem und schien für die Erneuerung der arabischen Welt kein anderes Mittel anzuerkennen als die Rückkehr zum militanten Islam. Man vermutete mit Grund, daß er auch die Gespräche zwischen dem obersten Moslemrat Ägyptens und dem Heiligen Stuhl hintertrieben hat. Während noch 1970 eine Delegation des besagten Rates in Rom verheißungsvolle Verhandlungen mit dem Kardinal Marella führte, wurde 1971 Marellas Besuch in Ägypten von dort infolge fühlbar verschlechterter Beziehungen abgesagt. Gaddafi und Sadat waren zweifellos gemeinsam daran interessiert, die Vereinigung der koptischen mit der römischen Kirche zu verhindern. Daß sie durch Shenoudas

Besuch im Vatikan trotzdem der Verwirklichung näherrückte, konnte als eine antiarabische Geste Roms interpretiert werden. In Wirklichkeit lag der Fall jedoch anders. Shenouda hat am Ende seines römischen Aufenthalts den Papst nach Ägypten eingeladen. Das Erscheinen des Oberhauptes der römischen Kirche auf ägyptischem Boden würde von aller Welt als Bekenntnis des Papstes zur arabischen Sache aufgefaßt werden. Damit hätte Shenouda seiner Regierung einen politischen Dienst ersten Ranges erwiesen und sie gleichzeitig moralisch gezwungen, die Repression der koptischen Kirche einzustellen.

Paul VI. äußerte über die Einladung große Freude. Hier war ein neues Feld der Friedensvermittlung gegeben. Daß die Versöhnung eines islamischen Staates mit einer christlichen Kirche gleichzeitig die arabische Position in der Palästina-Frage stützen konnte, erhöhte den Reiz. Paul VI. sagte nicht ausdrücklich zu, gab aber dem koptischen Patriarchen die Worte auf den Weg: »Wollen Eure Heiligkeit den Gläubigen Eurer Kirche Unsere guten Wünsche überbringen und nicht weniger dem Volk Ihres Landes, das Wir so sehr lieben. Welch großer Vorzug wäre es für Uns, sollte es jemals möglich sein, diesem Volk persönlich zu begegnen.« Wie üblich hat der offizielle Sprecher des Vatikans zur Vermeidung von Spekulationen die päpstliche Äußerung heruntergespielt. Der Papst erwäge die Möglichkeit einer Ägyptenreise zusammen mit vielen anderen Einladungen, die er von verschiedenen Ländern erhalten hat.

Der Papst in Ägypten – der Gedanke allein war fast so viel wert wie seine Realisierung. Die spontane Sympathie, die Paul VI. für das ägyptische Volk gezeigt hatte, mußte sein Verhältnis zu Israel weiter belasten. Der hohe ägyptische Parteifunktionär in Shenoudas Gefolge konnte seinem Staatschef von einer großen Neigung des Papstes berichten, das Nah-Ost-Problem aus der arabischen Perspektive zu sehen. Die einseitige Stellungnahme Pauls VI. hatte ihren pragmatischen Grund zweifellos in der großen Zahl katholischer Kommunitäten und Institutionen innerhalb der arabischen Welt. Diesen konnte durch ein einziges proisraelisches Zugeständnis des Vatikans ein Schaden erwachsen, der durch die katholischen Interessen in Israel nicht aufgewogen würde. Ferner war Paul VI. zu der Überzeugung gelangt, das Problem der heiligen Stätten sei nur mit den Arabern auszuhandeln. Denn während Israel an seiner starren Haltung festhielt, würde die arabische Welt eine politische Hilfestellung des Vatikans hoch genug einschätzen, um bei den heiligen Stätten die gewünschte Nachgiebigkeit zu zeigen und im übrigen das katholische Leben innerhalb ihrer Staaten künftig nicht mehr anzutasten. Schließlich sprach auch der religiöse Aspekt des Nah-Ost-Problems für eine Begünstigung der Araber durch den Vatikan. Denn nicht der ganze Islam stand zu Gaddafis Fanatismus – trotz dessen außerordentlicher, aus dem Ölgeschäft resultierender Geldmittel. Immer noch war der größere Teil der islamischen Welt realistisch genug, zwar nicht das Christentum, wohl aber den Vatikan als ›Nachbarn‹ anzuerkennen. Weder von Israel als Staat noch vom Judentum als Religionsgemeinschaft stand Vergleichbares zu erwarten.

Der Stern von Bethlehem und der Halbmond standen einander näher als der Davidstern und das Kreuz. Diese heikle Wahrheit hatte auch das Zweite Vatikanische Konzil erkannt. Die Väter waren recht stolz darauf gewesen, das Problem überhaupt beim Namen zu nennen. Einer Definition, die nicht nur die Gemeinsamkeiten, sondern auch die Unterschiede berücksichtigte, wich man vorsorglich aus. Immerhin war der Gottesbegriff des Islams anerkannt worden – wer konnte verlangen, daß man auch noch auf die Lehre des Propheten einging? Den Juden hatte man die gemeinsame alttestamentliche Tradition vor Augen gestellt, einschließlich des Rekurses auf den ›Gott Abrahams‹. Warum sollten der Begriff »Volk und Land Israel«, der Messias-Gedanke und das Jesus-Problem aufgerührt werden? Dem Konzil schien es geraten, strittige Dinge offenzulassen anstatt neuen Konfliktstoff zu schaffen. Deshalb wurde auch die Erwähnung der geschichtlichen Auseinandersetzungen zwischen den drei monotheistischen Religionen sorgfältig vermieden. Dabei unterlief dem Konzil die gleiche Fehleinschätzung der Partner, die in den Entscheidungen des Papstes so oft zur Wirkung kam. Man war entschlossen, unter die Vergangenheit einen Strich zu ziehen. Das große Sündenbekenntnis war erfolgt, die Verzeihung für begangenes Unrecht erbeten worden. Nun konnte man von einem Tag »Null« ausgehen, um die Kirche der Zukunft aufzubauen – einschließlich ihrer Beziehungen zu Judentum und Islam. Dabei setzte man unbekümmert die Bereitschaft der Partner voraus, die Einstellung des Konzils zur Geschichte zu teilen. Das Gegenteil traf zu. Die Juden waren nicht willens, die Frage historischer Schuld fallenzulassen. Der Islam warf zwar das Problem nicht auf, verlangte aber als Gegenleistung die politische Solidarität der in arabischen Ländern lebenden Katholiken im Kampf gegen Israel.

Der Vatikan definiert seine heutige Position im Nah-Ost-Konflikt mit dem Worte »Abstandsgleichheit«. Der Terminus kann nur aus dem Wunsch gewählt worden sein, den wahren Sachverhalt zu verschleiern. Denn Abstandsgleichheit hat nie existiert – weder von Rom noch von den Partnern her. Zwar vermengten alle Beteiligten religiöse Argumente und politische Mittel. Aber das Verhältnis von katholischer Kirche und jüdischem Volk ließ niemals einen Vergleich mit der Wechselwirkung zu, die Rom und der Islam aufeinander ausübten. Zwischen der Kirche und der Judenschaft bestand seit der Antike jene besondere Feindseligkeit, worin der Mächtige den Schwachen verfolgt, von diesem gehaßt wird und beide sich auf irrationale Gründe berufen. Dagegen umfaßt die Geschichte der Auseinandersetzung Roms mit dem Islam den Widerstreit von zwei verschiedenen Versionen des gleichen Universalitätsanspruchs. Kirche und Synagoge lagen in einem Hader historischen Ursprungs. Kirche und Kalifat erstrebten die Formung einer menschlichen Gesellschaft nach dem geoffenbarten Willen Gottes.

Gemessen an der Kompliziertheit der christlichen Theologie sind die Gesetze des Islams handfest und einfach. Der Glaube hat wenige elementare Grundsätze, die insgesamt auf der bedingungslosen Verpflichtung gegenüber dem allmächtigen Gott beruhen. Das zukünftige Leben ist für den Moslem eine Realität ohne Geheimnis. Er weiß seit Mohammed, wie die Hölle aussehen wird, in der die Ungläubigen die Qualen ewigen Feuers erleiden müssen. Greifbar sind auch die kühlen Gärten des Paradieses, worin der Gläubige auf brokatenen Polstern ruht und von ›großäugigen Töchtern bescheiden gezügelten Blickes‹ verwöhnt wird. Diese realistische Seligkeit erstrebt der Moslem in seinem Erdendasein durch die strenge Observanz des Gesetzes. Almosen zu geben, ist ebenso Pflicht wie »die Gefangenen zu erlösen, die Waisen zu ernähren und den Armen, der da im Staube liegt«. Fünfmal am Tag wirft sich der Gläubige zu Boden und betet in der Richtung auf Mekka. Einmal im Jahr fastet er einen vollen Monat lang vom Morgen bis zum Sonnenuntergang. Einmal im Leben unternimmt er eine Wallfahrt nach Mekka, umschreitet dort siebenmal die Kaaba, küßt den Heiligen Schwarzen Stein, opfert ein Schaf auf dem Berge Arafa, läßt sich in Mina Haare und Nägel schneiden und erfüllt damit die Gebote Abrahams, der die Kaaba gründete und der Urahn aller Araber ist.

Der Islam hat seine eigene Zeitrechnung. Als Mohammed im Jahre 622 aus Mekka nach Medina floh, begann für ihn ein neuer Lebensabschnitt. Der Mann glühender Gottesvisionen verwandelte sich in einen geschickten Organisator. Aus dem kleinen Kreis von Anhängern, die er um sich geschart hatte, wurde in Medina ein politisches Gemeinwesen. Bald war es mächtig genug, um Mekka zurückzuerobern. Damit hatte der Islam ein militantes Bewußtsein angenommen, das schon bald für das Schicksal des Mittelmeerbeckens bestimmend sein sollte. Das Jahr von Mohammeds Flucht, verstanden als der Anfang der islamischen Macht auf Erden, gilt noch heute als Beginn mohammedanischer Zeitrechnung.

Der Staat, den die ersten Kalifen nach Mohammed errichteten, wird von dem Schriftsteller Al Fachri beschrieben: »Wisse, daß dies nicht ein Staat war nach der Art der Staaten dieser Welt, sondern wie einer aus dem zukünftigen Leben.« Tatsächlich hatte der Islam das Wunder fertiggebracht, die uralten Stammesfehden der Araber zu beenden. Unter der grünen Fahne des Propheten geeint, wandte sich ihre geballte kriegerische Stoßkraft bald nach außen. Der nächste Nachbar war Byzanz. Seine Armee bestand zum großen Teil aus angeworbenen Söldnern und tributpflichtigen Unterworfenen. Sie waren dem Ansturm der von religiösem Eroberungsgeist beseelten Heere nicht gewachsen. Einundzwanzig Jahre nach Mohammeds Flucht gehörten das gesamte Arabien, Syrien, der Irak und Ägypten zum Reiche der Kalifen.

Während in den folgenden zwei Jahrhunderten die Erweiterung der islamischen Herrschaft stetig fortschritt, vollzog sich im Innern ein tiefgreifender kultureller Prozeß. Die unterworfene Bevölkerung ehemals byzantinischer Reichsteile war christlich. Die Eroberer hatten schnell die Unmöglichkeit erkannt, die Verwaltung und das Bildungswesen auf islamischen Zuschnitt umzustellen. So gerieten bedeutende Persönlichkeiten christlichen Bekenntnisses in Staatsstellungen von hoher Verantwortung – etwa der später zum Kirchenlehrer erhobene Syrer Johannes Damascenus, der unter dem Kalifen Walid I. und seinem Nachfolger das Finanzministerium des islamischen Herrschaftsbereiches innehatte. In diese Zeit fällt eine rege Übersetzertätigkeit christlicher und mohammedanischer Gelehrter. Ein wesentlicher Teil des antiken Schrifttums über Philosophie und Naturwissenschaft wurde ins Arabische gebracht. In der Mitte des achten Jahrhunderts gründete Al Mansur dem Kalifat eine neue Hauptstadt – Bagdad, im Herzen von Mesopotamien. Dort fing das islamische Reich die Überreste persischer Kultur auf, zugleich mit den Überlieferungen der mesopotamischen Astronomie, der die Araber ihre hervorragende Mathematik mit dem aus Indien übernommenen Dezimalsystem hinzufügten. Im Zweistromland entstand eine neue Kultur, die der Religion nach mohammedanisch war, sich in arabischer Sprache ausdrückte und die Erkenntnisse des Hellenismus ebenso aufgesogen hatte wie den geistigen Gehalt des alten Orients.

Im neunten Jahrhundert war die Südküste des Mittelmeeres vollständig in arabischer Hand. Spanien war fast zur Gänze erobert, um die Provence wurde gekämpft, Korsika, Sardinien und die wichtigsten Häfen Siziliens folgten dem Halbmond. 846 erschienen siebzig mohammedanische Kriegsschiffe vor Ostia, ein Teil davon drang auf dem Tiber nach Rom vor, die Basilika des heiligen Paulus und die Peterskirche wurden geplündert. Der Papst zahlte nach der Verwüstung der Campagna fünfundzwanzigtausend Silber-Mancusi Jahrestribut, konnte aber damit die Einäscherung der Abtei Monte Cassino nicht verhindern. Das Mittelmeer war mit Ausnahme eines begrenzten byzantinischen Einflußgebietes im Osten ein mohammedanisches Meer geworden. Die in der Antike bestehende Kultureinheit der mittelmeerischen Völker war gespalten, das Europa des Mittelalters begann, Gestalt anzunehmen.

In der Papstgeschichte wird das Jahr 1000 durch eine rätselhafte Persönlichkeit gekennzeichnet – Sylvester II. Unter dem Namen Gerbert als Sohn eines Leibeigenen des Klosters Cluny geboren, trat er in jungen Jahren dem Benediktinerorden bei und wurde aufgrund seiner ungewöhnlichen Bildung von der mächtigen Abtei bald an den Kaiserhof entsandt. Die damalige Kaiserin Theophano, Gemahlin Ottos II., eine Prinzessin aus Byzanz, empfand in der rauhen Atmosphäre Germaniens einen Mönch von so hervorragender Kenntnis des Griechischen als wahre Wohltat. Wenig später war Gerbert Erzieher des Thronfolgers, in dessen idealistische Seele er die Idee von der Erneuerung des Römischen Reiches senkte. Später stieg er zum Erzbischof von Reims, dann zum Patriarchen von Ravenna auf und wurde schließlich 997 zum Papst gewählt. Die Christenheit war damals auf die abergläubische Überzeugung fixiert, das Jahr 1000 werde das Weltende und den Jüngsten Tag bringen. Der einzige, der dieser Meinung mit Autorität entgegentrat, war Sylvester II. Sein Widerstand brachte ihm den Ruf ein, mit dem Teufel im Bunde zu stehen. In Wirklichkeit hatte Sylvester nur seine profunden Kenntnisse in der Astronomie genützt. Er hatte sie in jungen Jahren erworben – an der mohammedanischen Universität von Cordoba.

Die Bibliothek des dortigen Kalifen umfaßte damals vierhunderttausend Bände, darunter eine große Anzahl antiker Klassiker, deren Texte der direkten westlichen Überlieferung durch die Vernichtungswut nördlicher Barbaren längst verlorengegangen waren. Die Gebildeten Europas gingen beim Islam zur Schule. Erst im hohen Mittelalter war die geistige Parität der Herrschaftsgebiete von Halbmond und Kreuz erreicht. Und erst mit der Renaissance begann der kulturelle Vorrang des Westens gegenüber dem Islam. Selbst dann aber blieb Europa noch von islamischen Einflüssen durchdrungen. Die Bronzeflügel des Mittelportals der Peterskirche, gegossen im fünfzehnten Jahrhundert, zeigen in Flachrelief die Gestalten von Petrus und Paulus. Den Hintergrund bilden orientalische Teppiche, an deren Rändern eine Inschrift in kufischer Kalligraphie verläuft. Ihr Inhalt ist die erste Sure des Korans.

Noch im achtzehnten Jahrhundert gab es in Europa eine Welle der Hochschätzung für die islamische Welt. Mohammedanische Herrscher wurden in Opern und Theaterstücken als Inbegriff des Edelmutes und der Menschlichkeit dargestellt – so in Mozarts »Entführung aus dem Serail«. Das neunzehnte Jahrhundert dagegen änderte alles. In der Geschichtsdialektik von Karl Marx figuriert der Islam als eine Religion der Nomaden und der Wüste. Da die militärische Kraft islamischer Gebiete nicht ausreichte, um eine wirkungsvolle Verteidigung gegen den europäischen Kolonialismus aufzubauen, fielen sie nach und nach in dessen Hand. Gleichzeitig sank die Einschätzung der islamischen Kultur in Europa tief genug, um der materiellen Ausbeutung die geistige Verachtung anzufügen. Vom Islam her gesehen, war jedoch dieses hochmütige, technisch weit überlegene Europa immer noch gleichbedeutend mit dem Christentum. Die versuchte Erneuerung der arabisch-islamischen Kultur mußte folglich die Abwendung von Europa nach sich ziehen. Der Aufbau des Staates Israel wurde von den Arabern als der jüngste Betrug gewertet, den der Westen an ihnen verübte.

Hier ergab sich ein aussichtsreicher Ansatz für die Politik Rußlands. Die Sowjetunion bot in ausreichender Quantität an, was die arabischen Länder zu Verteidigung und Wirtschaft benötigten.

Dazu besaß Rußland noch den Vorzug des alten politischen Gegensatzes zum Westen. Die Koordination arabischer und sowjetischer Interessen konnte ein Bündel von Vorteilen bringen. Für die Araber die Lösung des Palästina-Problems in ihrem Sinne und – darauf gegründet – die Schaffung der dritten, islamischen Welt. Für die Russen die Direkteinwirkung auf einen Krisenherd, in dem die USA gegnerisch engagiert waren, und damit die Rechtfertigung für die Anwesenheit sowjetischer Flottenverbände im Mittelmeer. Mit dieser Politik hatten die Russen so lange Erfolg, bis den Arabern klar wurde, daß damit das Mittelmeer nicht zu einem arabischen, sondern zu einem russischen Meer gemacht werden sollte. Ungefähr gleichzeitig verkündete Gaddafi, gestützt auf Libyens Öl, seinen extremen Antikommunismus, der sich auf die Grundsätze des orthodoxen Islams berief und deshalb ebenso entschlossen gegen Europa gerichtet war. Moskau antwortete mit der Bekräftigung seines alten Konzepts. Nach der Rückkehr aus den USA gab der sowjetische Parteichef Breschnew im Juli 1973 das Programm der russischen Politik für den Nahen Orient bekannt. Einmal mehr sollten die Rechte der arabischen Völker gegenüber der »Aggression« in Schutz genommen werden. Kategorisch klang der Satz: »Die israelischen Truppen müssen sich von allen arabischen Territorien zurückziehen, die sie gegenwärtig besetzt halten.« Damit war der antikommunistische Gaddafi theoretisch matt gesetzt. Wenn es den Russen tatsächlich gelang, das israelische Problem zugunsten der Araber zu verschieben, konnte ihnen kein arabischer Staat an der Südküste des Mittelmeeres das Recht verweigern, als »Schutzmacht« aufzutreten. Damit aber würde endlich die Küste des heutigen kleinen Europa offen vor ihnen liegen. Sie ist nach Angabe hochmögender Strategen infolge ihrer zehntausend Buchten und Inseln heute genausowenig zu verteidigen wie vor elfhundert Jahren, als der Islam sie von Süden her angriff.

Mit seiner Mittelmeerpolitik hat Rußland die Fähigkeit zu imperialen Entwürfen erneut bewiesen. Die um das Mittelmeer gescharte Völkergemeinschaft des Römischen Reiches war ein Gefüge des Friedens und der Sicherheit gewesen. Kein nachfolgender Versuch hatte ein ähnliches Niveau an Zivilisation, Stabilität und Lebensdauer erreicht. Zum Glück für Rußland betrachtete das Europa, das sich nach dem Zweiten Weltkrieg formierte, das Mittelmeer nicht als Binnenmeer, sondern als Südgrenze des Kontinents. So war es Rußland vorbehalten geblieben, das Erbe des Kaisers Augustus anzutreten, dessen Geist auch heute noch im Kreml umgeht. Das Imperium des Friedens, von dem Rußland seit dem Aufkommen der Idee des »dritten Rom« geträumt hat, war nur durch die Beherrschung des Mittelmeerraumes zu verwirklichen. Dieser war seit dem Auftreten des Islams gespalten. Seine islamische Hälfte hatte sich auf den Gegner Israel konzentriert – einen westlichen Staat. Also präsentierte sich Rußland den arabischen Ländern in glaubwürdiger anti-westlicher Attitüde, den Blick zugleich auf ein Europa gerichtet, das seinen Frieden vom dritten Rom empfangen würde.

Der Vatikan dachte kurzfristiger, aber in der gleichen Richtung. Die Harmonisierung katholischer und russischer Interessen im Nahen Orient schien der Kurie aus mehreren Gründen wünschenswert. Die geistige Mobilisierung der dortigen Katholiken zugunsten der arabischen Sache mußte in Moskau als eine weitere Vorleistung der vatikanischen Annäherungspolitik interpretiert werden. Dies konnte der Zusammenarbeit Roms mit der Orthodoxie ein neues Feld öffnen – die heiligen Stätten. Denn auch die Orthodoxie war mit dem totalen Besitzanspruch Israels auf die Hauptschauplätze des Lebens Jesu nicht einverstanden. Wenn also ein internationales Statut Jerusalems schon am Widerstand der Israeli scheiterte, so konnte aus einer gemeinsamen Aktion Roms und der Orthodoxie doch der Ansatz für ein interreligiöses Statut hervorgehen. Soweit dieses die Judenschaft und die Christenheit betraf, mußte es in Israel ausgehandelt werden. Als Problem blieben jedoch die Mohammedaner. Da der Heilige Stuhl die staatliche Souveränität besitzt, konnte nur er als Mediator zwischen Islam und Israel in Frage kommen. Dazu bedurfte es einer hervorragenden Position des Vatikans auf der arabischen

Seite. Auch das persönliche Ansehen des Papstes mußte bei den Arabern so gewaltig sein, daß selbst Verhandlungen mit deren bittersten Feind keine Repressalien gegen die Kirche in arabischen Ländern hervorrufen würden. Trat der Heilige Stuhl dann in Israel als der religiöse Sachwalter des Islams auf, so würde die dortige Regierung in Anbetracht der zahlreichen mohammedanischen Minderheit auf eigenem Gebiet ihre starre Haltung vielleicht etwas moderieren.

Paul VI. verband mit solchen Gedankengängen noch einen persönlichen Grund. Für ihn war Jerusalem stets der Ort geblieben, an dem eine friedensvermittelnde Tätigkeit sich am engsten mit religiösen Zielen integrieren ließ. Dadurch hat er wohl zeitweilig einen Gedanken erwogen, den er später wieder zurückstellte. Im Winter 1971/72 brandeten die Gerüchte über einen bald bevorstehenden Rücktritt des Papstes durch die Nachrichtenmittel der Welt. Unter den Hypothesen auf die Frage, wohin Paul VI. sich nach vollzogener Niederlegung seines Amtes zurückziehen werde, stand an erster Stelle Jerusalem.

Fraglos hat der Papst zu jener Zeit weit mehr als seinen persönlichen Rücktritt das Problem einer Trennung des päpstlichen Amtes von Kirchenverwaltung und Politik erwogen. Anlaß dazu gaben die steigenden Vorwürfe aus dem fortschrittlichen Klerus, Machtpolitik sei dem Heiligen Stuhl auch unter Paul VI. wesentlicher als das Evangelium. Es gibt begründete Anzeichen dafür, daß Paul VI. damals eine Utopie vor Augen hatte – das Bild einer katholischen Kirche, deren organisatorischer Apparat einschließlich ihrer Beziehungen zu Staaten und Völkern in Rom verblieb, während der aller weltlichen Geschäfte ledige Papst von einem monotheistisch befriedeten Jerusalem aus der Welt den Frieden anbot, den sie selbst nicht geben kann.

Hierarchie – dialektisch gesehen

An der alten Straße nach Ostia liegt die Basilika des heiligen Paulus, eine der ehrwürdigsten Kirchen Roms. An einem Samstagnachmittag im Frühjahr 1972 versammelten sich dort etwa 250 Personen, Bewohner des »Quartiere Ostiense« – Jugendliche, Arbeiter, vereinzelt Beamte, dazu Gäste aus anderen italienischen Städten. Sie waren Mitglieder der ›katholischen Basisgruppen‹, deren Hauptanliegen der Kampf gegen die institutionelle kirchliche Hierarchie ist. Man demonstrierte aus Solidarität für Don Giovanni Franzoni, den Abt des zur Basilika gehörenden Benediktinerklosters. Franzoni hatte durch Jahre im Stadtviertel St. Paul seine kühnen Ideen von modernem Christentum mit Schwung verwirklicht. Nun war die Gemeinde von der Nachricht beunruhigt, der Vatikan wolle Franzoni seines Amtes entheben.

Etwa die Hälfte der Teilnehmer zog in der Dämmerung mit Fackeln auf den Petersplatz, zu einer zweistündigen »Nachtwache des Gebetes«. Man sang »We shall overcome« nebst anderen Liedern der Black-Power-Bewegung. Dazwischen diskutierte man umfangreiche Möglichkeiten des Widerstandes, falls der Vatikan sich unbeeindruckt zeigen sollte.

Tags darauf erklärte der Abt Franzoni, er sei weit entfernt von jedem Akt des Ungehorsams. Andererseits begriff der Vatikan, daß nun auch in Rom begann, was in vielen Städten Italiens, zumal in Florenz und Rimini, schon zum offenen Konflikt gediehen war. Die Basisgruppen warfen dem Vatikan vor, die Grundsätze des letzten Konzils verraten zu haben – durch willentlichen Rückfall in den bequemen Religionstrott, worin Katholiken sich so leicht manipulieren ließen. Die Kurie reagierte durch Straffung der Klerikerdisziplin. Die Rebellen antworteten mit Abwerbung – und hatten Erfolg. Bedrückte Beobachter fragten zu Recht nach dem Verbleib der Persönlichkeiten, die die Texte des Konzils nicht nur gelesen, sondern auch verstanden hatten.

Seit seiner Abtswahl 1964 donnerte Franzoni von der Kanzel in St. Paul gegen die Verteidigungsausgaben des italienischen Staates, die Wehrdienstpflicht, das Konkordat Vatikan–Italien. Er hielt Andachten für den Vietkong und Friedensfasten für Bangladesch. Ein streitbarer Pazifist also, und ein engagierter Christo-Marxist. Die Frage war, ob das ausreichte, ihn abzusetzen.

In Monte Cassino trat der große Rat der Benediktinerkongregation zusammen. Franzoni wurde gebeten, eine Einzelvisitation aller Mönche seines Klosters zuzulassen. Das Resultat ergab, daß der größere Teil der Mönche von St. Paul die ›Linie‹ des Abtes mißbilligte. Begründung: sein Verhalten widerspreche den Prinzipien des Ordens. Darauf beschloß die Kongregation, Franzoni den Rücktritt nahezulegen.

Der Abt leistete Widerstand. Der große Rat, so wisse er, habe in einem Schreiben an den Vatikan erklärt, »das Unbehagen, das die Gemeinschaft von St. Paul hervorrufe, rühre von Initiativen des Abtes her, die außerhalb der monastischen Disziplin liegen«. Als Mönch habe man ihm und er sich nichts vorzuwerfen. Also sähe er keinen Grund, zu gehen.

Der Vatikan geriet in ein Dilemma. Enthob man Franzoni aus nicht-monastischen Gründen seines Amtes, dann hatte die katholische Rebellenbewegung einen Märtyrer mehr. Beließ man ihn, dann konnte in St. Paul ein extremistischer »Anti-Vatikan« entstehen – ausgerechnet in der Basilika, in der der Apostel Paulus begraben liegt. So ließ der Vatikan Franzoni ein volles Jahr kämpfen – ohne zu entscheiden. Die Zeit brachte schließlich das gewünschte Ergebnis. Franzoni erkannte, daß er dem traditionellen benediktinischen Leben entfremdet war.

»Wenn der heilige Benedikt heute lebte«, so schrieb er in seinem Hirtenbrief vom Juni 1973, »so würde er nicht mehr aus der Stadt auf die Berge fliehen. Vielmehr verließe er Land und Gebirge, wo die Reichen in reizenden und komfortablen Villen hausen, um unter den verzweifelten und ausgenützten Massen der Städte den rechten Ort für ein neues Verständnis des Evangeliums zu suchen.« Franzoni klagte die Kirche an, sich mit der Wirtschaftsstruktur des Kapitalismus zu identifizieren, Grundstücks- und Wohnungsspekulationen zu treiben und das falsche Rechtsdenken der Wohlstandsgesellschaft übernommen zu haben. Als Antwort auf die Divergenzen mit dem Vatikan kündigte Don Franzoni gleichzeitig an, er wolle seine Abtei verlassen. In einem Armenquartier werde er sich ganz dem Kampf der Unterdrückten widmen, »um die Kirche endlich von der Macht des Kapitalismus loszureißen«. Diese Entscheidung Franzonis ist nicht ganz in Freiheit getroffen worden. Der Vatikan zögerte zwar, am Fall des Abtes ein Exempel zu statuieren, weil sein Idealismus nicht zu bestreiten war. Aber man war auch nicht bereit, fürderhin einen Ordensmann zu akzeptieren, der die ausschließliche Wirksamkeit in der Welt zum einzigen Sinn monastischen Lebens machen wollte.

Bevor die innerkirchliche Rebellion die Klöster erreichte, trat niemand in einen Orden ein, um darin glücklich zu werden. Das Kloster bot keine Garantie für den inneren Frieden – das asketische Gemeinschaftsleben konnte ihn bringen, aber auch verweigern. Am Anfang des abendländischen Mönchtums stand der Gedanke, einer aus den Fugen geratenen Welt durch persönlichen Verzicht das Modell ihrer möglichen Ordnung zu bewahren. Im Jahre 529 setzte ein kaiserliches Edikt dem Bestehen der platonischen Akademie in Athen ein Ende. Im gleichen Jahre gründete Benedikt von Nursia das Kloster Monte Cassino. Sechzig Jahre später wurde es durch die Langobarden zum erstenmal geplündert. 884 erklommen die Sarazenen den Berg und ließen eine Trümmerstätte zurück. 1349 fiel die mittelalterliche Abtei einem Erdbeben zum Opfer, 1799 drangen Napoleons Truppen in das Heiligtum ein und demolierten, was sie vorfanden. 1944 sank

Monte Cassino unter dem Feuer des Zweiten Weltkrieges in Schutt und Asche. Heute steht es wieder, von den Mönchen eigenhändig neu erbaut. Beständigkeit in Geist und Werk ist eine Kraft, die von den Wechselfällen der Geschichte nicht niedergerungen werden kann.

Um diese Kraft aufzubringen, verlangte Benedikt, der Mönch habe seinen eigenen Willen preiszugeben. Den Willen Gottes aber habe er aus der Schrift, der Lehre der Kirche, der Ordensregel und der Autorität des Abtes anzunehmen und sein Leben zwischen Gebet und Arbeit zu teilen. Die Methode wurde nicht ihm überlassen, sondern durch den klösterlichen Tageslauf vorgeschrieben. Er durfte nicht tun, wozu er sich gedrängt fühlte. Beim Gebet wurde er nicht gefragt, wieviel persönlichen Gewinn er aus den Psalmen Davids ziehe. Was die Arbeit anging, so brachte zur Erntezeit auch der Bibliothekar das Korn in die Scheuer – ebenso wie der Bruder Schneider einmal im Monat in die Bibliothek kam, ein Buch erbat und es pflichtgemäß Seite für Seite zu Ende las.

Das Urkonzept des abendländischen Mönchtums, wie es die Benediktinerregel bis gestern noch darstellte, war von konkreter Spiritualität. Der Mensch wurde als Einheit genommen: Denken, Fühlen und Handeln waren Werke des Geistes und des Körpers. Arbeit verstand man als umgewandeltes Gebet, dieses wiederum – noch im Aufschwung der Seele – auch als körperliche Mühe. Ziel des Ganzen war der fortdauernde Dienst, den der Mensch Gott erweist, indem er – und sei es im kleinsten Ausmaß – die Schöpfung in Ordnung hält und den Schöpfer nicht bittet, sondern preist. Das vierte Gebot des Dekalogs verlangt, Vater und Mutter zu ehren und verspricht dafür Wohlergehen und langes Leben auf Erden. In gewissem Sinne stellte Benedikts Ordensgrundsatz Gott von diesem Versprechen frei. Der Mönch ehrte Gott als Vater, ohne mit den Früchten zu rechnen, die seinem eigenen Dasein daraus erwachsen könnten. Er opferte sie und sich selbst als Sühne für alles, was unter der Sonne geschieht.

Hierdurch erreichte der Mönch eine gewisse Souveränität über die Zeit. Auch wenn sein Werk unvollendet blieb, war es nicht vertan, denn ein späterer konnte es fortsetzen. Und selbst wenn dies nicht zutraf, verschlug es nichts. Was dem Menschen als Fragment erscheint, kann Gott dennoch genügen. Solche Gelassenheit gegenüber dem fortschreitenden Erdendasein wurde noch bestärkt durch die weise Vorschrift Benedikts, der Mönch dürfe, wenn er sein Kloster einmal gewählt hatte, dieses zeitlebens nicht mehr verlassen. Die »Stabilitas loci« ließ wohl einen zeitweiligen Ortswechsel zu, machte aber die Rückkehr zur Pflicht. Nur sein eigenes Kloster war dem Mönche Heimat, ein anderes schon Fremde. So baute der Mönch im Kleinen stets weiter an der Ordnung, die die Welt im Großen so hartnäckig einzureißen strebt.

Unvermeidlich war in der Entwicklung dieses ältesten katholischen Ordens, daß seine Klöster im Laufe der Jahrhunderte zu Hochburgen für die Aristokratie des Geistes wurden. Klarheit im Denken und in der Empfindung, Bedächtigkeit im Entschluß, Beharrlichkeit im Werke und Dankbarkeit gegen Gott – in solchen Kategorien konnte Gesittung zur Folgeerscheinung des Glaubens werden. Behutsam hüllten die Mönche den asketischen Urgedanken ihres Ordensgründers in das Kleid der europäischen Kultur. Die soziale Reaktion darauf kam im dreizehnten Jahrhundert, ausgelöst durch einen Italiener und einen Spanier, die Heiligen Franziskus und Dominikus. Franz von Assisi ging nicht sosehr von der Ordnung der Schöpfung aus, als von ihrer Schönheit. Sie zu erkennen und als ein unendliches Geschenk zu empfinden, vermag jeder Mensch. Was er auf diese Weise besitzt, ist ein solcher Reichtum, daß Komfort und Luxus dagegen bedeutungslos erscheinen. Armut ist nur die Rückkehr zum natürlichen Stand des Menschen. Die christliche Liebe kann des Bildungsweges entraten, weil das einzige, was alle Menschen verbindet, die Spontaneität des Herzens ist. Diese ohne Umweg auf Gott zu richten, war die Aufgabe, die Franziskus seinem Orden stellte. Seine Regel besteht fast nur aus Leitsätzen des Evangeliums. In ihrer Unbedingtheit und Strenge verlangt sie vom Menschen das Äußerste an Verzicht.

Während die Urform des Benediktinerordens eine Art limitierten Realkommunismus darstellt, worin nur die Gemeinschaft Besitz hegen darf, heischt Franziskus von seinen Jüngern, auch als Gemeinschaft nichts zu besitzen. Der ärmste Mensch sollte in einem Franziskanermönch den noch ärmeren Bruder erblicken. Im Geistigen ging Franziskus bis zur Grenze: »Die sich von der Lernbegierde treiben lassen, werden am Tage des Gerichtes ihre Hände leer finden.« Und in Konsequenz dazu: »Tantum homo habet de scientia, quantum operatur« – vom Wissen hat der Mensch nur so viel, wie er in die Tat umsetzt. Ein Mantel dient nicht zum Schutz gegen die Kälte, sondern um ihn mit einem zu teilen, der keinen besitzt. Denn sonst »würde es uns als Diebstahl angerechnet«. Hatte Benedikt in allen Dingen das Maß zum Gebot gemacht, so forderte Franziskus ein einziges bedingungsloses Übermaß: demütige Liebe zu allem Geschaffenen. Sein Orden war nicht in der Lage, dieses Beispiel wörtlich zu befolgen, wenn er am Leben bleiben wollte. Bis in die Gegenwart hat sich jedoch ein Wesenszug des Heiligen in allen seinen Jüngern erhalten – die Hinwendung zu den einfachen Menschen.

Dominikus, der Spanier, ging einen ähnlichen geistigen Weg. Auch er wollte absolute Armut, aber er rüstete die Seinen mit den Waffen des religiösen Intellekts. Ihm schien neben der Bekehrung durch Beispiel, wie sie Franziskus vornahm, noch etwas anderes notwendig – die Überzeugung durch das Wort. Seit ihrer Gründung zogen die Dominikaner unter Aufbietung aller Geisteskräfte aus dem Evangelium ein Arkanum zwingender Logik, das auch den Zweifler fesselte, weil es seine Argumente nicht durch Gebote, sondern durch geduldige Dialektik zu entkräften versuchte. Die Predigt wurde zur Kunst, Christi Gebot »Lehret alle Völker« erhielt Methode. Diese wiederum setzte voraus, daß zuerst die Seelenlage der Menschen, denen man predigen wollte, genauestens erforscht, ihre Hinneigung zu Stolz, Glaubensfeindlichkeit und Skepsis bis ins Detail freigelegt war. Was Franziskus und seine Jünger mit dem Elan der religiösen Naivität zu erreichen suchten, setzten die »Domini canes« – die Hunde des Herrn – durch die Wucht der Konsequenzen ins Werk, die sie aus Christi Worten und Taten zogen. So wurde der Dominikanerorden zum klassischen Orden der Theologie – seit dem heiligen Thomas von Aquin betrachtete er sich stolz als die eigentliche Heimstätte der Scholastik. In ihrer Hinneigung zur Wissenschaft näherten sich die Dominikaner im Laufe der Jahrhunderte ein wenig dem aristokratischen Prinzip der Benediktiner. In ihrer radikalen Armutsbetonung blieben sie dem Franziskanertum verwandt. Durch ihre bohrende Geistigkeit schufen sie die Grundlage für den letzten der großen westlichen Orden – für die Gesellschaft Jesu.

Ignatius von Loyola, gleich Dominikus spanischer Edelmann, sah den Himmel als einen großen Hofstaat an, der auf Erden durch eine geistliche Garde hervorragender Fechter geschützt werden mußte. Hatten schon die beiden Bettelorden auf die ›Stabilitas loci‹ verzichtet, so brach Ignatius gänzlich mit der Klostertradition. Ein Jesuit verzichtete auf jede Heimstätte, er ging, wohin man ihn schickte, er säte, um andere ernten zu lassen, er lebte in der Welt, ohne ihr anzugehören, er hatte nicht einmal die Gemeinschaft des Gebetes. Er genoß fast unbeschränkte Freiheit, sofern seine Aufgabe es erforderte, und stand dennoch unter der rigorosesten Gehorsamspflicht. Er war ein Ordensmann, aber kein Mönch. Seine Sendung gebot ihm, das Christentum einer Menschheit attraktiv zu machen, die lange genug Zeit gehabt hatte, sich in ihre Vorurteile gegen das Evangelium zu verlieben. Er drang in die Welt ein, um ihr vorsichtig kleine Stückchen der Wirklichkeit Christi einzupflanzen – und die Art, die er dafür wählte, prüfte er am Gebot des Ordensgründers: »Berate dich mit deinem Geist und sieh zu, wohin er dich treibt.« Ausgereifte Individualität und deren gleichzeitige totale Unterordnung unter das Gehorsamsprinzip – in solch absurder Spannung lebten die Mitglieder des ignatianischen Korps. Sie waren die großen Realisten unter den Ordensmännern, denn sie bauten sich in der Welt weder christliche Enklaven, noch rechneten sie sich aus, was aus der Menschheit werden könnte, wenn sie christlich wäre. Sie sahen, was ist und richteten sich ein, eine Minderheit in der Minderheit zu sein. Von den vier Orden hatten sie die meisten Schwierigkeiten vor der Frage, die sich unter dem Pontifikat Pauls VI. für alle

Orden erhob. Sollte man die Regeln modifizieren, sollte man sie dem Geist des neuen Zeitalters anpassen und dadurch dem Ordensleben neue Kräfte zuführen – oder sollte man sie verschärfen? War es die Aufgabe des Ordenslebens, sich in Zukunft der Welt zu nähern, um auch dem modernen Menschen den Weg seiner Berufung zu zeigen – oder sollte die Distanz entschiedener, der Gegensatz tiefer und die Zahl geringer werden? Die Mehrheit der Ordensleute war für Milderungen. Eine Minderheit verlangte strengste Lebensform, bedingungslose Rückkehr zum Urgedanken des Ordenslebens. Begründung: Man tritt nicht in einen Orden ein, um glücklich zu sein.

Im November 1972 lud die »Kongregation der Religiosen«, das päpstliche Ministerium für das monastische Leben in der Kirche, zu einer Generalversammlung ein. Referent war Jean Daniélou, ein aus dem Jesuitenorden hervorgegangener Kardinal, der seit Jahren das besondere Vertrauen des Papstes genoß. Er sprach ohne Umschweife von der Dekadenz des gesamten Ordenslebens. Zwar seien die Ordensleute sehr besorgt, in der Gesellschaft nicht als »bürgerlich« zu gelten, aber von wahrer Armut wolle niemand mehr etwas wissen. Unter dem Vorwand, den alten übertriebenen Formalismus nicht mehr ertragen zu können, »wird jede Regelmäßigkeit des Lebens im Gebet preisgegeben. Im Namen einer falschen Säkularisierung verachtet man das Ordenskleid und ersetzt die Anbetung Gottes durch politische Aktivität. Eine solche Einstellung steht im tiefen Gegensatz zu dem immensen Bedürfnis nach Spiritualität, das die moderne Welt kundgibt.« Tatsächlich zeigten zahlreiche Ordensgemeinschaften die Neigung, die Ziele ihrer Gründer zugunsten eines freiweltlichen Sozialengagements aufzugeben. Befragt, welche Vorstellungen sie von einem künftigen Ordensleben hegten, entwarfen junge Benediktiner das Bild eines Familienklosters extrem kommunistischer Form, das sie für die Rückkehr zum Urchristentum hielten. Aber sie hatten doch einen religiösen Eid auf die Benediktinerregel abgelegt? Das träfe zu, sagten sie, jedoch wisse man inzwischen, daß die Regel des heiligen Benedikt zu zwei Dritteln spätere Fälschung sei. Aber

Benedikt habe doch in jedem Kapitel die ganze Regel auszudrükken vermocht? Auch dies gäben sie zu, sagten die Benediktiner, nur habe der Mann sich dabei auf Stellen der Heiligen Schrift berufen, die ihrerseits zweifelhaft seien. In Anbetracht einer solchen Situation empfahl der Kardinal Daniélou die einfachste Lösung – einen großen Exodus jener Ordensleute, die auch künftig nach strenger Observanz zu leben wünschten. Der Vorschlag gesteht einen doppelten Tatbestand ein. Die überwiegende Zahl der Ordensleute begehrt, ihrem geistlichen Gemeinschaftsleben einen an der Sozialhilfe meßbaren Sinn zu geben. Eine Minderheit hält die Selbstaufopferung im Gebet für ein irrationales Rettungsmittel, das die Welt nicht entbehren kann, weil es für die Menschen verhängnisvoll ist, Gott als den Herrn der Geschichte zu ignorieren. So klein die Zahl dieser geistlichen Antipragmatiker auch sein mochte – der Heilige Stuhl bot ihnen die Möglichkeit an, dem alten Sinn monastischen Lebens treu zu bleiben, das zu vergessen die Orden selbst es so eilig hatten. Eine realistischere Bankrotterklärung des gesamten Ordensstandes war kaum vorstellbar.

Am heftigsten reagierten die Jesuiten. Ihr General, Pater Arrupe, versammelte die Vertreter von 103 Gemeinschaften des Ordens. Man arbeitete ein Kommuniqué aus, beklagte die Äußerungen Daniélous und erklärte, einig zu sein in dem Widerstand gegen alle Versuchungen zu einer Spaltung. Jene Angehörige des Jesuitenordens, die in den Worten des Kardinals eine Hoffnung auf Rückkehr zur ignatianischen Regel sahen, konnten sich ausrechnen, wann der letzte von ihnen die Kunde dessen mit ins Grab nehmen würde, was Ignatius einst gewollt hatte.

In der katholischen Ordensgeschichte hätten die Jesuiten schwerlich Grund gefunden, sich derart zu echauffieren. Abspaltungen, die die Rückkehr zu strenger Observanz anstrebten, hat es oft gegeben. Vor allem die Benediktiner konnten auf asketische Reformbewegungen zurückblicken, aus denen Prämonstratenser, Zisterzienser, Karthäuser und Trappisten hervorgegangen waren. Gemeinsam zeigten sie alle die Tendenz zur buchstabengetreuen Erfüllung des ursprünglichen Ordensideals unter willentlichem

Verzicht auf späteres Beiwerk. Auch bei den Dominikanern und Franziskanern trat das gleiche Phänomen auf, und selbst die Jesuiten waren nicht imstande, phantasievolle Sonderformen ihrer Regel beim Stamme des heiligen Ignatius zu halten. In der zweiten Hälfte des zwanzigsten Jahrhunderts beklagten fast alle Orden das Ausbleiben von Nachwuchs. Nur Ordensgemeinschaften mit höchstem Verzichtanspruch kannten diese Sorge nicht.

Die Trappisten, zum Beispiel, haben seit dem Ende des Zweiten Weltkriegs bedeutend zugenommen. Sie erheben sich um zwei Uhr nachts, beten sechs Stunden am Tag, fasten sechs Monate im Jahr und schweigen das ganze Leben. Mit Ausnahme kleinster Notwendigkeiten hören sie ihre eigene Stimme nur in den Texten der Liturgie und in den Psalmen Davids. Seit dem Zweiten Weltkrieg sind sie der katholische Ordenszweig, in dessen Klöster mehr Menschen Einlaß begehren, als der Tod aus ihnen fortnimmt. Anstoß dazu gab jener Pilot der amerikanischen Luftwaffe, der im August 1945 die Atombombe über Hiroshima abwarf und kurz darauf mit seiner Gewissensqual auch sich selbst der Weltferne eines Trappistenklosters auslieferte. Den Jesuiten war das Problem übrigens durchaus nicht unbekannt. Während einer Generalkongregation des Ordens in den sechziger Jahren stritt eine bedeutende Minderheit mit den scharfen Waffen der Kontrastpsychologie für kompromißlose Observanz. Sie unterlag. Die Anhänger der Idee, der Jesuitenorden könne der modernen Welt nur noch in der Form eines geistlichen Junggesellenklubs attraktiv sein, siegten durch Masse. Neu war dabei der Anspruch der Ordensmehrheit, die rigorosen Vorstellungen der »Reaktionäre« nicht mehr zu dulden, sondern zu ersticken. Daraus allein erklärte sich die Kälte des Ordens gegenüber dem Kardinal Daniélou, der keineswegs den Vorwurf verdiente, ein schlechter Jesuit zu sein.

Einige Monate vor dieser Auseinandersetzung, am 28. September 1971, hatte Daniélou einen der schlimmsten Momente seiner Laufbahn durchzustehen. Zum Beginn der dritten römischen Bischofssynode wollten Redakteure des italienischen Fernsehens eine Kontroverse auf den Bildschirm bringen. Darin sollte die Spannungsbreite kirchlicher Standpunkte gegenüber den beiden Hauptthemen der Synode, der Priesterfrage und dem Gerechtigkeitsproblem, öffentlich demonstriert werden. Etwas unvorsichtig hatte Kardinal Daniélou zugesagt, die konservative Position zu vertreten. Sein Gegner war der Scolopianerpater Ernesto Balducci, geistiges Haupt aller Rebellenpriester Italiens. Obwohl im Range verschieden, gehörten beide Kontrahenten dem Ordensstande an. Daniélou, geistvoll und verbindlich, das Muster eines liebenswürdigen Prälaten alter Schule, hatte seine Kenntnisse der italienischen Sprache überschätzt und bemerkte zu spät, daß er der prachtvollen Rhetorik seines Widersachers nicht gewachsen war. Balducci dagegen nützte die Situation. Mit der tiefen Lust an der Aggression, die jede Fairneß als Schwäche verachtet, hämmerte er auf den Kardinal ein – noch mehr aber auf die hierarchische Kirche, die jener vertrat. Das Publikum gewann den Eindruck, einer klerikalen Hinrichtung beizuwohnen.

Am Tag darauf, in der Generalaudienz, griff Paul VI. den Vorfall öffentlich auf. Ganz gegen seine Gepflogenheit legte er das vorbereitete Manuskript beiseite und sprach von »den schreckenerregenden Angriffen gegen die Kirche, ihre Konstitution und Struktur«, die am Vorabend durch das Fernsehen zugelassen worden waren. In der Tat hatte Balducci die Hierarchie an ihrer verwundbarsten Stelle getroffen: im Anspruch auf Mittlerschaft. Daß das Evangelium den Filter einer geistlichen Rangfolge vom Papst bis zum Kaplan durchlaufen müsse, um in reiner Form die Gläubigen zu erreichen, erklärte er als überlebte Anmaßung. Daniélou war außerstande, den grundsätzlichen Denkfehler seines Gegners klarzustellen, der jedem Menschen auf der Welt von Natur aus die Mündigkeit des Urteils über die Offenbarung zusprach. Paul VI. stellte sich vor Daniélou. Der Vatikansprecher formulierte am selben Abend die päpstlichen Worte um – in einen neutralen Stil. Die Vereinigung demokratischer Journalisten Italiens konterte mit einer Verlautbarung, in der die öffentliche Intervention des Papstes als Eingriff in die Rechte der Meinungsfreiheit gebrandmarkt wurde. Erst später hat man erfahren, daß das fatale

Zwiegespräch nicht direkt gesendet, sondern vorher aufgezeichnet worden war. Es wurde vor der Übertragung zwei Geistlichen zur Begutachtung vorgeführt. Einer von ihnen war Mitglied des Zentralbüros der Synode. Ihm hätte die »Bestürzung« des Papstes am meisten gelten müssen.

Zur Verteidigung der offiziellen Kirche gegen Balduccis Angriff präsentierte sich Paul VI. in Wortwahl und Diktion als der erzürnte Sachwalter des traditionell-hierarchischen Prinzips. Niemand konnte vermuten, daß derselbe Paul nur Stunden später zeigen würde, wie anders er die wörtliche Erfüllung hierarchischen Gehorsams zu nützen wußte, wenn es nicht um geistliche Probleme ging, sondern um Politik.

Bei der Eröffnungsmesse der Synode kam es zu einem erschütternden Auftritt. Als Konzelebrant am Altar erschien Josef Kardinal Mindszenty, der Primas von Ungarn. Er hatte fünfzehn Jahre als freiwilliger Gefangener in zwei Zimmern der amerikanischen Botschaft zu Budapest zugebracht und mehrmals erklärt, er werde seine Heimat nur auf den ausdrücklichen Befehl des Papstes verlassen. Im Zuge der vatikanischen Ostpolitik war Mindszenty dem Heiligen Stuhl ein ebenso unbequemes Symbol antikommunistischen Widerstandes geworden wie der ungarischen Regierung. Unmittelbar vor Synodenbeginn hat Paul VI. seinen Exilbefehl an Mindszenty erteilt. Dieser nahm den hierarchischen Gehorsam ernst und folgte ohne Zögern. Vor seiner Abreise war ihm ein »religiöser Eid« abverlangt worden, nichts zu veröffentlichen, was die Beziehungen des Vatikans zum kommunistischen Ungarn trüben könnte. Seine Heimat würde er niemals mehr betreten. »Man kann nicht nur für die Kirche, sondern auch durch die Kirche leiden«, erklärte ein Kardinal, der Mindszentys bedingungslose Ergebenheit gegenüber dem Heiligen Stuhl noch verstehen konnte. Die Worte, welche Paul VI. bei seiner Ansprache zur Synodeneröffnung für Mindszenty fand, würdigten die Festigkeit des Kardinals. In Wirklichkeit aber hatte der Papst nur einen einzigen Grund, Mindszenty zu loben – dessen heroischen Gehorsam.

Nach schweren Torturen 1949 in einem stalinistischen Schauprozeß zu lebenslänglichem Zuchthaus verurteilt, war Mindszenty während des ungarischen Freiheitsaufstandes von 1956 aus dem Gefängnis befreit worden. Er griff damals auf der Stelle in die Geschicke des Landes ein. Kurz vor dem Zusammenbruch der Revolte bat er um Asyl in der amerikanischen Botschaft in Budapest. Kritiker machten ihm beides lange zum Vorwurf – seine Aktivität in antikommunistischer Politik nicht weniger als seine Flucht auf exterritoriales Gebiet. Sie ließen außer acht, daß nicht der Kardinalsrang Mindszenty zu solchem Handeln bestimmt hatte, sondern seine Würde als Primas von Ungarn.

Stephan dem Heiligen, dem ersten christlichen Herrscher des Landes, war im Jahre 1000 von Papst Sylvester II. eine Krone verliehen worden. Sie sollte Ungarns Königtum repräsentieren, also die vom Kaiser unabhängige, nur Gott verpflichtete Herrschaft. Im Laufe der Jahrhunderte wurde dieses Kleinod im Bewußtsein der ungarischen Nation zum Symbol der Legitimität. Die Stephanskrone galt als eigene Rechtspersönlichkeit. Von ihr, nicht von den Königen, hing die Souveränität Ungarns ab. Da sie die Aura der Heiligkeit besaß, wurde als ihr Hüter der oberste Priester des Landes eingesetzt – der Primas von Ungarn.

Als Verweser der Stephanskrone war Mindszenty der Wahrer staatlicher Rechtmäßigkeit. Deshalb fühlte er sich während des Aufstandes befugt, gegen ein illegales Regime als legitimes Staatsoberhaupt aufzutreten. Da die Stephanskrone seit dem Ende des Zweiten Weltkrieges treuhänderisch in den Vereinigten Staaten aufbewahrt wurde, war es nur logisch, daß der seiner Handlungsfreiheit beraubte Primas Zuflucht in der amerikanischen Botschaft suchte. Die hierdurch geschaffene Rechtslage führte in den nachfolgenden Jahren zu einem grotesken Kampf. Die kommunistische Regierung Ungarns bemühte sich in Washington hartnäckig um die Rückerstattung der Stephanskrone. Die amerikanische Regierung schlug das Ansinnen mit der Begründung ab, der rechtmäßige Hüter der Krone befinde sich, obzwar in Ungarn, auf dem Territorium der Vereinigten Staaten.

Auch der hohe Funktionär des Staatssekretariats, Monsignore Giovanni Cheli, den der Vatikan an Mindszenty abgesandt hatte, sollte das vertrackte Problem der Stephanskrone zu spüren bekommen. Er überbrachte dem Kardinal ein Handschreiben des Papstes, dessen Inhalt sich im Antwortbrief Mindszentys deutlich spiegelt: »Ich lege dieses mein Opfer Eurer Heiligkeit zu Füßen, überzeugt davon, daß auch das schwerste einem Menschen abverlangte Opfer gering wiegt, wenn es um den Dienst an Gott und um das Wohl der Kirche geht.« Trotz Demut und Gehorsam aber beharrte Mindszenty auf einer Bedingung. Er verlangte vom Heiligen Stuhl die Verpflichtung, es dürfe kein neuer Primas von Ungarn ernannt werden, bevor er selbst nicht das fünfundachtzigste Lebensjahr erreicht habe. Überdies müsse der Vatikan von der ungarischen Regierung deren Einverständnis erlangen. Nach heftigen Kämpfen ließen Rom und Budapest dem starrsinnigen Kardinal seinen Willen. Bis 1977 konnte keine Regierung von Ungarn behaupten, vor der Geschichte des Landes legitim zu sein, sofern Mindszenty namens der Stephanskrone widersprach. Das Primasrecht auf die Stephanskrone war für Mindszenty der Kern einer geistigen Substanz, deren Realität den Namen Ungarn trägt. Sie wurde zum einzigen moralischen Halt, der ihm blieb, als er sich durch den Befehl des Papstes gezwungen sah, in hierarchischem Gehorsam den Sinn seines irdischen Lebens zu verraten.

Mindszenty traf in Rom am Nachmittag des gleichen Tages ein, an dessen Abend Balducci die Hierarchie angriff. Nur in der Person des Papstes bestand zwischen beiden Ereignissen ein Zusammenhang. Balducci wurde gemaßregelt, weil er in der institutionellen Hierarchie auch die Autorität des Papstes getroffen hatte, die seinem christo-marxistischen Ideal widersprach. Mindszenty dagegen wurde vom Papst in ein zweites Martyrium gestoßen, weil er der vom Vatikan angestrebten Entstehung eines christo-marxistischen Ungarn im Wege stand. Balducci hätte einem päpstlichen Befehl vergleichbarer Schwere wohl kaum gehorcht, da er den Sinn hierarchischen Gehorsams leugnete. Mindszenty beugte sich, weil der Wille des Papstes aus religiösen Gründen für ihn Gesetz war. So konnte Paul VI. den schrankenlosen Gehorsam des Kardinals dazu benützen, um in Ungarn einen Zustand zu fördern, den Balducci nur für realisierbar hielt durch die Selbstzerstörung jener Hierarchie, um derentwillen Mindszenty sein Opfer gebracht hatte. Es schien, als verbiete Paul VI. seiner Rechten, zu wissen, was die Linke tat.

Die Rechte und die Linke Pauls VI. wurden im Vatikan repräsentiert durch die Erzbischöfe Benelli und Casaroli. Benelli, ein untersetzter Toskaner, vital, scharfsichtig und von legendärer Arbeitskraft, war von Paul VI. nach langer Erprobung auf den Posten des Sekretärs des Staatssekretariats berufen worden. Jede Veränderung von einigem Gewicht innerhalb der Gesamtstruktur der katholischen Kirche ging über seinen Schreibtisch. Casaroli, intellektuell, sensibel, in den Grenzen des im Vatikan Erlaubten von fast künstlerischer Phantasie, leitete den »Rat für die öffentlichen Angelegenheiten der Kirche«, was etwa der Stellung eines Außenministers entspricht. Beide Prälaten entwickelten Grundideen, denen sie ihre gesamte Aktivität unterwarfen. Benelli war entschlossen, die Interessen des Heiligen Stuhles gegen jedermann, notfalls auch gegen den Papst zu verteidigen. Casaroli fand sein großes Feld in der neuen Ostpolitik des Vatikans. Chef der beiden Erzbischöfe war der Kardinalstaatssekretär Jean Villot, ein eleganter und geistreicher Franzose, der es geschickt vermied, in die Kompetenz seiner beiden ersten Mitarbeiter einzugreifen. Paul VI. hatte bei Villots Ernennung seiner Vorliebe für die gallische Verbindung von Esprit und Frömmigkeit nachgegeben. Ein Nebengrund aber war wohl auch, daß er dem verbindlichen Franzosen zutraute, die beiden gegensätzlichen Italiener wechselseitig in Sanftmut zu halten. Villot leistete das wunschgemäß. Er schien kaum zu bemerken, daß er dabei fast seinen ganzen Einfluß verlor.

Die realen Entscheidungen im Vatikan fielen innerhalb des Arbeitsdreiecks Papst–Benelli–Casaroli. Dabei war von Paul her die »Abstandsgleichheit« zu den beiden Prälaten pure Formel. Das persönliche Engagement des Papstes in der Weltpolitik gestattete Casaroli nur beschränkte Handlungsfreiheit. Bei Benelli dagegen empfand der Papst die innerkirchlichen Belange in so treuen Händen, daß er ihn fast selbständig arbeiten ließ. Überdies gab es in Casarolis Ressort den Elan künftiger Entwicklungen zu spüren, während Benellis Bereich durch Tausende von kirchlichen Mißständen belastet war. Casaroli fühlte sich glücklich, in seinen heiklen Missionen vom Papst gedeckt zu werden. Benelli aber gewann um so mehr an Format, je dornenvoller die Hindernisse waren, die er beiseite räumen mußte.

Die Vorstellungen Benellis von einer wirksamen Regierung der Kirche gingen von zwei Postulaten aus. Der Autonomieanspruch der Bischöfe, der durch den mißverstandenen Begriff der Kollegialität weit über Gebühr gefördert worden war, durfte die Privilegien des Heiligen Stuhles nicht gefährden. Je mehr das antizentralistische Ressentiment in der Kirche stieg, um so energischer mußte man von den Rechten Roms Gebrauch machen. Benelli war bereit, dem Papst die Milde zu überlassen, weil diese ihm ein menschliches Relief geben konnte. Er selbst nahm bedenkenlos in Kauf, als Unmensch zu gelten, wenn Rom dadurch die verlorene Kraft wiedergewann. Um diesem Ziele näher zu kommen, hatte Benelli eine unbarmherzige Prozedur im Sinn – den Ausbau des Staatssekretariats zu einem päpstlichen Superministerium. Er fing sehr langsam damit an.

Zunächst gelang es ihm, zwei ehrwürdigen, wirkungslos gewordenen Kurieneinrichtungen die Selbständigkeit zu nehmen. Die apostolische Pönitentiarie ist zuständig für alle Fragen des Gewissens, deren Entscheidung dem Papste vorbehalten bleibt. Der letzte Träger des Amtes war Kardinal Traglia, den die Presse einige Monate zuvor plötzlich für tot erklärt und mit Nachrufen versehen hatte, obwohl er sich bester Gesundheit erfreute. Die andere kassierte Institution, die Cancelleria, befaßte sich seit Jahrhunderten mit der Ausfertigung der päpstlichen Bullen und Dekrete. Kein Dokument von Rang verließ den Vatikan ohne das Siegel der Cancelleria, welches ihm Rechtskraft verlieh. Beide Ämter, eines theologisch, das andere juristisch, gerieten nun in die Abhängigkeit des Staatssekretariats. Ihre Funktionen blieben ungeschmälert, ihre Weisungen empfingen sie künftig von Benelli. Die Maßnahme war peripher, genügte aber, um bei Kennern Aufsehen zu erregen. Bald schwirrten Vermutungen über einen »Benelli-Plan« durch Hallen und Gänge. Hier – mit allem Vorbehalt – die glaubwürdigste Hypothese.

Bis 1975, so hieß es, solle das Staatssekretariat völlig neu organisiert werden. Die bisherigen Sektoren mit ihren feinen Kompetenzüberschneidungen wolle man in Großbüros zusammenfassen – Äußeres und Inneres, ordentliche und außerordentliche Angelegenheiten. Der gesamte dort arbeitende Stab werde innerhalb der Vatikanstadt in neuen Gebäuden untergebracht. Die bisherigen Räume des Staatssekretariats im apostolischen Palast – sie liegen auf gleicher Höhe mit dem Studio und der Wohnung des Papstes – würden vollständig renoviert, mit den besten Kommunikationsmitteln und Computeranschluß ausgestattet werden. Sie seien für den inneren Kreis des Staatssekretariats vorgesehen, der dort mit wenigen ausgesuchten Mitarbeitern die Zentrale in der Zentrale bilden werde. Hierzu sollten auch die wichtigsten Prälaten der Abteilung für Presse und Public Relations zählen. Wichtiger noch aber sei der Ausbau der Untersektoren für Osteuropa und China. Sie würden den bisherigen Geheimstil aufgeben und einen amtlicheren Charakter annehmen. Ihren Chefs stünde der Zutritt zum inneren Kreis selbstverständlich offen. Auf gleicher Ebene mit der Zentrale des Staatssekretariats sei beabsichtigt, eine erlesene Kontrollbehörde zu schaffen – das ausgebaute Privatsekretariat des Papstes. Seine Mitglieder hätten die Impulse des Papstes bis in die kleinsten Verzweigungen des Apparates zu verfolgen und ihre wunschgemäße Ausführung zu garantieren. Dadurch wolle man erreichen, daß das Superministerium auf die Doppelgleisigkeit der paulinischen Welt- und Kirchenpolitik in höchster Flexibilität reagieren könne. Den Funktionären des päpstlichen Privatsekretariats käme dadurch eine Macht zu, gegen die auch Kurienkardinäle und Bischofskonferenzen wenig ausrichten könnten. Um keinen Mißbrauch aufkommen zu lassen, würden die bevorzugten Monsignori in unregelmäßigen Abständen und ohne Begründung von einem Tag zum anderen abgelöst werden. Rätselhaft bliebe, wer an diesem luziden Gesamtplan den größeren Anteil hätte, der Papst – oder Benelli.

Der Entwurf solcher Neuordnung verkörperte einen rigorosen Zentralismus. Zugunsten reibungsloser Konformität wurde darin jeder Ansatz zur Selbständigkeit schon durch die Organisation unmöglich gemacht. Ein Vorzeichen für die angestrebte Methodik hatte Benelli im Winter 1972/73 gegeben – am Fall des Kardinals Bértoli. Der damalige Präfekt der Kongregation für Heilig- und Seligsprechungen entnahm eines Tages dem »Osservatore Romano«, die von ihm geleitete Behörde habe in Monsignore Casoria einen neuen Sekretär erhalten. Bértolis wichtigster Mitarbeiter war ausgewechselt worden, ohne daß man den Kardinal auch nur gefragt hätte. Aus Protest gegen solches Verfahren reichte Bértoli auf der Stelle seinen Rücktritt ein. Dieser wurde ohne Kommentar angenommen.

Benelli war sich darüber klar, daß der große Plan im Falle seiner Verwirklichung personale Veränderungen großen Stiles erfordern würde. Auch er selbst konnte davon betroffen sein – die Wahrscheinlichkeit stieg mit der Höhe seines Anteils an dem Vorhaben. Doch selbst um den Preis der eigenen Entfernung war Benelli entschlossen, dem Heiligen Stuhl in Gestalt des Superministeriums eine neue Festung zu bauen. Tendenzen in Episkopat und Klerus, gegen die römische Autorität zu stürmen, würden schon an den Außenforts erlahmen. Allerdings standen sie noch nicht. Benellis zahllose Feinde nützten die Zeit. Der englische Jesuit Peter Hebbelthwaite trat im »Observer« als öffentlicher Ankläger gegen den Erzbischof auf. Er zieh ihn der Verschleierungstaktik, warf ihm unstillbaren Machthunger vor und zeichnete ihn als einen Repräsentanten des finstersten Absolutismus. Unter Benellis Verwaltung, so schrieb Hebbelthwaite, sei niemand in der Lage, »zu erkennen, welches Ziel man im Vatikan verfolge und warum es im dunkeln geschehen müsse«. Selbst den französischen Einfluß, den der Kardinalstaatssekretär Villot mit päpstlicher Förderung wie einen Geheimbund im Vatikan organisiert hätte, habe Benelli sprengen können. Natürlich sei der gefürchtete Toskaner weder heimtükkisch noch korrupt. Aber es sei ihm gelungen, eine Zahl der Fenster, die Papst Johannes aufgestoßen hatte, wieder zu verschließen. Auch sei es mittlerweile schon unerheblich, wie lange Benelli selbst seine Macht behielte. Wenn man das ganze System nicht radikal veränderte, werde mit Sicherheit nach ihm ein anderer Benelli kommen. Der Angriff war so scharf, daß der Jesuitengeneral Arrupe sich zu einem Entschuldigungsbrief an Benelli aufraffen mußte – was wiederum die wahre Macht des letzteren bewies.

Einen mächtigen Impuls dürfte der Entwurf des Superministeriums durch die Erfahrungen erhalten haben, die Paul VI. und Benelli im Umgang mit der wichtigsten Kirchenversammlung seit dem Konzil sammeln mußten – der römischen Bischofssynode von 1971. Daß sie problematisch verlaufen würde, wußten Papst und Staatssekretariat von dem Zeitpunkt an, da Paul VI. das Thema bekanntgab, dessen Behandlung durch die Bischöfe ihm am vordringlichsten erschien: »Gerechtigkeit in der Welt«. Der Weltepiskopat zeigte sich daran weit weniger interessiert als an der Frage des »priesterlichen Dienstes«, der in der Meinung der Bischöfe der Vorrang zukam. Die Kurie befürchtete, die Synodalen würden, falls man ihnen nachgäbe, Sekundärprobleme wie den Zölibat diskutieren, als ob es um Schicksalsfragen ginge. Außerdem kannte man in Rom den kleinen, auf das Lokale konzentrierten Egoismus vieler Progressisten, der Weltprobleme an die Wand drücken konnte. Schon bald zeigte sich, daß der Vatikan mit Grund beunruhigt gewesen war. Die Bischöfe schlossen sich zu einem weltweiten Kampf um ihr Thema zusammen. Der Papst wich schließlich dem massiven Druck, um sein eigenes Anliegen nicht zu sehr zu belasten. Benelli aber war nicht bereit, die Niederlage hinzunehmen. Er antwortete mit einer Geschäftsordnung, an der Machiavelli seine Freude gehabt hätte.

Das Meisterstück setzte an bei der personalen Proportion der Synode. 145 Bischöfe waren von den nationalen und regionalen Bischofskonferenzen als Synodalen gewählt worden. Man konnte vorhersehen, daß etwa zwei Drittel von ihnen sehr weitgehende Autonomieforderungen mitbringen würden. Diese Mehrheit war bereit, die antikapitalistische Politik des Papstes voll zu unterstützen, aber um einen doppelten Preis. Die Zölibatsvorschrift mußte eine grundsätzliche Änderung erfahren – und die Synode sollte aus einer rein beratenden in eine mitbestimmende Versammlung verwandelt werden. Dem Vatikan schien es dringend geraten, hier ein Gegengewicht zu schaffen. Zunächst berief der Papst selbst eine gehörige Zahl zusätzlicher Synodalen. Vierzehn orientalische Kirchenfürsten und zehn Ordensgenerale wurden eingeladen. Etwa die Hälfte von ihnen war konservativ. Darüber hinaus aber verfügte Paul VI. noch die Teilnahme von 16 Kurienkardinälen und von 26 Bischöfen seiner persönlichen Wahl, die allesamt im kurialen Sinne als verläßlich gelten konnten. Die Endabstimmung über den Zölibat offenbarte die Effektivität der Maßnahme. Der »päpstliche Flügel« erwirkte den Beschluß, an der unbedingten Ehelosigkeit des Priesterstandes in traditioneller Form festzuhalten.

Benelli hatte noch eine zweite Sicherung eingebaut. Seine Geschäftsordnung legte klar, daß dem Papst das Recht zustand, die Auswertung der einzelnen Stimmen selbst vorzunehmen. Folglich hatte die Abstimmung namentlich zu erfolgen, denn nur so war die Qualität des Einzelurteils abzuwägen. Die Bischöfe fühlten den psychologischen Druck von Papst und Kurie, die ihnen bei jeder Stellungnahme über die Schultern sahen. Doch mußte erst die Zölibatsdebatte ihren Tiefpunkt erreichen, bevor Kardinal Döpfner im Namen vieler den Vorschlag machte, das leidige Problem durch Geheimabstimmung zu lösen. Man war sicher, wenn die personelle Kontrollmöglichkeit des Vatikans entfiel, würde das Ergebnis zugunsten einer Änderung der Zölibatsvorschriften ausfallen. Die Antwort aus dem apostolischen Palast formulierte Kardinal Staffa. Geheimabstimmung – ja. Aber nicht ohne Namen. Was künftig geheim bleiben sollte, war der gesamte Text der Dokumente, über deren Inhalt abgestimmt worden war. Trotz der Empörung der Progressisten nahmen die Schwankenden zu. Um ihnen eine Art Entscheidungshilfe im Sinne der Kurie zu geben, lief plötzlich das Gerücht um, der Papst werde in wenigen Wochen neue Kardinäle ernennen – man sprach von vierzig. Bei wenigstens siebzig der anwesenden Bischöfe löste diese Nachricht Überlegungen aus, die nur ein Heiliger sich verboten hätte.

Als endlich das päpstliche Thema »Gerechtigkeit in der Welt« zur Sprache kam, geschah es in einer Atmosphäre von Unmut. Die Bischöfe zeigten nicht entfernt die intellektuelle Beweglichkeit, die Paul VI. für das Verständnis seines Doppelprogramms vorausgesetzt hatte. In der Gerechtigkeitsfrage ging der Papst auf einen antikapitalistischen Kurs, angesichts dessen den Progressisten das Herz aufgehen mußte. Warum verstanden sie nicht, daß er zur Verwirklichung seiner prosozialistischen Politik disziplinierte Priesterkader brauchte, die nur in konservativem Gehorsam funktionieren konnten? Und weshalb begriffen die Konservativen nicht, daß nur die Hinwendung der Kirche zu der Weltidee des Sozialismus den alten römischen Gedanken der Universalität mit neuem Leben erfüllen konnte? Mußte unbedingt für Schizophrenie gehalten werden, was in Wirklichkeit simple Dialektik war, die man eigentlich schon bei Aristoteles und Thomas hätte lernen müssen? Vergebliche Fragen. Keine der beiden Richtungen konnte sich zu der Haltung durchringen, innerhalb der Kirche konservativ und in der Welt fortschrittlich zu sein. Wer in Kirchendingen dachte wie der Papst, blieb in der Politik sein Gegner. Wer politisch mit ihm einig ging, sah den kirchlichen Fortschritt in Dezentralisierung und Gemeinde-Monomanie. Allenfalls die Schwankenden nahmen von der einen und der anderen Seite vorsichtig auf, was ihnen konvenierte. Aber Paul wollte nicht Kompromisse, sondern dialektische Beweglichkeit. Man verstand ihn nicht. Wie bekümmert Paul VI. darüber war, kam in der Schlußansprache an die Synodalen zum Vorschein. Er sprach von »nostris dubitationibus« – von unseren Zweifeln –, eine Formulierung, die ihn selbst einbezog. Helfen konnte nur Neuorganisation. Alles sprach dafür, daß Benelli recht hatte.

In der Gerechtigkeitsdebatte gab es einen Augenblick, der die intime Verschränkung von klerikalem Fortschrittsglauben und antirömischer Sonderbündelei bloßlegte. Es war der Auftritt des Kardinals Landazuri von Lima. Nach Aussehen und Gehabe ein spanischer Hidalgo reinsten Wassers, erklärte der ehemalige Franziskanermönch der Synode die Konformität der Kirche von Peru mit dem Programm des Staates. Die dortige Agrarreform sei die einschneidendste in Lateinamerika. Die Kirche habe sich ihr angeschlossen und Latifundien aus der spanischen Kolonialzeit »unter gewissen Bedingungen« den Bauern übereignet. Die Erziehungsarbeit der katholischen Schulen sei ganz auf die Ausmerzung des Bewußtseins von Sozialunterschieden gerichtet. Das große Entwicklungsprogramm werde jedoch gestört durch das Abwandern ausländischen Kapitals. Er verlange die Maßregelung der schuldigen Regierungen. Mit diesen Worten machte sich der Kardinal zum peruanischen Staatssprecher. Unmißverständlich war die Tendenz zur Identität von Kirche und Nation. In einem wenig später gewährten Interview ging Landazuri noch weiter. Er stellte Peru als ein Land dar, das sein Ideal gefunden habe – in der Vereinigung von totalem Gemeinschaftsleben, Humanismus und Christentum. Das Wort »Nationalkirche« hing in der Luft, ausgesprochen hat es nicht der Kardinal, aber sein Sekretär.

Niemand auf der Synode kritisierte, daß Landazuri einen wesentlichen Aspekt des religiösen Lebens seines Landes unberücksichtigt ließ – das Glaubensproblem. Die Gerechtigkeit, von der die Synode sprach, ist im Sinne des Evangeliums eine christliche Tugend und setzt den Glauben voraus. Nicht nur Peru, ganz Lateinamerika, der größte katholische Lebensraum der Welt, zeigt einen Glaubensverfall ohnegleichen. Befallen sind die Bevölkerung, die Hierarchie – und deren priesterliche Gegner.

Die Kirche war nach Lateinamerika gekommen im Gefolge der europäischen Eroberer. Seither galt als eine Art Naturgesetz, sie mit den Herrschenden verbündet zu sehen. Beide teilten sich die Macht und das Land. Als die Kirche später vielfach ihre Latifundien verlor, behielt ein großer Teil des einheimischen Klerus den alten feudalen Hochmut bei, zu dem sich nach eingetretener

Verarmung eine unverhüllte Geldgier gesellte. Gegenüber der Seelenlage ihrer eigenen Gemeinden zeigte die Priesterschaft Unwissen und Gleichgültigkeit. Weitverbreitete Verachtung des geistlichen Standes war die Folge. Eine gewisse Ausnahme machte man mit ausländischen Missionaren, deren selbstloses Wirken offensichtlich war. Für den einheimischen Klerus bildeten sie ein kaum verhohlenes Ärgernis. Lateinamerikanische Bischöfe konnten nur mühsam den Verdacht unterdrücken, von nicht-einheimischen Priestern beobachtet, kritisiert und fallweise auch kontrolliert zu werden. Dies veranlaßte einen Apostolischen Nuntius zu dem Vorschlag, Hilfsgelder aus Europa künftig doch besser durch die vatikanische Diplomatie verwalten zu lassen, die bei ihrer Verteilung auf eine kirchlich unangreifbare, zugleich übernationale Position verweisen könne.

Seit dem Konzil hat die lateinamerikanische Hierarchie den traditionalistischen Kurs vielfach aufgegeben – aber mehr in der Politik als in der Seelsorge. Für die Förderung der sozialistischen Kräfte im politischen Leben gab es zwei Gründe. Man paßte sich den Intentionen Pauls VI. an – und man hoffte, die anti-hierarchischen Priester der Revolution von ihrer »Theologie der Gewalt« abzubringen. In der Seelsorge bestanden die Vertreter der Amtskirche weiterhin auf der Vermehrung der Seminare und Versorgungsfonds, nach dem Rezept – mehr Priester, mehr Christen. Die Revolutionspriester suchten zunächst ihrem Namen gerecht zu werden, unterlagen aber bald dem Zugzwang subversiver Aktivität und wurden so gute Revolutionäre, daß ihnen zur Ausübung des Priesterdienstes Zeit und Überzeugung schwanden. Beide Gruppen sahen, nach Konzept verschieden, das »katholische Problem« materialistisch und hielten es nur dann für lösbar, wenn zuvor die materiellen Verhältnisse gebessert waren. Die Bevölkerung aber, im Glauben alleingelassen, hatte längst einen anderen Weg beschritten, um den der ganze Klerus einen weiten Bogen schlug.

Unter katholischem Deckmantel hatte sich in vielen Spielarten ein halbheidnischer Kult von großer religiöser Kraft entwickelt, der im ganzen Osten des Kontinents die Menschen anzog und tiefgläubige Gemeinschaften zu bilden vermochte. Bei den Indios von Chile bis Mexiko versprachen – unter dünner katholischer Verbrämung – präkolumbianische Glaubensformen und Riten den übernatürlichen Halt, den die Kirche nicht mehr zu geben wußte. Das alte, nie ganz erloschene Heidentum erstand überall zu neuer Attraktivität. Die Kirche nahm dazu nur mit dem Sammelbegriff »Aberglauben« Stellung – was lediglich bewies, daß sie die wahre Natur des Phänomens nicht erkannte. Die einander bekämpfenden Fronten, Amtskirche und Revolutionäre, hatten gemeinsam eines vergessen – das übermächtige Bedürfnis der Menschen nach dem Erlebnis von Metaphysik. Die Anhänger des heidnischen Kultes gingen allesamt brav zur Sonntagsmesse und den Sakramenten. Aber ihren Glauben holten sie sich anderswo.

Als Beispiel diene Brasilien. Mit den portugiesischen Eroberern waren auch dort, entsprechend der spanischen Seite, die Missionare gekommen. Ihre Aufmerksamkeit galt zunächst den Eingeborenen, also den brasilianischen Indianern, die im Gegensatz zu den Andenvölkern keine Hochkultur besaßen. Nach den üblichen Schwierigkeiten nahmen sie das Christentum an. Kaum war das Missionswerk halbwegs gesichert, landeten die ersten schwarzen Sklaven. Sie brachten von Angola, dem Kongo und der Goldküste eine sehr alte Religion mit. Portugal bestand darauf, daß die Schwarzen zwangsgetauft wurden. Denn damit allein war die Sklaverei zu rechtfertigen – ein unfreier Christ war noch immer besser als ein freier Heide. Die Schwarzen, gehindert an der Ausübung ihres eigenen Glaubens, tauften nun ihrerseits die alten Götter um. Sie benannten sie nach christlichen Heiligen, waren somit vor Kirchenstrafen sicher und blieben, was sie gewesen. Später drangen auch noch indianische Elemente in die afrikanische, christlich getarnte Religion ein. Das daraus entstandene bizarre Gemisch durfte seit dem Ende der Kolonialherrschaft als Kult frei ausgeübt werden. In der alten Hauptstadt Bahia hieß es Candomblé. In Recife wurde daraus Xangò, in Rio Macumba.

Vor dem Eingang zu einer Candomblé-Stätte steht ein gemauertes Puppenhaus, in dem der Teufel wohnt. Er ist das Enfant terrible des Götterhimmels und muß vor der Kulthandlung durch ein Opfer besänftigt werden. Sein großer positiver Gegenspieler ist ein gütiger, ewig wandernder Greis, der Fruchtbarkeit spendet. Damit ihn niemand erkennt, verbirgt er sich in der Gestalt des Jesuskindes. In keinem Candomblé-Heiligtum fehlt der heilige Antonius von Padua – in Wirklichkeit der Gott des Krieges, dem man Hahn und Ziegenbock opfert. Die Heiligen Petrus und Hieronymus sind Maskierungen für den Gott des Blitzes. Falls bei einer Kultfeier ein Teilnehmer in Trance wie ein Hund zu bellen beginnt, ist der Gott der Jagd in ihn gefahren. Auf Befragen wird der Betreffende sagen, er habe eine Vision des Erzengels Michael oder des heiligen Georg empfangen. Während orgiastischer Tänze, die die Nacht hindurch andauern, wird stets voller Liebe des Herzens Jesu gedacht, oder Unserer Lieben Frau vom guten Sterben, des heiligen Lazarus, des heiligen Laurentius – sogar des Altarsakramentes.

Candomblé, Xangò und Macumba sind keine Spiegelfechterei. Sie tragen die Merkmale einer Religion: Dogma, Kult und Moral. Der Bischof einer Stadtdiözese von Rio de Janeiro gab zu, daß auf die achtunddreißig Pfarrkirchen seines Sprengels sechstausend Macumba-Heiligtümer kommen. Das ist aber nur die Außenseite des Problems. Die Pfarrkirchen werden von Priestern betreut. Die Macumbastätten aber sind im Besitz von Frauen. Auf der ganzen Welt hat die katholische Kirche, vor allem in kritischen Situationen, stets auf die Treue der Frauen gebaut. Dem seltsamen Mischkult ist es gelungen, Frauen in großer Zahl zum Abfall zu veranlassen. Sie kehrten nicht zurück.

Aus der Berührung von Macumba und Zivilisation entstand der Spiritismus, Macumba in vergeistigter Form. Man ließ die blutigen Opfer fallen, behielt das Herz Jesu und einige christliche Heilige, nahm Astrologie und Mesmerschen Magnetismus hinzu. Entscheidend war die Hinwendung zur sozialen Hilfe. Der Spiritismus kümmerte sich um die Lebensverhältnisse seiner Anhänger. Den Kultstätten wurden Waisenhäuser, Zahnstationen, Apotheken und Schulen angeschlossen, Freizeitclubs und Blaskapellen dienten der Unterhaltung. Resultat: Von der Gesamtbevölkerung Rios gingen vierzig Prozent zum Spiritismus über. Fragte man sie, ob sie katholisch sind, so antworteten alle mit Ja. Der Spiritismus beanspruchte die Wahrheit. Aber wodurch er die Menschen faszinierte, war Heilung. Er versprach Befreiung von allen widrigen Gewalten, die die Seele angreifen, Abwehr gegen feindliche Kräfte, die von den Sternen kommen, Schutz vor Krankheit, und noch mehr – Glück. Der afrikanische Kult war auf dem Wege, sich der modernen Gesellschaft zu bemächtigen.

Unter den Augen der Kirche fand ein Prozeß statt, der eine Umkehrung der Christianisierung war. Als Europa christlich wurde, hatte die Kirche mit Behutsamkeit und Kraft alle Elemente des alten Götterglaubens an sich gezogen, die geeignet waren, christlichen Inhalt aufzunehmen. In Südamerika hat das Heidentum alle Elemente der katholischen Religion aufgesogen, mit deren Hilfe die alten Götter am Leben erhalten werden konnten. Seit dem Konzil lastete über dem katholischen Kontinent eine Frage, die niemand stellte. War es wichtiger, Katholik zu sein – oder zu glauben? Dem Anschein nach ein absurdes Dilemma. Bei der Amtskirche wie bei den Priesterrevolutionären galt der Begriff »katholisch« inzwischen als Name für christliches Sozialengagement. Auf beiden Seiten hatte sich der Übergang vom praktizierten zum materialisierten Christentum längst verwischt. Für die Bevölkerung dagegen war das Gefühl, katholisch zu sein, ein altvertrauter Zustand, der – im Sinne der »Pietas« – eine immense Frömmigkeit hervorbringen konnte. Den Glauben hingegen fanden sehr viele Menschen Lateinamerikas längst nicht mehr in der Wahrheit des Christentums – gleichviel, ob diese ihnen mit oder ohne Karl Marx angeboten wurde. Man konnte kirchliche Sozialleistungen dankbar annehmen und dennoch auf jene Wunder hoffen, deren Glaubwürdigkeit die Kirche inzwischen bestritt. Wenn ein Pfarrer einen Brunnen grub, der in trockener Erde Wasser brachte, war er ein großer Mann. Früher hatte er ein Dankgebet angestimmt. Seit dem Konzil erklärte er, wie die Sache zustande kommt. Dafür war man erkenntlich, zumal der Versuch wiederholbar schien. Unbegreiflich blieb nur, warum der Pfarrer jetzt das Dankgebet wegließ. So mußte es also doch die freundliche Göttin mit dem Fischleib gewesen sein, die das neue Wasser geschickt hatte – die Schwester des heiligen Antonius. Die Kirche war vor dem Dilemma »Katholik sein – oder glauben« blind. Die Bevölkerung beantwortete es. In den Anden veranstalteten die Indios in bestimmten Nächten Prozessionen auf die Gipfel heiliger Berge, um dort das Erscheinen der Sonne zu erwarten. Das Bild des Gekreuzigten nahmen sie mit hinauf. Begründung: »Damit auch er die Sonne anbetet.«

Am schlimmsten litten unter dem Zustand die Inlandspriester. Im Klerus der ganzen Welt gab es keine ärmeren Seelsorger. Die meisten von ihnen mußten etwa vierzig Meilen zurücklegen, wenn sie sich mit dem nächsten Nachbarpriester auf halbem Wege treffen wollten. Man unternahm die Reise durch Busch, Gebirge und Hochwüsten nur einmal im Jahr – um einander die Sünden zu bekennen, Reue zu erwecken und die Lossprechung zu erteilen. Die Vereinsamung dieser Priester machte begreiflich, daß ihnen der Zölibat zu einem übermenschlichen Problem wurde. Zumeist behalf man sich mit dem Konkubinat, das aber selten zu verheimlichen war, weil es oft schon nach kurzer Zeit in ein reguläres Familienleben überging. Die Bevölkerung reagierte merkwürdig. Man verstand und duldete das Verhalten der Priester, aber man billigte es nicht. Die Übertretung des Zölibats steigerte nur die allgemeine Verachtung des Priesterstandes. Jeder Macumbeiro erlebte in Trance, wie er selbst zum Gott wurde. Aber wenn er erwachte, war er wieder ein bloßer Mensch. Der Priester hingegen konnte den höchsten Gott leibhaftig auf den Altar herabrufen, ihn in den Tabernakel bannen und – ihn weitergeben. Der Allmächtige ließ sich das nicht nur gefallen, er sandte dabei noch eine Kraft in die Welt, die jedes Wunder zu wirken vermochte. Blieb es heute aus, dann trat es morgen sicher ein. Für das katholische Lateinamerika war die Religion eine bedingungslose Hoffnung, die niemals erlahmte. Ihr Repräsentant war der Priester. Er mußte sich am Altar und im Leben von den anderen Menschen unterscheiden. Denn er verkörperte nicht die armselige Realität der Gegenwart, sondern ihren künftigen glorreichen Sinn. Die Indignation über den Klerus entsprang einer Enttäuschung. Zu lange hatten die Priester in ihrem Verhalten der Hoffnung widersprochen, die sie verkündeten. Die jungen Priester aber, die nun zu Revolutionären geworden waren, redeten immer mehr von einer Hoffnung, die mit Religion nichts zu tun hatte.

Die lateinamerikanische Hierarchie erwies sich unter Paul VI. papstkonform. Die Annäherung an den Sozialismus wurde vollzogen, man verhalf in Chile dem radikalen Allende zur Macht, man tastete sich an Fidel Castro heran. Kein Bischof war unglücklich darüber, die religiösen und psychologischen Probleme seiner Gemeinde nunmehr von einem handfesten Diesseits her anpacken zu können. Die Lösung des Glaubensproblems wurde zu einer in der Zukunft liegenden geistigen Konsequenz, für die erst konkrete Voraussetzungen geschaffen werden mußten. Geradezu verpönt war die Frage, wer die geistliche Verantwortung für jene zahllosen Millionen übernähme, die heute und jetzt eines jenseitigen Trostes bedurften – um das Elend zu ertragen, dessen Linderung sie nicht mehr erleben würden. An die Stelle metaphysisch verankerter Hoffnung war eine ökonomische Zukunftsgläubigkeit getreten. Ihr die Priorität zuzuschreiben, war für die Amtskirche um so leichter, als man sich mit Rom einig wußte. Ein Kurienkardinal, der mir ein Gespräch über die religiöse Lage in Lateinamerika gewährte, wußte unglaublich gut Bescheid über die Probleme des Straßenbaus, der Wasserversorgung, der landwirtschaftlichen und industriellen Erschließung. Alles käme darauf an, in den Menschen jenes Kontinents den Willen zur gemeinsamen Leistung zu wecken. Und das Glaubensproblem? »Ja«, sagte der Kardinal, »eine neue Verkündigung des Evangeliums muß natürlich auch kommen.« Auf meine Frage, ob man nicht zuerst damit anfangen solle, lächelte er höflich und schwieg.

Paul VI. war sensibel genug, in einer solchen von ihm gebilligten Haltung auch Gefahren zu sehen. Je mehr es der Kirche gelang, ihrem Sozialengagement Beweiskraft zu verleihen, um so stärker würde sie auch dem Sog zur Säkularisierung ausgesetzt sein. Bischöfe konnten sich die Kenntnisse von Ingenieuren und das Planungsdenken des Managements aneignen, aber würden sie dann noch Bischöfe bleiben? Jeden einzelnen zu kontrollieren, schien weder wünschenswert noch möglich. Also galt es, die Koordination des Gesamtepiskopats zu verbessern und seinen Korpsgeist zu erhöhen. Bei der Weihe von neunzehn Bischöfen im Februar 1972 sprach der Papst vom Charisma und der Autorität der Hierarchie.

Kein Ereignis im Pontifikat Pauls VI. hat wie diese Bischofsweihe die Anforderungen gezeigt, die der Papst an die Hierarchie stellte. Sie sollte neu erfassen, daß zwischen ihrem Charisma und dem der Laien ein Wesensunterschied besteht. Diese besondere Position des Bischofsamtes wurde von vielen Theologen angezweifelt. Paul VI. begründete sie mit Worten des Apostels Paulus. Weit sprechender aber als die päpstliche Theologie waren die Umstände bei der Weihe selbst. Aus ihnen ging deutlich hervor, wie der Papst zu jener Stunde das Bischofsamt sah – als Integration von geistlichem Auftrag, Einwirken auf die Welt und Gehorsam gegenüber dem Heiligen Stuhl.

Einer der Empfänger der Bischofsweihe war der neue Erzbischof von Dublin. Neben dem Papst am Altar stand als Mitkonsekrator der Kardinal von Nordirland. Paul VI. hatte ihn eigens dafür nach Rom gerufen. Dies war eine eminent politische Demonstration für die Einheit Irlands und gegen die Ansprüche der britischen Regierung. Ein Seitenblick ging nach Moskau, das mit der IRA sympathisierte.

Ein zweiter Weihekandidat war Johann Baptist Gijsen, künftiger Bischof von Roermond. Seine Nominierung hatte in Holland schwerste Proteste hervorgerufen. Man hielt Gijsen für erzkonservativ, bedingungslos romtreu, einen Saboteur des Fortschritts in der holländischen Kirche. Auch der Primas von Holland, Kardinal Alfrink, hatte mit Warnungen nicht gespart. Paul VI. pochte auf seine Autorität, rief Alfrink als Mitkonsekrator an den Altar nach Rom und befahl ihm, dem unglücklichen Gijsen die Hände aufzulegen.

Die Weihe des Erzbischofs Edoardo Pecoraio hatte diplomatischen Hintergrund. Er sollte als Nuntius nach Malta gehen. Dort hatte wenig zuvor der Premier Dom Mintoff die englischen Luft- und Flottenbasen gekündigt und befand sich nun in schweren Geldnöten. Den reichen Kirchengütern auf Malta drohte Beschlagnahme. Der hochbetagte Erzbischof von Malta, Sir Michael Gonzi, reiste zum Papst. Paul VI. erkannte sofort die Chance. Unvergleichlich wichtiger als die Kirchengüter war die Gelegenheit, die ihre Existenz dem Heiligen Stuhl bot. Als interessierter und möglicherweise betroffener Staat konnte der Vatikan zum ersten Mal seit dem Zweiten Weltkrieg in ein europäisches Problem vermittelnd eingreifen. Gonzi ging nach London und nach Brüssel zur Nato, Pecoraio nach Malta. Ziel der päpstlichen Politik war die Neutralisierung der Insel. Wäre sie zustande gekommen, so hätte Malta von da an strategisch nicht mehr existiert, weder für die Nato – noch für die sowjetische Mittelmeerflotte.

Die komplizierteste Situation innerhalb der Zeremonie in St. Peter hatte zwei Protagonisten, einen Rumänen und einen Ukrainer. Monsignore Anton Jakob wurde durch die Bischofsweihe Koadjutor mit Nachfolgerecht in der Diözese Alba Julia in Transsilvanien. Der dortige Erzbischof, Monsignore Marton, hatte selbst um Jakobs Erhebung nachgesucht, dessen Lehrer und Pfarrer er einst gewesen war. Als Marton in Rumäniens stalinistischer Zeit viele Jahre in Einzelhaft verbringen mußte, hatte Jakob die Gläubigen zusammengehalten. Nun wünschte Marton, bei der Weihe des Mannes anwesend zu sein, mit dem ihn so viele gemeinsam erlebte Stürme verbanden. Der Papst bot ihm an, die Konsekration selbst vorzunehmen. Im letzten Augenblick wurde bekanntgegeben, daß Marton abgesagt habe – angeblich aus Gesundheitsgründen. Jakob blieb allein.

Der zweite, der allein blieb, war Efrem Basilius Krevel, neu ernannter Bischof einer exilukrainischen Gemeinde in Brasilien. Sein Großerzbischof, Kardinal Slipij, wohnte nur zwei Schritte von der Peterskirche entfernt, weigerte sich aber entschieden, an der Feierlichkeit teilzunehmen. Wer danach suchte, konnte den Grund finden – in der Vierung der Basilika. Dort saßen – in einem toten Winkel, der von Diplomaten und Journalisten nicht eingesehen werden konnte – sechs Prälaten des Patriarchats von Moskau. Sie gehörten einer Delegation an, die soeben für längere Verhandlungen im Vatikan weilte. Paul VI. hatte ihre Anwesenheit bei der Zeremonie als Entgegenkommen gewertet. Also war Marton zurückgehalten worden, damit der Anblick des greisen Widerstandskämpfers die moskowitischen Gäste nicht störe. Slipij tat dem Papst den Gefallen, wütend zu werden und selbst fernzubleiben. Er soll wenig später gesagt haben: »Ich erinnere mich eines jeden Augenblickes meiner sowjetischen Haft, einschließlich der Zeit, in der ich zum Tode verurteilt war. In Rom habe ich Augenblicke erlebt, die schlimmer waren.«

Die neuen Bischöfe waren von den inneren Divergenzen der Zeremonie durchaus berührt. Um die Spannungen zu entschärfen und den jüngsten Nachfolgern der Apostel die Wurzel ihrer Kraft zu demonstrieren, stieg Paul VI. mit ihnen am Ende der Kulthandlung die Stufen der Confessio hinab bis vor die Prunktüre, hinter der das antike Baugefüge über dem Petrusgrab beginnt. Dort betete man das Credo als Bekenntnis zur Einheit in Glauben und Kirche. »Es ist das Grab des heiligen Petrus, das zu uns spricht«, so hatte der Papst in seiner Rede gesagt. Den Bischöfen war klar, daß Paul VI. sie auf den Apostel verpflichtete, dessen Schlüsselgewalt in seinen Händen lag. Es gab einen Unterschied zwischen dem nachgeordneten Charisma der Laien und dem originären der Bischöfe. Und es gab einen Unterschied zwischen der nachgeordneten Autorität der Bischöfe und der absoluten des Papstes.

Im Juli 1973 veröffentlichte der Vatikan die neuen »Anweisungen für das Hirtenamt der Bischöfe«. Darin wird ihnen nahegelegt, Autorität zu bewahren, aber sorgfältig den Anschein zu vermeiden, als seien sie autoritär. Es sei wichtiger zu überzeugen als zu befehlen. »Der Stein«, so sagte ein alter italienischer Vatikan-

Spezialist, »der kleine Stein, den ein Hirt nach einem abirrenden Schaf wirft, ist außer Mode. Jetzt muß der Hirt das Schaf überreden, zur Herde zurückzukehren.« Der Heilige Stuhl verlangte von seinen Bischöfen einen Stil, den er selbst nie geübt hatte. Der Bischof sollte in größter Einfachheit leben und mit allen seinen Partnern »familiariter« verkehren. Er sollte sich fernhalten von einer weltlichen Regierungsweise. Er sollte den Menschen aller sozialen Schichten nicht ein strenger Richter, sondern ein liebenswürdiger Lenker sein. Es schien, als verberge sich hinter solchen Empfehlungen Pauls VI. persönliches Problem. Pius XII. wollte nicht überzeugen – die Sache, die er vertrat, mußte es tun. Johannes XXIII. brauchte nicht zu überzeugen – wer ihm begegnete, vertraute ihm. Paul VI. konnte nicht überzeugen – er wollte zu vieles zur gleichen Zeit. Also verlangte er von seinen Bischöfen, sie sollten sich verhalten, als sei jeder von ihnen ein Papst Johannes, und er forderte einen Gehorsam, als sei er selber Pius XII.

Die »Anweisungen« an die Bischöfe enthielten einen besonderen Artikel, worin der Heilige Stuhl dem Episkopat nahelegte, in die Geisteswelt der Atheisten einzudringen. Schon im Herbst 1970 hatte das vatikanische Sekretariat für die Nichtgläubigen ein Richtlinien-Dokument über den Gegenstand veröffentlicht. Darin wurde innerhalb der Priestererziehung ein spezielles Atheismusstudium gefordert. Marx und Engels, Hegel und Feuerbach, die Systeme von Lenin, Mao und Castro, die Prinzipien von Garaudy, Lukács und Bloch, die Schule von Frankfurt und die auf Marcuse basierende Studentenbewegung sollten dem katholischen Priester von nun an geläufig sein. Angesichts der Verbreitung des Atheismus in der Welt, so argumentierte man, sei nicht mehr der Kampf gegen ihn, sondern der Dialog geboten. Die jungen Kleriker würden die Lehre der Kirche um so unangreifbarer finden, je tiefer sie in die Denkweise ihrer Gegner eindrangen. In der Beurteilung dieser Gegner zeigte das Dokument eine wohlbedachte Unterscheidung. Volle Ablehnung der Kirche fanden der Pragmatismus und der Neopositivismus, beide angelsächsischer Herkunft. Es war deutlich zu erkennen, daß man die tödlichen Feinde mehr in

Harvard und Yale, Cambridge und Oxford am Werke sah als in den ideologischen Seminaren von Moskau, Peking und Havanna. Gegenüber dem Marxismus fielen die Worte »Zusammenarbeit« und »Bündnis« – ein Grund mehr, sich in seine Gedankenwelt zu vertiefen. Es mußte vermieden werden, daß die Katholiken eines Tages als Verbündete des Kommunismus erwachten, »ohne es zu wissen oder zu wollen«. (Wenn sie es aber wußten und wollten, sagte das Dokument nichts dagegen.) Kompromißlose Hinwendung zum Menschen auf dieser Welt bestimmte das Kirchenbild, dessen Verwirklichung Paul VI. von der katholischen Hierarchie verlangte.

Es ging dem Papst um eine radikale Veränderung. Die Welt mußte davon abrücken, die Kirche für ein Sammelbecken von Konformisten und Phantasten zu halten. Ein Klerus, weltoffen und altruistisch, konnte auch dort glaubwürdig sein, wo man den Glauben verachtete. Um eine solche menschengewinnende Priesterschaft für die Welt von morgen entstehen zu lassen, durfte schon heute kein Mitglied des Klerus mehr unter der Zwangsvorstellung leben, von seinen Oberen gegängelt zu werden. Das bedeutete Demokratisierung der Hierarchie. Aber nur von den Bischöfen abwärts. Der Heilige Stuhl blieb notwendig davon ausgenommen, denn er war das universale Regulativ des Ganzen. Untereinander gleich und in Brüderlichkeit verbunden – die Bischöfe; darunter die Priesterschaft, liebevoll gelenkt; darüber die Kurie als Koordinationsapparat – und über dem Ganzen der Papst, der den Kurs der Katholiken in der Welt bestimmt, die Einheit der Kirche garantiert und den Glauben rein erhält. Das war, vergröbert, Pauls VI. Vorstellung von der künftigen katholischen Hierarchie.

Der Anspruch des Programms bedingte höchste Sorgfalt bei der Auswahl der Personen. Die Normen, die Paul VI. für das Aufspüren künftiger Bischöfe erließ, hätten jeder Geheimgesellschaft zum Stolz gereicht. Der Anfangsimpuls lag stets beim Diözesanbischof. Hatte dieser einen Kandidaten »in petto«, so prüfte er zunächst, was Klerus und Laien über ihn dachten. Die Erkundung mußte in Einzelgesprächen und unter Schweigepflicht geführt werden, der Kandidat hatte ahnungslos zu bleiben. Sodann diskutierte der Bischof die Persönlichkeit seines Anwärters in einer Geheimkonferenz mit bischöflichen Kollegen. Die Konferenz trat nur einmal im Jahr zusammen und kontrollierte die Entwicklung, die der Kandidat inzwischen genommen hatte. In Parallelaktion befragte der päpstliche Nuntius alle ihm bekannten Personen, die über den Kandidaten »möglichst vollständige Informationen« liefern konnten. Auch hier waren »kluge und vertrauenswürdige Laien« nicht auszuschließen. Das gesamte Material über jeden so gefilterten Kandidaten ging nach Rom. Wurde schließlich ein Bischofssitz frei, so nannte die Geheimkonferenz dem Papst aus dem vorhandenen Reservat einige Namen. Daraufhin konnte sich der Pontifex für einen der Vorgeschlagenen entscheiden – oder an dessen Stelle einen Mann eigener Wahl setzen, der ohne Widerspruch akzeptiert werden mußte.

Typisch für Paul VI. war an dieser Verfügung, daß sie vier Schwierigkeiten zugleich überwinden sollte. Der Einfluß weltlicher Macht auf die Bischofsernennungen war praktisch ausgeschaltet, ohne fallweise bestehende Konkordatsvereinbarungen zu verletzen. Der Kandidat blieb unbelastet, auch wenn er abgelehnt wurde. Der Methode war ein Anflug demokratischer Gesinnung verliehen, da ja immerhin zur Nominierung des Anwärters viele Urteile zusammenwirken mußten. Der Papst brauchte in Normalfällen nicht autoritär aufzutreten, behielt aber die Entscheidung in der Hand.

Paul VI. glaubte, mit dieser Lösung den Konservativen und den Progressisten gleichzeitig entgegenzukommen. Zu seiner Verwunderung waren beide Seiten unzufrieden. Die Konservativen hatten in der Hierarchie stets ein monarchisches Prinzip gesehen und sollten sich nun plötzlich demokratisch verhalten. Die Progressisten fanden die Demokratisierung fadenscheinig und verübelten dem Papst, daß er sich selber davon ausnahm. Wieder einmal hatte Paul VI. zuviel gewollt. Seine Absicht war, die Bindung der Bischöfe an den Heiligen Stuhl modernen Erfordernissen anzupassen, ohne sie zu lockern. Nicht die Substanz der hierarchischen Idee sollte sich ändern, sondern ihr Stil. Nach den Vorstellungen des Papstes konnte die Kirche der Zukunft nichts gewinnen, wenn man die disziplinäre Stufenfolge zwischen Bischöfen, Priestern und Laien planierte. Vielmehr galt es, das Mitspracherecht von Priestern und Laien zu erweitern, das autoritäre Verhalten der Bischöfe zu unterbinden und hierdurch ein religiöses Kollektiv zu erzeugen, worin die Hierarchie ungeschmälert wirksam bleiben konnte, sofern sie auf ihre traditionelle Begründung verzichtete. Folglich war das Kriterium eines Bischofs künftig nicht mehr seine Würde, sondern die Funktion, die der Dienst am Menschen von ihm forderte. Funktionen aber bedürfen der Steuerung. Diese war naturgemäß die Sache der Kurie, deren Anspruch sich jetzt nicht mehr nur aus der Vollmacht des Heiligen Stuhles rechtfertigte, sondern ebensosehr aus der Notwendigkeit der Organisation.

Die erneuerte Struktur der Hierarchie zeigte manche Analogie zur Arbeitswelt der industriellen Gesellschaft. Bis zur Bischofsebene hinauf gab es demokratische Kommunikation. Initiativen und Kritik waren allen Instanzen freigestellt. Personelle Veränderungen resultierten aus steigender oder sinkender Leistung und waren nicht mehr behindert durch einmal verliehene Würden. Informationen gelangten durch die Bischöfe gebündelt an den Vatikan, der sie durch die Nuntiaturen nachprüfen und nach Ermessen auswerten konnte. Der Papst aber war in der Lage, seine Autorität ohne Umwege einzusetzen, wann immer sein gottbezogener Auftrag es gebot.

Der perfekten Verwirklichung dieses Entwurfes standen einige Hindernisse entgegen. Seit das Konzil die Pluriformität kirchlichen Lebens proklamiert hatte, sahen große Teile der Priesterschaft und des Episkopats den Sinn ihres Amtes immer ausschließlicher in der Anpassung an die besonderen Bedürfnisse ihrer Gemeinden. Das gesamtkirchliche Denken ging zurück, die Gefahr lokaler Abkapselung stieg. Der Heilige Stuhl konnte nicht mehr mit dem Gehorsam rechnen, der unter Pius XII. noch bedingungslos gewesen war. Das Bewußtsein von einem »Orbis catholicus«, von einem katholischen Erdkreis war zum romantischen Überbleibsel einer vergangenen und mißleiteten Kirche geworden – und damit schien auch das alte Bild des Papsttums verbraucht. Angesichts dieser Umwälzung im kirchlichen Denken erkannte Paul VI. bald, daß die Hierarchie nicht zu erneuern war ohne ein modernes Verständnis des päpstlichen Amtes. Intuitiv hatte schon Johannes XXIII. das Problem aufgegriffen. Seine Unterschrift auf der Einberufungsakte des Konzils zeigte nicht die traditionelle Formel »Johannes PP. XXIII«, sondern das lapidare Wort »Johannes Episcopus«, Johannes der Bischof. Darin lag ein Programm, das Paul VI. aufnahm. Der Papst sollte als Bischof der universalen Kirche gesehen werden. Nicht nur die Stadt Rom, die ganze katholische Welt mußte ihn als Seelsorger und Oberhirten begreifen. Der Priester-König legte seine dreifache Krone ab und wollte der Bischof der Bischöfe werden. Um diesen Plan durchzusetzen, faßte Paul VI. einen folgenschweren Entschluß. Er entmachtete die Kardinäle.

Das Heilige Kollegium der Kardinäle bildete innerhalb des Episkopats eine Sondergruppe. Ihre Mitglieder waren in der Weihehierarchie nicht über den Bischofsrang hinausgehoben. In der Diensthierarchie aber besaßen sie ein Privileg, das durch den Purpur gekennzeichnet war. Seit 900 Jahren stand ihnen allein das Vorrecht zu, den Papst zu wählen. Seit 600 Jahren hatten sie niemals mehr einen Mann erkoren, der nicht aus ihren eigenen Reihen stammte. So war theoretisch jeder Kardinal zum potentiellen Nachfolger des regierenden Pontifex geworden. Dies verlieh ihm eine Aura, wie sie keinem Bischof eignete. Vom 13. bis zum 16. Jahrhundert hatte das Heilige Kollegium neben dem Papst eine tatsächliche Mitregierung der Kirche gebildet. Später sank die Macht der Kardinäle in der Exekutive – dafür erhielten sie den Titel »Eminenz« und zahlreiche persönliche Sonderbefugnisse. Bis zu Paul VI. herauf beanspruchten sie das Recht, die nächsten Berater des Papstes zu sein. Dabei bestand in Umgang und Selbstbewußtsein ein fühlbarer Unterschied zwischen den Kardinälen, die vom regierenden Papst kreiert worden waren, und jenen, die ihn einst gewählt hatten. In diesen Zustand griff Paul VI. rigoros ein.

Er begrenzte das Wahlalter der Kardinäle auf achtzig Lebensjahre, nach deren Vollendung das Konklave für sie gesperrt war. Damit schuf der Papst drei neue Tatbestände. Der größte Teil seiner eigenen Wähler hatte die Altersgrenze schon überschritten und büßte den bisherigen Vorrang ein. Das Heilige Kollegium bestand fortan in überwältigender Mehrheit aus Kardinälen, die keine Möglichkeit hatten, dem Papste die Voraussetzungen vorzuhalten, unter denen er selbst gewählt worden war. Die Papstwahl, bisher als ein vom Heiligen Geist inspirierter Vorgang begriffen, verwandelte sich in eine Funktion, deren Träger statistischen Normierungen unterlagen. Am Vorabend seines achtzigsten Geburtstages sagte ein Kardinal: »Sollte es übermorgen zum Konklave kommen, so bin ich beruhigt. Meine Torheiten braucht der Heilige Geist von jetzt an nicht mehr auszugleichen.«

Man unterscheidet zwischen Kardinälen mit Bischofssitz und solchen, die ein »Ministerium« an der Kurie leiten. Die letzteren spürten die Aushöhlung ihres Standes intensiver, weil sie des Rückhaltes einer Diözese entbehrten. »Was gäbe ich darum, Pfarrer zu sein«, sagte einer von ihnen, »hier bin ich doch nur ein ›passa-carte‹, ein Aktenschieber.« Das Wort war von Resignation diktiert. Paul VI. hatte manchem Monsignore zeitweilig die Macht gegeben, einen Kurienkardinal zu überspielen. Der Erzbischof Benelli zumal verfügte über mehr Einfluß als alle Kurienkardinäle zusammen. Die Zeit der großen römischen Kirchenfürsten war vorbei.

Noch in den fünfziger Jahren galt in Rom für den Empfang eines Kardinals das Protokoll früherer Jahrhunderte. Seine Eminenz erschienen in Begleitung eines Kavaliers in spanischer Tracht. Am Eingang des Hauses hatten zwei befrackte Diener mit brennenden Kerzen zu stehen. Beim Eintritt wurde das Weihwasser gereicht, zum Ringkuß sank man in die Knie. Dem hohen Herrn war beste Gelegenheit geboten, seine Gastgeber durch Güte und

Liebenswürdigkeit zu gewinnen, indem er das Zeremoniell lächelnd mißachtete. Die Anmut der Rede, der Schliff der Umgangsformen waren bei diesen römischen Prälaten nicht Ausdruck der Hoffart. »Die Ehren, die wir empfangen«, sagte der Kardinal Valeri, »geben uns die Möglichkeit, jene zu ehren, die sie uns entgegenbringen.« Der Heiligkeit waren diese Männer ebenso nah und fern wie jeder Christ. Nur wenige waren überragend, manche geizig, zornmütig, hart, einige protegierten Verwandte, andere erlagen dem Spiel mit der Macht. Aber im ganzen beherrschten sie meisterhaft die Kunst, ihre Würde durch Menschlichkeit zu erwärmen. Sie bildeten einen besonderen Stil aus, dessen Merkmale gleicherweise Unwillen und Hochachtung erzeugen konnten. Die meisten von ihnen waren fromm und hielten sich an den Eid, den sie bei der Verleihung des Purpurs geschworen hatten. Über die Leiden, die von den Päpsten kamen, schwiegen alle. Selbst als Paul VI. ihre Wahlfähigkeit unter wenig glaubwürdiger Berufung auf den biologischen Verfall eingrenzte, gab es unter den Betroffenen keinen lauten Protest. Erst 1972, nach dem Tode des Kardinal-Dekans Tisserant, erhielt der Papst die Antwort auf seinen Eingriff. Das Heilige Kollegium mußte einen neuen Dekan wählen. Man einigte sich auf den Ex-Staatssekretär Cicognani. Er war neunzig.

Es war eine Geste, nicht mehr. Cicognani, von ungetrübter Klarheit des Geistes, aber körperlich hinfällig, konnte Tisserant nicht ersetzen. Es hatte in diesem Jahrhundert Kardinäle gegeben, die tiefer als Tisserant auf die Weltgeschichte einwirkten, Merry del Val, Gasparri, Pacelli, aber keinen so eigenwilligen. Tisserant war der letzte »Eminentissimus«, der den Gehorsam gegenüber dem Heiligen Stuhl mit der Furchtlosigkeit gegenüber dessen Inhabern zu vereinen wußte. Er stimmte mit »Nein« bei der Papstwahl Pius' XII. Er gab öffentlich zu, sich der Wahl Johannes' XXIII. widersetzt zu haben. Er schwieg vielsagend über die Erhebung Pauls VI. Als 1950 das Dogma von der leiblichen Aufnahme Mariens in den Himmel proklamiert wurde, sagte er: »Dagegen gestimmt hat ein Kardinal mit Bart – und deren sind wir drei.« Er war Bibliothekar und Archivar der Heiligen Römischen Kirche, aber das Gegenteil eines blassen Bücherwurmes. Als man ihn unter die vierzig »Unsterblichen« der Académie française aufnahm, bemerkte Wladimir d'Ormesson, langjähriger Botschafter Frankreichs beim Heiligen Stuhl, in seiner Laudatio: »Jedesmal, wenn ich in den vatikanischen Museen die Rüstung sah, die Papst Julius II. getragen hat, stellte ich mir vor, wie vortrefflich Eure Eminenz sich darin ausnehmen würden, das Banner der Kirche in der gepanzerten Faust.« Das Wort traf ins Schwarze. Bei einer Militärparade in Nancy um 1890 hatte der sechsjährige Tisserant beschlossen: »Wenn ich groß bin, trete ich in das Regiment der Generäle ein.«

Mit vierundzwanzig besaß er das Diplom für fünf orientalische Sprachen: Hebräisch, Syrisch, Arabisch, Amharisch und Assyrisch. Im gleichen Jahr 1908 – er war noch Neupriester – ging er als Konservator der orientalischen Manuskripte an die Vatikanische Bibliothek. Gleichzeitig ernannte ihn Pius X. zum Professor für Assyrisch an der päpstlichen Universität von San Apollinare. Beim Ausbruch des Ersten Weltkrieges bat Tisserant um Beurlaubung. Er trat in das erste Regiment der algerischen Spahis ein, wurde rasch Offizier und während der Kämpfe in Syrien und Palästina Mitglied des französischen Generalstabes. Gleichzeitig publizierte er den Katalog von 127 armenischen Manuskripten der Vatikanischen Bibliothek. Als ein französischer Oberst in der Gebirgskälte des Libanon den Befehl gab, die letzten noch erhaltenen Zedern zu Brennholz zu machen, widersetzte sich Tisserant und rettete die schon in der Bibel gerühmten Bäume. Seine eigentliche Karriere aber begann erst mit der Rückkehr nach Rom.

Pius XI., seit 1921 Papst, erkannte die Geistesverwandtschaft, die zwischen ihm und dem militanten Wissenschaftler im Priesterrock bestand. Beide waren starkmütige Männer, frei von Glaubenszweifel und Menschenrücksicht, eingeschworen auf eine Kirche, die nach ihrer Auffassung inmitten einer aus den Fugen geratenen Zeit der Hort der Beständigkeit sein mußte. Beide fanden ihren Trost in der Welt der Bücher, verboten sich aber, darin einen Fluchtweg zu sehen, wenn die Kämpfe der Gegenwart ihren Einsatz verlangten. So entwickelte sich zwischen Pius XI. und Tisserant eine Freundschaft, welche durch die von beiden respektierte Distanz nur gefestigt wurde. Oftmals konnte man in späteren Jahren den alten ungebrochenen Kardinal sagen hören: »Es ist eine Schande zu sehen, was heute geschieht, besonders für jemand, der unter Pius XI. gelebt hat.«

Der Gelehrten-Papst Pius XI. ließ Tisserant in den Orient reisen, wann immer dieser darum bat. Bald wurde er, inzwischen zum päpstlichen Hausprälaten aufgestiegen, durch sein immenses Wissen zwischen Kairo, Bagdad und Ankara zu einer legendären Figur. Als er 1936 den Purpur empfing, symbolisierte Tisserant die gewonnenen Erkenntnisse in seinem Wappen. Es zeigte das Kreuz, flankiert vom hebräischen Alten Testament und vom Halbmond des Islams. Die Orientpolitik des Vatikans ist von Tisserant entworfen worden. Um so tiefer mußte ihn treffen, was er 1959 während eines Aufenthaltes in Paris im Zufallsgespräch mit einem französischen Diplomaten erfuhr. Radio Vaticana hatte die Meldung durchgegeben, es habe dem Papste Johannes gefallen, den hochverdienten Kardinal Tisserant von seinen Pflichten als Leiter der Kongregation für die orientalischen Kirchen nach 23jähriger Amtszeit gnädig zu entbinden. »Ich habe doch gar nicht demissioniert«, sagte Tisserant, fuhr nach Rom, fand die Nachricht bestätigt und zog sich grollend in die Vatikanische Bibliothek zurück, wo man ihn in Ruhe ließ. 1970, als Paul VI. die achtzigjährigen Kardinäle für konklaveunfähig erklärte und gleichzeitig aus ihren Ämtern entfernte, entnahm Tisserant der Zeitung, daß ihm fortan auch die Welt der Bücher verschlossen war. »Der Papst hat mich nicht um meine Meinung gefragt«, sagte er, »und selbstverständlich gehorche ich. Aber ich bin noch kräftig genug, manches zu tun.«

Was er tat, zeigte sich erst nach seinem Tode. Er hatte das Angebot eines französischen Verlegers angenommen, Memoiren zu schreiben. Zusammen mit seinem treuen Privatsekretär, dem Abbé Georges Roche, machte er sich in den letzten Lebensjahren an die

Ordnung der einmaligen Sammlung explosiver Vatikandokumente, die er in einem halben Jahrhundert zusammengebracht hatte. Gerüchtweise war zu vernehmen, es habe sich darunter auch der Geheimbericht des Erzbischofs von Riga an Pius XII. befunden, worin die Kontakte beschrieben wurden, die der damalige Monsignore Montini zu Emissären der Sowjetunion und der Satellitenstaaten aufgenommen hatte. Auch über die Verpflichtungen, die der Kardinal Montini am Vorabend des Konklaves von 1963 zur Gewinnung der konservativen amerikanischen Stimmen gegenüber dem Kardinal Spellman einging, existierten angeblich konkrete Unterlagen. Am gefährlichsten aber sei das Tagebuch Tisserants. Es enthalte unter anderem Notizen über den Verlauf des Konklaves, das zur Erhebung Johannes' XXIII. führte. Aus ihnen gehe hervor, daß Johannes mit 36 gegen 16 Stimmen gewählt worden sei. Die Kurie hatte dagegen verbreitet, die Wahl des Roncalli-Papstes sei einstimmig gewesen.

Der Vatikan besaß von Tisserants Geheimarchiv seit langem Kenntnis und übte von Zeit zu Zeit einen sanften Druck auf den Kardinal aus, das prekäre Material dem Heiligen Stuhl zu vermachen. Tisserant versprach es schließlich und hielt sein Wort. Vorher aber ließ er durch den Abbé Roche Fotokopien herstellen, die dieser nach Frankreich brachte und an verschiedenen Orten verbarg. Kaum war Tisserant tot, versuchte das Staatssekretariat, die Kopien zu kaufen. Sowohl Tisserants Nichte als auch Roche lehnten ab. Wenig später veröffentlichte eine französische Wochenzeitung, nach eigenen Angaben gestützt auf von Roche geliefertes Tisserant-Material, eine brisante Nachricht. Pius XI. sollte auf seinem Sterbebett ermordet worden sein. Erwiesen ist, daß der todkranke Papst darum gekämpft hat, vierundzwanzig Stunden länger zu leben, um den für den folgenden Tag zusammengerufenen Bischöfen Italiens mit letzter Kraft seine Absage an den Faschismus mitzuteilen. Um dies zu verhindern – so die Nachricht – habe Mussolini den Vater seiner Geliebten Claretta Petacci, einen am Vatikan akkreditierten Arzt, unter Erpressung veranlaßt, dem Papst eine tödliche Injektion zu verabreichen.

Der Vatikan protestierte auf der Stelle. Kardinal Confalonieri, seinerzeit Privatsekretär Pius' XI. und Augenzeuge seines Sterbens, erklärte die »Enthüllung« für eine »jener Fabeln, bei denen man weder Ursprung noch Inhalt, noch Motiv begreifen kann«. Auch bewährte Antifaschisten hielten den Vorgang für unwahrscheinlich. Bald hieß es, die ganze von Roche angekündigte Veröffentlichung der Tisserant-Dokumente sei kaum zu fürchten, da man deren Qualität nunmehr wohl an der absurden Mordgeschichte zu messen habe. Es gab jedoch einige Vatikan-Experten, die zu einer gegenteiligen Hypothese gelangten. Die Fotokopien des Archivs, so sagten sie, existierten zweifellos. Roche habe sich aus Treue zu Tisserant geweigert, sie auszufolgen. Also blieb der Gegenseite nur der Ausweg, das ganze Material zu diskretitieren, noch bevor Roche es veröffentlichte. Dies gelang durch die Geschichte vom Tod Pius' XI. Ihre Quelle konnte nicht von Roche stammen, sondern nur von der Stelle, die das meiste Interesse daran hatte, Tisserants Dokumente unglaubwürdig zu machen. In der Tat hat Roche seither geschwiegen. Vom Archiv des Kardinals Tisserant verlor sich jede Spur.

Es leuchtet ein, daß Paul VI. in seiner Neuordnung der Hierarchie für unbequeme Persönlichkeiten wie Tisserant keinen Platz fand. Zwar sprach er in nobler Selbstüberwindung beim Tode des Kardinals, der ihn selbst einst zähneknirschend zum Bischof geweiht hatte, von dessen unbeirrbarer Dienstwilligkeit für die Kirche. Aber sein Unmut blieb. Wie konnte ein römischer Pontifex in der modernen Welt, die jeden Augenblick veränderte Reaktionen verlangte, in Freiheit handeln, wenn ihm virtuelle Tisserants auf die Finger blicken durften, nur weil sie Kardinäle waren? Der Anspruch des Heiligen Kollegiums mußte vermindert werden. Dies war nur möglich, wenn man ihm die Grundlage entzog – das alleinige Recht, den künftigen Papst zu wählen. Seit 1968 arbeitete Paul VI. an der Reform des Konklaves.

Mehrere Entwürfe des Gesetzes lösten einander ab, ohne den Papst zufriedenzustellen. Jeder einzelne wurde den Kardinälen vorgelegt. Jene, die im eigenen Rang ein überaltertes Relikt erblickten, stimmten allen Veränderungen zu. Erstaunlicherweise waren sie zumeist in der Minderheit, da sich längst nicht alle Progressisten zu der Auffassung durchringen konnten, der Purpur kleide sie schlecht. Bei vielen Kardinälen aber wuchs die Besorgnis, die Neuregelung der Papstwahl werde ein Chaos hervorrufen. Ein altes kuriales Sprichtwort sagt: »Wer als Papst ins Konklave geht, kommt als Kardinal wieder heraus.« Damit war die Souveränität gekennzeichnet, mit der die Papstwähler ihre Entscheidungen fällten. Sie konnten es sich leisten, am Beginn des Konklaves selber noch nicht genau zu wissen, wem sie schließlich ihre Stimme geben würden. Nun wollte Paul VI. diesen einzigen demokratischen Vorgang innerhalb der Hierarchie offensichtlich noch weiter demokratisieren. Im Frühjahr 1972 bestand für die Kardinäle kein Zweifel mehr, daß die päpstliche Verfügung nicht darauf zielte, das Privileg des Heiligen Kollegiums einzuschränken, sondern auszulöschen. Wenig später gab es eine Sensation.

Der konservative Kardinal Siri von Genua griff in seiner Zeitschrift »Renovatio« die Konklavereform Pauls VI. öffentlich an, obwohl der Inhalt der päpstlichen Richtlinien noch der absoluten Schweigepflicht unterlag. Siri verteidigte das bisherige Konklavegesetz und dessen Grundlagen – das alleinige Wahlvorrecht des Heiligen Kollegiums, und die durch strengste Klausur garantierte Geheimhaltung des Vorgangs. Eine Erweiterung des Wahlgremiums über die Kardinäle hinaus werde die Beeinflussung von außen wesentlich verstärken. Nur eine beschränkte Anzahl sorgfältig ausgesuchter Männer könne die Unabhängigkeit der Papstwahl sicherstellen. »Ebenso notwendig ist die Klausur. Ohne Abgeschlossenheit kann die Papstwahl vom Druck außenstehender Mächte nicht freigehalten werden. Heute haben größere und kleinere Staaten ein allzu durchsichtiges Interesse, die höchste moralische Autorität der Welt auf ihre Seite zu ziehen. Der Wille, dieses Ziel zu erreichen, könnte durchaus die Ursache für den Druck sein, den man heute ausübt, um die Substanz des Konklavegesetzes zu zerstören.«

Die Worte Siris ließen den Schluß auf Erwägungen Pauls VI.

zu, die bislang unbekannt geblieben waren. Das Recht, den Papst zu wählen, sollte nicht auf das Heilige Kollegium beschränkt bleiben. Der Wahlvorgang selbst hatte nicht mehr geheim, sondern öffentlich stattzufinden. Das Interesse an dieser Veränderung war sowohl kirchlicher als auch politischer Natur. Unter der Oberfläche aber – das hatte Siri deutlich erkannt – wurde das Prinzip des Papsttums schlechthin angerührt.

Nach traditioneller Auffassung war dem Bau der Kirche eine innere Logik eigen, die auf Christus zurückging. Durch die Verleihung der Schlüsselgewalt hatte Petrus den Vorrang unter den Aposteln erhalten. Im Besitze solchen »Primates« ging er nach Rom und wurde der erste Bischof der Stadt. Petri Nachfolger auf dem römischen Bischofssitz traten somit zu recht die Erbschaft des Primates an. Sie beanspruchten den Vorrang der Schlüsselgewalt vor den anderen Bischöfen, die zwar allesamt Nachfolger der Apostel, aber nicht die direkten Nachfolger Petri waren. Starb ein Bischof von Rom, so mußte der nächste gewählt werden – jedoch nicht durch die anderen Bischöfe, über die er den Primat besitzen, sondern durch den Klerus der Stadt, über den er die Vollmacht des Bischofs ausüben würde. Dieser Klerus gliederte sich in drei Ordnungen: die Inhaber der im Weichbild der Stadt liegenden Bistümer, wie Ostia oder Frascati; dann die Pfarrer von Rom; schließlich die mit besonderen Aufgaben der Caritas und der Verwaltung beauftragten Diakone. Aus ihnen insgesamt gingen im Laufe der Jahrhunderte die Kardinäle hervor, bei denen man die drei Ränge Kardinal-Bischof, Kardinal-Priester und Kardinal-Diakon unterschied. Auch als die Päpste späterer Zeit dazu übergingen, das Kardinalat an auswärtige Bischöfe zu verleihen, änderte sich an der ursprünglichen Einteilung nichts. Wer zum Kardinal erhoben war, bekam entweder ein römisches Außenbistum oder eine Stadtpfarrei oder eine Diakonie. Hieraus entstand die Einrichtung der Titelkirchen mit Inhabern aus aller Welt. Die Titelkirche war das sichtbare Unterpfand für die Zugehörigkeit des Kardinals zum Klerus der Stadt. Somit wählte in Gestalt der Kardinäle nach wie vor der Klerus von Rom im Konklave seinen

Bischof, der seinerseits durch den Primat das Oberhaupt der Weltkirche war.

Sollte nun durch Pauls Reform der Papst künftig von einem bischöflichen Weltgremium gewählt werden, dann änderte sich das Papsttum. Ein durch den Episkopat erkorener Bischof der universalen Kirche mußte nicht unbedingt auch Bischof von Rom sein. Jedenfalls würde er seine Vollmachten nicht mehr mit Notwendigkeit aus der geistlichen Erbfolge des heiligen Petrus empfangen. Also bedurfte die ganze Vorrangfrage des Petrus-Amtes und dessen Bindung an Rom einer neuen Interpretation. Paul VI. wurde von der Last widerstreitender Argumente bald in eine Abwehrposition gedrängt, vor allem seit die mögliche Zusammensetzung des Wahlgremiums auch die Mitwirkung von Laien vorsah, die in jenem Stadium des Entwurfs ein Zwanzigstel der Papstwähler bilden sollten. Wie immer brachten die Laien, selbst wenn sie nur hypothetisch auftraten, sogleich Schwierigkeiten mit sich. Man durfte sie nicht deklassifizieren, indem man sie nur wählen ließ. Also würde man ihnen das Recht einräumen müssen, auch selber gewählt zu werden. Was aber sollte geschehen, wenn der gewählte Laie verheiratet war? Hier mußte das Zölibatsgesetz wirksam werden, auf dem Paul VI. angeblich auch eines möglichen Laienpapstes wegen so eisern bestanden hatte. Es gab keinen juristischen Winkelzug, der am Gegenstand der Konklavereform nicht erprobt worden wäre. So schwelte die Auseinandersetzung über die Papstwahl hinter verschlossenen Türen weiter, bis Paul VI. endlich im März 1973 die ersten Andeutungen seiner Pläne preisgab. Den Anlaß bildete – ausgerechnet – die Erhebung von dreißig neuen Kardinälen.

Paul VI. hegte immer eine Vorliebe für diplomatische Kleinformen, wenn er bedeutende Entschlüsse ankündigen wollte. Noch nie aber hatte man Formulierungen von ihm gehört, wie er sie in seiner Ansprache an das Geheime Konsistorium gebrauchte. »Wir fragen Uns, ob es nicht an der Zeit sei... Wir fragen Uns, ob es nicht nützlich sei, in Betracht zu ziehen...« – seltsame Redeweisen für einen Mann, der stets nur kundgab, was er schon beschlossen hatte. Bald zeigte sich, daß die Floskeln nur mildernde Rhetorik waren. Der Papst stellte fest, das Heilige Kollegium habe nun seine bisher größte Mitgliederzahl – 144 – erreicht. Vor vierhundert Jahren war die Zahl der Kardinäle von Sixtus V. auf siebzig festgelegt worden, entsprechend den siebzig Ältesten im Alten Testament. Daran hatten sich alle nachfolgenden Päpste gehalten, obwohl mit der wachsenden Menschheit auch die Katholiken beträchtlich zunahmen. Erst Johannes XXIII. hat das Heilige Kollegium auf über hundert Mitglieder gebracht. Zehn Jahre später war es durch Paul VI. verdoppelt. Der Papst begründete seine Maßnahme mit der Ehre, die er einzelnen alten und neuen Bistümern erweisen wolle. Aber man konnte schwerlich die Absicht übersehen, durch Vermehrung der Personen die Außerordentlichkeit des Ranges zu mindern.

Im weiteren Verlauf seiner Rede kam Paul VI. auf die künftige Form der Papstwahl zu sprechen. Was die konklavefähigen Kardinäle angehe, so überlege er, zu bestimmen, daß ihre Zahl beim Wahlvorgang 120 nicht überschreiten dürfe. 120 war aber auch die Gesamtzahl der Bischofskonferenzen, die überall in der Welt als Zentren der Hierarchie fungierten. Der überwiegende Teil ihrer Vorsitzenden trug den Purpur. Es galt also, die Kardinäle in ihrer Qualität als Bischöfe in der Papstwahl zu engagieren, und nicht aufgrund ihres stadtrömischen Vorrechtes. Schon Jahre zuvor hatte der Erzbischof von Ravenna sich ereifert: »Ich höre immer, man dürfe nichts ändern, weil die Kardinäle die ursprünglichen Wähler des Papstes repräsentieren, also den Klerus und das Volk von Rom. Aber beim Himmel, was ist denn noch Römisches am Kardinals-Kollegium? Es ist doch einfach eine Fiktion.« Vermutlich stimmte Paul VI. dem Erzbischof zu. Aber es widerstrebte seiner vorsichtigen Natur, das Kardinalat abzuschaffen und sich womöglich einen historischen Vorwurf zuzuziehen, solange er die Möglichkeit sah, den Sinn der Kardinalswürde zu verwandeln. Wenn Bischöfe, die den Papst wählten, den Purpur trugen, durfte er nur noch ein Abzeichen bedeuten, nicht mehr ein unverlierbares Recht.

Der nächste Schlag gegen das Kardinalat war der entscheidende. Paul VI. erklärte, künftig sollten orientalische Patriarchen, Mitglieder des ständigen Generalsekretariats der Synode und von ihm selbst berufene Bischöfe das Gremium erweitern, welches den kommenden römischen Pontifex zu wählen habe. In diesen Andeutungen war ausgesprochen, was Siri befürchtet hatte. Der Nachfolger Pauls VI. würde nicht mehr zum Bischof von Rom erkoren werden, sondern zum Papst schlechthin, der gleichzeitig Bischof von Rom sein konnte, es aber nicht mehr sein mußte. Damit war eine Trennung denkbar geworden, die der Kardinal Suenens von Mecheln wiederholt gefordert hatte: das Amt des Papstes solle nicht mehr an die Nachfolge Petri gebunden bleiben. In diesem Gedanken kulminierten vielfache Untersuchungen progressiver Theologen, die die Identität zwischen dem biblischen Simon Petrus und dem ersten Bischof von Rom stark bezweifelten oder überhaupt leugneten. Die Pragmatiker unter ihnen schlugen vor, der lokale römische Bischof möge seinen Ehrenvorrang ruhig behalten, sofern der universale Papst von der Residenzpflicht in Rom unabhängig werde und die Weltkirche von jedem Punkt der Erde aus zu leiten vermöge. Damit war die Umformung des Papsttums in eine Art Kirchenpräsidentschaft postuliert, die auch eine Eingrenzung in der Zeit erlaubte. Manche sprachen der päpstlichen Amtsdauer sieben Jahre zu, andere nur vier. Das dominierende Schlagwort solcher Bestrebungen hieß: Entmythisierung des Papsttums.

Paul VI. war völlig außerstande, diesen Weg mitzugehen. Er wollte nicht veränderte Zustände schaffen, sondern Möglichkeiten für künftige Entwicklung. Sollte die katholische Welt der Zukunft einem Präsidentschafts-Papst zuneigen, so mußten Weichen existieren, die dann zu stellen waren. Sollte jedoch das Ende dieses Jahrtausends nicht ohne eine hohepriesterliche Gestalt auskommen, so durfte der Heilige Stuhl nicht verdorben sein, ihr als ehrfurchtgebietender Sitz zu dienen. In einer Rede, die er drei Wochen nach dem Konsistorium vor dem Synodenrat hielt, gab Paul VI. zu erkennen, daß sein Wahlentwurf wahrscheinlich das komplizierteste Gedankengebäude des Pontifikates sein werde.

Das Exklusivrecht des Heiligen Kollegiums war aufgehoben, der Sinn der Kardinalats in einen Ehrenrang verwandelt worden. Dennoch sollten, den Erwägungen des Papstes zufolge, nun doch nicht die Vorsitzenden der Bischofskonferenzen, sondern nach wie vor die Kardinäle den Papst wählen, wenngleich nicht mehr allein. Paul VI. dachte nicht daran, alte Rechte des Papsttums aufzugeben, er wollte sie auf neue Art sichern. Vorsitzende, so argumentierte er, werden von den Bischofskonferenzen gewählt, vom Papst nur bestätigt. Kardinäle dagegen »kreiert« der Papst allein, ohne irgend jemand zu fragen. Auf den Wahlvorgang angewandt, bedeutete dies: Der Konferenzvorsitzende betrat das Konklave, weil der Purpur ihn dazu berechtigte, den er vom verstorbenen Papst empfangen hatte. Den künftigen Pontifex aber wählte der Betreffende in seiner Qualität als leitender Bischof, weil neben ihm vollberechtigte Wähler saßen, die auch nur Bischöfe, nicht Kardinäle waren. Bei letzteren handelte es sich um Patriarchen der mit Rom unierten orientalischen Kirchen (vier von sechs waren keine Eminenzen) und um einige Mitglieder des Synodenrates (sieben von fünfzehn waren ohne den roten Hut).

Früher, als das Heilige Kollegium noch allein wählte, hing die Zahl der Konklaveteilnehmer ausschließlich davon ab, wie viele Kardinäle beim Hinscheiden des Papstes am Leben waren. Die Größe des Wahlgremiums wurde also bestimmt durch einen nicht vom Menschen abhängigen Faktor, den Tod. Nunmehr aber traten zwei Varianten hinzu. Die eine war das Alter. Wer über achtzig war, ob Kardinal oder nicht, büßte sein Wahlrecht ein. Die andere Variante lag in der Verfassung des ständigen Synodenrates. Von seinen fünfzehn Mitgliedern waren drei durch den Papst berufen. Die anderen wählte der Episkopat, sie bedurften allerdings der päpstlichen Bestätigung. Die Amtszeit dieser zwölf beschränkte sich überdies auf drei Jahre. So unterlag die Besetzung des Synodenrates einer fortwährenden Veränderung. Folglich bildeten die Nicht-Kardinäle unter den Ratsmitgliedern eine Gruppe von Papstwählern, denen ihr Vorrecht bis zum Zeitpunkt des Konklaves unbekannt war.

»Dieses Vorhaben«, so sagte Paul VI., »beschäftigt Uns seit langer Zeit. Wir legen Wert darauf, es in Harmonie zu halten mit der Geschichte des Heiligen Kardinals-Kollegiums, wollen aber auch die Meinungen berücksichtigen, die nach dem jüngsten ökumenischen Konzil geäußert wurden. Das Projekt brächte nach Unserer Ansicht einen doppelten Vorteil. Dem Heiligen Kollegium wäre für den Fall der Papstwahl eine hochqualifizierte Vertretung der Bischofssynode beigegeben. Und gleichzeitig schlösse das Wahlgremium eine Gruppe ein, die sich ständig erneuert.« Offensichtlich lag dem Papst nichts daran, zu betonen, daß er auf diese Weise mehr Einfluß auf die Wahl seines Nachfolgers besitzen würde, als jeder seiner Vorgänger. Das System war glänzend erdacht. Wenn nicht plumpes Ungeschick dazwischentrat, konnte nach außen jedes Ärgernis vermieden werden. Dies aber war die unabdingbare Voraussetzung für den heikelsten Teil des Planes – die Mitwirkung der orientalischen Patriarchen.

Ihnen machte Paul VI. während seiner Ansprache im Geheimen Konsistorium ein sublimes Kompliment. »In der Liste der neuen Kardinäle figurieren diesmal keine orientalischen Patriarchen. Der Grund dafür liegt auch in der Tatsache, das Wir den nachdrücklichen Wunsch respektieren wollten, den einige von ihnen geäußert haben.« Das Wörtchen »auch« verriet die Existenz anderer, gewichtigerer Gründe. Ansonsten war durch die päpstlichen Worte mit Noblesse angedeutet, was unverblümt hieß, daß einige orientalische Patriarchen den roten Hut zurückgewiesen hatten. Für eine solche Haltung gab es tiefreichende Gründe.

Die Patriarchen der unierten Ostkirchen waren Inhaber apostolischer Sitze. Als solche wurden sie von ihrem Klerus frei gewählt, vom Papst nur bestätigt. Innerhalb ihrer Kirchen fühlten sie sich autonom und betrachteten den Heiligen Stuhl als eine Art Appellations-Instanz, nicht aber als Sitz einer Herrschaftsgewalt, die Gehorsam verlangen konnte. Nahm nun ein Patriarch das Kardinalat an, so geriet er in eine sehr persönliche Abhängigkeit zum römischen Pontifex und wurde als »Pfarrer« Mitglied des Klerus in Rom. Früher hat mancher Patriarch darin eine Verstärkung des Schutzes für die eigene Kirche gesehen und den Purpur ohne Bedenken akzeptiert. Nunmehr aber, im Zeitalter des paulinischen Ökumenismus, fürchteten die Patriarchen zu Recht, ihre Kirchen könnten ihnen die Mitgliedschaft im Heiligen Kollegium als eine Geste des Verzichtes auf Eigenständigkeit auslegen. Denn immer noch bildete die Stellung der Patriarchate gegenüber Rom ein Bündel ungelöster Probleme.

Die Kirchenspaltung zwischen Rom und Byzanz hatte Kopten, Syrer, Melkiten, Maroniten, Chaldäer und Armenier und deren Patriarchen auf die schismatische Seite gezogen. Im Laufe der Neuzeit waren Splittergruppen dieser Kirchen zur Einheit mit Rom zurückgekehrt. Den solcherart »unierten« Kirchen hatte der Heilige Stuhl das Recht auf den eigenen Ritus und die gewohnte hierarchische Verfassung zugestanden. Ihre Patriarchen betrachteten sich als gleichrangig mit dem Bischof von Rom, zumal dieser immer noch den Titel »Patriarch des Westens« führte. Als beim Zweiten Vatikanischen Konzil das Protokoll für die Eröffnungszeremonie bekannt wurde, verweigerte der melkitische Patriarch von Antiochia die Teilnahme, weil den Kardinälen der Vortritt vor den Patriarchen eingeräumt worden war. Begründung: Kardinäle sind »Kreaturen« des Papstes, Patriarchen aber die direkten Nachfolger der Apostel. Wenig später traten die orientalischen Kirchenfürsten zum Erstaunen der lateinischen Bischöfe und der Kurie mit einem fast vergessenen Gedanken hervor. Aus östlicher Perspektive, so erklärten sie dem Konzil, sei die lateinische Kirche mit ihrem römischen Bischof nichts anderes als ein einziges Patriarchat. Aus dessen Ausdehnung über die ganze Welt sei kein Anspruch auf Oberhoheit abzuleiten, denn Quantität könne in der Kirche nicht als Kriterium für höhere Würde gelten. Es ginge folglich nicht an, die universale Kirche mit der lateinischen gleichzusetzen. Der General des ostkirchlichen Basilianerordens sagte: »Obwohl die orientalische Kirche immer den Primat des Bischofs von Rom anerkannt hat – und sei es fallweise auch nur indirekt –, bildete sie doch niemals einen Teil der lateinischen Kirche. Sie ist nicht aus ihr hervorgegangen und verdankt ihr nicht ihre Existenz.« Die Ostkirchen warfen Rom vor, die freiwillige Leistung ihrer Rückkehr niemals honoriert zu haben. Sie waren einer kurialen Kongregation unterstellt worden, deren Weisungen eher Befehlen als Vorschlägen glichen. Der koptisch-unierte Bischof von Theben, Isaac Ghattas, rief emphatisch aus: »Niemals werden es die orientalischen Kirchen akzeptieren, in der Kirche des Herrn ein Sonderfall, eine etwas exotische Abart zu sein, der die lateinische Kirche widerstrebend gewisse Privilegien zubilligt.« Die unierten Ostkirchen waren sich einig in dem Protest gegen die von Rom als Selbstverständlichkeit geforderte Unterordnung. Die Zurückweisung des Kardinalats durch einige orientalische Patriarchen entsprang der Befürchtung, die Annahme des roten Hutes könnte den Rechtsanspruch Roms über die östlichen Patriarchate stützen. Die Bemerkung Pauls VI., er habe den Willen der Patriarchen respektiert, sollte das Verständnis andeuten, das deren Problem beim Papste fand.

»Dessen ungeachtet«, so fuhr Paul VI. fort, »werden Wir einen Weg finden, Uns immer mehr ihres geschätzten Rates zu bedienen. Und Wir fragen Uns sogar, ob es nicht ersprießlich wäre, Uns ihres Beitrages auch bei der Wahl des Papstes zu versichern.« Damit waren die Patriarchen ohne Purpur den Kardinälen gleichgestellt worden. Außerdem hatte Paul VI. die Bindung der unierten Ostkirchen an Rom verstärkt, denn es war kaum denkbar, daß ein Patriarch die Einladung, an der Papstwahl teilzunehmen, aus Gründen gefährdeter Eigenständigkeit ablehnen würde. Gleichzeitig war ein Schritt zur Ökumene getan. Der Heilige Stuhl hatte sein ureigenes Instrument, das Heilige Kollegium, in ein Ehrengremium von Bischöfen verwandelt. Die lateinische Kirche zeigte die Absicht, sich wieder als Patriarchalkirche zu präsentieren, die erst zusammen mit den unierten Ostkirchen zur Universalität aufsteigen wollte. Dies konnte auch die romfernen Ostkirchen, zumal die Orthodoxie, nicht unbeeindruckt lassen.

Am Abend nach dem Schluß des Konsistoriums ist dem erfahrensten Vatikanchronisten des italienischen Fernsehens in der Tagesschau ein seltsamer Irrtum unterlaufen. Der Papst hatte von

»orientalischen Patriarchen« gesprochen und vorausgesetzt, seine Zuhörer würden darunter nur die Oberhäupter der unierten Ostkirchen verstehen. Da diese jedoch innerhalb der östlichen Christenheit nur eine verschwindende Zahl von Gläubigen umfassen, ließ sich der Berichterstatter zu dem Schluß verführen, Paul VI. überlege, auch die romfernen Patriarchen des Ostens zu einer künftigen Papstwahl einzuladen. In der zweiten Tagesschau war der Fehler nicht korrigiert, sondern die ganze Meldung gestrichen worden. Der Vorfall war typisch. Ein profunder Kenner der vatikanischen Ostpolitik interpretierte die Nachricht als aufregend, fand aber die Sache selbst weder unmöglich noch undenkbar. In der Rede vor dem Synodenrat definierte der Papst genauer. Für ein künftiges Konklave sollten nur jene Patriarchen in Frage kommen, die die »Comunio apostolica« empfangen hatten, also die ausdrückliche Versicherung, in voller Gemeinschaft mit dem Heiligen Stuhl zu leben. Für die Gegenwart traf das nur auf die Unierten zu. Aber in Zukunft? Die Anwesenheit östlicher Patriarchen im Konklave legte den Gedanken an ihre romfernen Kollegen durchaus nahe. Unionen mit östlichen Teilkirchen waren nicht nur Sache der Vergangenheit. Sollten sie künftig eintreten, so würde sich die Anzahl der Patriarchen bei der Papstwahl vermehren. Die Bischofssitze der Hinzukommenden aber lägen, mit Ausnahme Griechenlands und des Vorderen Orients, sämtlich in der Einflußsphäre des Moskauer Patriarchates und der Sowjetunion. Der Patriarch von Moskau im Konklave – eine absurde Hypothese? Gewiß. Aber Paul VI. wollte eben nicht Veränderungen schaffen, sondern Möglichkeiten für künftige Entwicklung.

Die Hypothese verlor ein weniges von ihrer Unwahrscheinlichkeit, als man drei Monate später das Wort »piena comunione« – volle Gemeinschaft – in einem interessanten Zusammenhang vernahm. Am 15. Juni 1973 war der dritte Abschnitt der theologischen Begegnung zu Ende gegangen, die fernab von der Öffentlichkeit zwischen der römischen und der russisch-orthodoxen Kirche stattgefunden hatte. Im Dreifaltigkeitskloster von Sagorsk, nahe bei Moskau, unterschrieben eine orthodoxe und eine katholische Delegation zum ersten Mal seit dem Konzil von Ferrara und Florenz ein gemeinsames und offizielles Dokument. Einer der fünf Teilnehmer auf römischer Seite war Pater John Long, Kabinettschef des päpstlichen Sekretariats für die Einheit der Christen. Nach seiner Rückkehr aus der UdSSR über die Divergenzen zwischen den beiden Kirchen befragt, sagte der amerikanische Jesuit, der fließend russisch sprach: »Da die Gespräche es möglich machten, Mißverständnisse und Vorurteile zu überwinden, hoffen wir, es werde mit Gottes Hilfe in Zukunft gelingen, auch noch die letzten Hindernisse zu beseitigen und volle Gemeinschaft zu erreichen.« Die volle Gemeinschaft aber war genau die Voraussetzung, unter der Paul VI. beabsichtigte, die östlichen Patriarchen ins Konklave zu berufen.

Pater Long setzte auseinander, welchen Weg die römische Delegation in Sagorsk eingeschlagen hatte. »Manchmal fühlt sich die Kirche gedrängt, Unrecht offen zu verdammen. In anderen Fällen kann eine Politik der verborgenen und geduldigen Aktion nützlicher sein, um einer bestimmten Situation die christlichen Prinzipien aufzuprägen. Zuweilen verlangen die Umstände selber ein indirektes Vorgehen der Christen. So können die römischen Katholiken ohne Verdächtigung der Gegenseite durchaus anderer Meinung sein als die orthodoxen Russen, wenn es um Erklärungen und Initiativen in verschiedenen Bereichen des politischen, sozialen und wirtschaftlichen Lebens geht. Trotzdem können sie anerkennen, daß die andere Seite auf ihre Weise einem wohlentwikkelten christlichen Gewissen folgt.« In dürren Worten: Rom wünschte, mit Moskau eine Kirchenallianz zu schließen, in der die Partner widersprüchliche Methoden anwenden konnten, sofern sie dem gemeinsamen Ziele förderlich waren.

Den Verlauf der Gespräche von Sagorsk schilderte ein amtliches Kommuniqué, das im »Osservatore Romano« veröffentlicht wurde. Das Dokument enthielt einige Passagen, die in der Kirchengeschichte beinahe einer kopernikanischen Wende gleichkamen. Was bis gestern gegolten hatte – Ablehnung des atheistischen Sozialismus durch Pius XI., Exkommunikation der Kommunisten durch Pius XII. –, schien ins Gegenteil umgeschlagen. Bemerkenswert war der freundschaftliche, ja vertrauliche Ton. Beflissen suchte man Divergenzen zu entschärfen, indem man sie in Proportion zum größeren gemeinsamen Anliegen darstellte. Doch waren beide Teile auch bestrebt, sich abzusichern. Die Verlautbarung entstand als Gemeinschaftsarbeit von Kommissionen. Also konnten übergeordnete Stellen sich jederzeit davon distanzieren. Der rein theologische Charakter der Übereinkunft wurde betont. In der Form war man darauf bedacht, den Leser durch theoretische Umwege zu ermüden, bevor er an den unleugbar politischen Kern gelangte. So lieferten beide Kirchen ein Meisterstück dialektischer Argumentation, deren Synthese höheren Instanzen überlassen blieb – der Sowjetregierung, vertreten durch den Patriarchen von Moskau, und dem Papst, vertreten durch den Vatikan.

Die Begrüßungsrede hielt der Metropolit Nikodim von Leningrad und Nowgorod. Er sprach in seiner Eigenschaft als »Präsident der Kommission des Heiligen Synods der russisch-orthodoxen Kirche für die Probleme der Einheit der Christen und der Beziehung zwischen den Kirchen«. Nikodim war damals fraglos die stärkste Persönlichkeit der russischen Kirche. Bei Paul VI. genoß er ein derartiges Ansehen, daß dieser ihm aus Anlaß eines Rombesuches das selten gewährte Privileg verlieh, am Papstaltar von St. Peter die Messe zu feiern. In Sagorsk begann Nikodim bedächtig. Das Bewußtsein, ein Christ zu sein, verlange die individuelle Vollkommenheit der christlichen Person. Das war ein Kompliment an Paul VI., der immer wieder auf die Perfektibilität des Menschen zu sprechen kam. Natürlich, so fuhr Nikodim fort, könne der Mensch diese Vollkommenheit nicht in der Isolierung von Umwelt und Mitmenschen finden. Das war eine Absage an das traditionelle Mönchtum Rußlands, das der orthodoxen Hierarchie so oft Schwierigkeiten bereitet hatte. Der Christ, sagte Nikodim weiter, sei notwendig in die Gesellschaft verflochten und müsse ihr im Geiste Christi dienen. Eine solche Formel konnte auch ein areligiöser Staat akzeptieren.

Den Ball griff Monsignore Charles Moeller auf, Sekretär des römischen Sekretariats für die Einheit der Christen. Der Mensch habe seine Verantwortung in der Welt und für die Welt entdeckt. Da er sich als das Ebenbild Gottes verstehe, müsse man zu einer Theologie des Menschen gelangen. Dies konnte als eine leichte Verbeugung vor dem Humanismus gelten, wie ihn der sowjet-offizielle Dichter Jewtuschenko vertrat, der Gott schlicht als ein Synonym für die dem Menschen erkennbare Wahrheit definierte. Allerdings fügte Moeller an, in einer von Technik und Ratio gestanzten Lebensform gelte es, Jesus als den Spender wahren Lebens wieder zu entdecken, was eine Rückkehr zu den Quellen bedinge. Die russische Seite war sich wohl bewußt, daß progressive katholische Theologen aus diesen Quellen längst den urchristlichen Kommunismus destilliert hatten. Schließlich forderte Moeller eine Theologie der Umwelt, aus der ein neuer Respekt vor der Schöpfung erwachsen müsse.

Das Stichwort »Schöpfung« übernahm Professor Olgitsky, Experte für zeitgenössische Theologie an der orthodoxen Akademie zu Moskau. Vom ersten Schöpfungstage an befinde sich die Welt in einem Verwandlungsprozeß, dessen Aufgabe die immerwährende moralische Erneuerung sei. Damit war man bei der Moral angelangt, einem Lieblingsthema der Russen, die zur Zufriedenheit Pauls VI. die Qualität ihres Systems fortgesetzt mit der Abwesenheit von Pornographie und mit dem Minimalstand der Kriminalität bewiesen. Der Ernst ihrer moralischen Verpflichtung, so erklärte Olgitsky, trage den Christen auf, in zeitlichen Geschäften und zwischenmenschlichen Beziehungen die öffentliche Ordnung zu beachten. Mit diesem Postulat war jeder christlich begründbare Widerstand gegen einen tyrannischen Staat abgelehnt, sofern sich dessen öffentliche Ordnung mit sowjetischen Vorstellungen deckte. Von da an münzte Olgitsky die von ihm geforderte Moral offen in Politik um. »Die Christen begrüßen mit Freuden den Prozeß der Demokratisierung im Leben nationaler Gemeinschaften, die Sozialisierung des Produktionsvorganges, den Erfolg friedlicher Koexistenz und die wirksame Zusammenarbeit zwischen Völkern verschiedenartiger Ideologie für die Wohlfahrt der Welt.« Breschnew blickte über die Schulter. Man war beim Thema.

Die katholische Antwort zu geben, fiel dem Direktor der »Civiltà cattolica« zu, dem Jesuiten Roberto Tucci, dessen sich Paul VI. einst zur Übermittlung seines Friedensbriefes an Ho Tschi Minh bedient hatte. Tucci wies auf die tiefgreifenden Veränderungen innerhalb der römischen Kirche hin. Die Organisationsstrukturen, die Liturgie, die Theologie, das geistliche Leben hätten sich gewandelt. Damit war indirekt die Bitte an die Russen ausgesprochen, ihr Urteil über die Kirche nicht mehr an deren traditioneller Gestalt zu orientieren. Die Russen ihrerseits fanden keinen Grund, ein gleiches Ersuchen an die Römer zu richten. Es gebe im übrigen, so äußerte Tucci, verschiedene Formen christlichen Lebens, die nicht mit den bestehenden Institutionen verknüpft worden seien. Das war ein Hinweis auf die neue katholische Toleranz, an die sich die Gegenseite erst gewöhnen mußte. Sodann ging Tucci auf die Probleme der sozialen Gerechtigkeit, der Rassendiskriminierung, der Entwicklungslage und des Weltfriedens ein. Neu für die Russen war dabei die von Tucci vorgetragene Hoffnung, Teilaspekte seines Themas sollten auf der für Ende 1974 geplanten römischen Bischofssynode behandelt werden. Sie bildete einen Hauptpunkt in dem Riesenprogramm, das Paul VI. für das Heilige Jahr 1975 vorgesehen hatte. Ihr Thema: »Evangelisierung der zeitgenössischen Welt«. Im Vatikan sprach man, natürlich geheim, vom »interepiskopalen« Charakter dieser Synode. Der Ausdruck konnte nur die Teilnahme von Bischöfen bezeichnen, die nicht der römischen Kirche angehörten. War dies der Fall, so hatte Tucci durch seine Ausführungen den Russen zu verstehen gegeben, daß sie ihren römischen Auftritt getrost nach den bewährten Maximen sowjetischer Politik einrichten konnten.

Der Erzpriester Wladimir Sorokin, Vizerektor der theologischen Akademie von Leningrad, gelangte auf der Basis von Tuccis Angebot sogleich zu konkreten Forderungen. In der säkularisierten Gesellschaft von heute sei es unerläßlich, die Idee der sozialen Gerechtigkeit und des internationalen Friedens durch neue Formen der Zusammenarbeit zu stärken. Diese solle nicht nur zwischen Christen und Nichtchristen aktiviert werden, sondern auch zwischen Christen und Nichtgläubigen. Auf Nikodim zurückgreifend, sagte Sorokin, die individuelle Vollkommenheit sei undenkbar ohne den Dienst am Nächsten. Für einen Christen aber sei der Nächste jeder Mensch. In Sorokins Worten war zunächst die Erklärung profaner Loyalität gegenüber dem areligiösen Staatsprinzip der UdSSR zu erkennen. Darüber hinaus aber hatte Sorokin mit der hartnäckig geforderten Zusammenarbeit zwischen Christen und Nichtgläubigen von russischer Seite die Grundlage nachgeliefert, auf der die Ostpolitik Pauls VI. seit langem beruhte.

Pater Louis Bouyer, Professor für Patristik und Consultor beim Einheitssekretariat, war auf römischer Seite der einzige Konservative und verkörperte das retardierende Moment in der Debatte. Er konzentrierte sich auf eine universale Definition des »Gottesvolkes«, in dem er den Träger der christlichen Tradition erblickte. Dieser Hinweis schien notwendig, um den Respekt zu verdeutlichen, den Rom ungeachtet eigener Umwälzungen vor der orthodoxen Tradition zeigen wollte, auf die zu verzichten keinem Russen eingefallen wäre. Das Volk Gottes, so legte Bouyer weiterhin dar, müsse in seiner Gesamtheit an der Sendung der Kirche teilhaben, was wiederum voraussetze, daß die Kirche sich als Institution formiere. In früheren Zeiten wäre ein solcher Gedanke den Orthodoxen höchst bedenklich erschienen. Im Sowjetsystem aber waren sie selber nur als Institution genügend kontrollierbar, um vom Staat am Leben gelassen zu werden. Allein in ihrer Qualität als Institution, so schloß Bouyer, sei die Kirche imstande, durch ihr Lehramt dem einzelnen Christen das Rüstzeug für die Bewältigung der Zeitprobleme mitzugeben.

Das Argument wurde aufgefangen von A. S. Bujewsky, dem Sekretär des Außenamtes der russischen Kirche. In vielen Teilen der Welt sehe sich das Gottesvolk konfrontiert mit einer Reihe geistiger Verfallserscheinungen. Moralische Dekadenz, Kult der Gewalt, Karrieresucht, Egoismus seien Gefahren, denen man nur mit einer Festigung der moralischen Werte begegnen könne. Da es in der Tat zufolge staatlicher Reglementierung in kommunistischen Ländern weniger moralische Dekadenz gibt als in der kapitalistischen Welt, konnte kein Zweifel bestehen, wem die Kritik Bujewskys galt. In den politischen und internationalen Krisen der Gegenwart müsse das Volk Gottes zu einer aktiven Stellungnahme finden, welche die positiven Lösungen unterstütze. Als Beispiel für solche positive Aktion nannte Bujewsky die Teilnahme religiöser Gruppen am Weltkongreß der Friedenskämpfer im Oktober 1973 zu Moskau.

Eindeutig ging aus dem Sagorsker Protokoll hervor, wie viel den Russen daran lag, in der Integration von Religion und Politik als Meister aufzutreten. Wieder einmal war beste byzantinische Tradition am Werk. Der katholischen Delegation konnte das orthodoxe Engagement in Fragen mit politischer Konsequenz nur willkommen sein. Denn die russischen Formulierungen waren zweiseitig orientiert. Einerseits gingen sie konform mit den Intentionen des Kremls, andererseits deckten sie sich weitgehend mit den Plänen Pauls VI. Mit Grund konnte man in dem Verhalten der Orthodoxen in Sagorsk die erste positive Reaktion erkennen, die von sowjetischer Seite auf die jahrelange opfervolle Werbung des Papstes erfolgte. Unter diesem Aspekt waren die Grundsatzmitteilungen des Dokuments zu werten.

Moskowiter und römische Prälaten gestanden zusammen ein, es gebe zwischen ihnen noch »einige Divergenzen« in der Auffassung über »einige praktische Anwendung christlicher Prinzipien auf die konkreten Lebensbedingungen in der Welt«. Einige – das hieß: nicht viele. Praktische Anwendung – das hieß: in der Methode, nicht in der Substanz. Pater Long zählte zwar auch einige Fundamentalschwierigkeiten auf: »die Eigenstruktur der Universalkirche und ihre Beziehung zu den lokalen Kirchen; die Rolle des Papstes; Primat und Unfehlbarkeit.« Aber diese Fragen wurden im Sagorsker Kommuniqué verschwiegen. Man gab sich allgemein. Das Leben der Kirche sei eine fortgesetzte Konfrontation mit dem biblischen Problem, in der Welt, aber nicht von der Welt zu sein. Eine universal gültige Antwort sei schwer zu finden. Immerhin habe man eine weite Zone des Einverständnisses über die hauptsächlichen Prinzipien des Christentums gefunden. Somit mußten diese Prinzipien für beide Teile das Kriterium bilden, unter dem die nachfolgenden vier Punkte der Übereinkunft verfaßt worden waren.

Zunächst war man sich einig über die Bedeutung der Liturgie im kirchlichen Leben. Von ihr ginge eine besondere Kraft der Menschenformung aus. Die Mitglieder der Kirche würden tiefer in die großen Ereignisse der Offenbarung hineingeführt und gelangten so zum besseren Verständnis der christlichen Wahrheit. Überdies empfingen sie aus der Liturgie geistige Stärkung und intellektuelle Vorbereitung für das Bekenntnis ihres Glaubens vor dem Mitmenschen.

Auffällig war die einschränkende Definition der Liturgie, »nicht nur der öffentliche Kult Gottes und die Feier seines Lobes« zu sein. Man betonte den erzieherischen Charakter des liturgischen Geschehens, also seine diesseitig wirksame Komponente. Sorgfältige Analytiker des Textes wollten darin ein russisches Zugeständnis an die römischen Reformer erkennen, denen die Reinigung des Gottesdienstes von mystischen Elementen sosehr am Herzen lag. Die Orthodoxie dagegen hatte bislang in der Liturgie stets den Vorgriff auf das messianische Hochzeitsmahl gesehen, welches kaum in einen rationalen Vorgang umzudeuten war. Das russische Nachgeben zeitigte seine Frucht schon im folgenden Punkt.

Darin bezeugten beide Teile Einigkeit über die mögliche und notwendige Zusammenarbeit zwischen Christen, Nichtchristen und all jenen, die ein religiöses Element in der menschlichen Natur überhaupt leugnen. Es gebe weite Gebiete der Betätigung mit dem gemeinsamen Ziel, das Leben gerechter, humaner und für die legitimen Ansprüche der Menschen befriedigender zu gestalten. Als konkrete Beispiele solchen Zusammenwirkens wurden die

Friedensbemühungen zwischen Menschen und Völkern genannt, desgleichen die wirtschaftliche Aufwärtsentwicklung von Gemeinschaften und Nationen und die Beseitigung der Rassendiskriminierung. Niemand sprach von den Repressalien gegen die Juden in der UdSSR.

»Angesichts solcher Bemühungen«, so bemerkte Pater Long, »dürfen die Christen nicht passiv bleiben. Diese Forderung erlaubt jedoch nicht, die Erklärung von Sagorsk zur Stützung einseitiger politischer Programme zu benützen. Dafür bietet der Text keine Handhabe. Außerdem widerspricht eine derartige Interpretation den Absichten der Teilnehmer.« Das mochte zutreffen. Wäre indessen das Dokument wirklich frei gewesen von jeder Möglichkeit politischer Auswertung, so hätte Pater Long es kaum so nachdrücklich verteidigt. Durch die Konzentration auf zeitliche Probleme wurde auch in Sagorsk der jenseitige Sinn des christlichen Glaubens in die zweite Position gedrängt. Die Werteskala des dritten Punktes zeigte es.

Beide Teile akzeptierten die Legitimität der Anstrengungen, die der als Gott-Ebenbild geschaffene Mensch vollbringt, um die Welt zu beherrschen und zu verändern. Doch müßten die Christen es ablehnen, den Menschen und das Universum einfach auf ihre sichtbaren Aspekte zu reduzieren.

Eine vorsichtigere Formel gegen den Materialismus war bisher kaum gelungen. In ihr offenbarte sich allseitige Rücksichtnahme. Die Kirchen versicherten einander, an einer Binsenwahrheit festzuhalten, die auch noch die Nichtchristen einschloß. Die Atheisten jeder Provenienz brauchten sich nicht einmal betroffen zu fühlen. Niemand in der modernen Welt konnte als töricht genug angenommen werden, um nur gelten zu lassen, was sichtbar ist. Verständlich wurde die absichtliche Vereinfachung durch den vierten Punkt, der – endlich – den Sozialismus beim Namen nannte.

Beide Kirchen erkannten an, daß in vielen Teilen der Welt eine starke Tendenz zu »gewissen Formen des Sozialismus« bestehe. Die Gesprächsteilnehmer räumten ein, unterschiedliche Vorstellungen vom Wesen dieser Tendenzen und von ihrem Wertungsgrad zu haben. Die Materie sei nicht Gegenstand der Diskussionen gewesen. »Aber es herrschte Einigkeit über die Tatsache, daß in diesen Tendenzen positive Aspekte existieren, welche anzuerkennen und zu verstehen die Christen versuchen müssen.«

Ähnliches hatte man, ein wenig zurückhaltender, auch schon in des Papstes Johannes Enzyklika »Pacem in terris« gelesen. Doch waren die Worte von Sagorsk mit ungleich mehr Zukunft befrachtet. Die vom Vatikan bisher vergeblich umworbenen Russen bestätigten nunmehr – von Sekundärunterschieden abgesehen – die Deckungsgleichheit ihrer und der römischen Ziele. Gemeinsam war auch der Wille, sich nicht mit der erreichten Verständigung zufriedenzugeben, sondern sie vor der Welt zu bekennen. Dabei hatten die Orthodoxen mit Sicherheit kein Wort riskiert, das nicht mit den politischen Absichten der Sowjetregierung übereinstimmte.

Die Bedeutung des Ereignisses wurde unterstrichen durch die Anwesenheit höchster kirchlicher Prominenz. Dem Metropoliten Nikodim – der »Osservatore« versah ihn mit dem Titel »Eminenz« – entsprach auf römischer Seite der Kardinal Willebrands, Präsident des päpstlichen Sekretariats für die Einheit der Christen. Nikodim hatte eröffnet, Willebrands wohnte der Schlußsitzung bei. Das Kommuniqué wurde von den Chefs der Delegationen unterschrieben. Auf russischer Seite zeichnete der Metropolit Juwenaly von Tula, Präsident des Außenamtes der russisch-orthodoxen Kirche, positionsgleich mit dem »Außenminister des Papstes«, Monsignore Casaroli. Für Rom aber firmierte delikaterweise nicht Casaroli, sondern der Erzbischof Fernandes von Delhi, Consultor der päpstlichen Kommission »Justitia et Pax« und Mitglied des Sekretariats für die Nichtgläubigen. Rom hatte richtig erkannt, daß es in Sagorsk vor allem um die Nichtgläubigen gehen werde.

Die Schauseite des Vorganges konnte nicht idealer sein. Katholische und orthodoxe Prälaten sprachen über das Christentum. Seine praktische Anwendung auf die heutige Welt wurde von römischer Seite mit sozialistischem Vokabular garniert. Die Russen harmonisierten die römische Auffassung mit den als humanitär erklärten Prinzipien der Sowjetpolitik. Die Formulierungen, die man gebrauchte, waren stets auf Übereinstimmung mit dem Evangelium bedacht. Gemeinsam bekannte man die positive Einstellung zu gewissen Inhalten des Sozialismus. Die Katholiken waren am Ziel ihrer Wünsche: Paul VI. war in seiner Ostpolitik bestätigt durch die Orthodoxen, deren Initiativen vom Kreml gesteuert wurden. Die praktische Zusammenarbeit zwischen der Sowjetunion und dem Vatikan war beschlossen. Und dabei hatte man nur von Theologie gesprochen.

Dem Papste lag sehr daran, die Hinwendung Roms zum russisch-modellierten Sozialismus unauffällig zu vollziehen. Zu frisch war in vielen Katholiken noch die Erinnerung an die Kompromißlosigkeit der beiden Pius-Päpste. Im Vatikan wurde das Ereignis von Sagorsk bis zur Bedeutungslosigkeit heruntergespielt, die Weltpresse überging es fast gänzlich. So verwischte sich zwangsläufig auch der Zusammenhang mit einem umfassenderen Konzept, das Paul VI. fast datumsgleich mit Sagorsk bekanntgab. Es handelte sich um die größte Aktion, die der katholischen Kirche in diesem Jahrhundert aufgetragen wurde: das Heilige Jahr von 1975. Sein Leitwort hieß »Versöhnung«.

Paul VI. war überzeugt, die Weltzustände seien nur zu bessern durch die Gewissenserforschung eines jeden Christen, möglichst sogar eines jeden Menschen. Die Kommunikation zwischen Christen verschiedener Bekenntnisse sowie zwischen Katholiken und Glaubenslosen konnte von Rom zwar angeregt und gelenkt, aber nicht verwirklicht werden. Sie war Sache der Gemeinden und ihrer Bischöfe. Dabei mußte die römische Zentrale möglichst taktvoll im Hintergrund bleiben. Also schien es geraten, das bisherige Konzept des »Anno santo« von Grund auf zu ändern. In den Jubiläumsjahren, welche die katholische Kirche seit 1300 gefeiert hatte, stand die Pilgerfahrt nach Rom als hervorragendes Instrument zur Sündenvergebung im Mittelpunkt. In Rom erlangte man den vollkommenen Nachlaß der Sündenstrafen, kehrte nach Hause zurück und beging mit den Daheimgebliebenen im nachfolgenden Jahr das Jubiläum in den lokalen Kirchen. Grundidee war Rom als Stadt des Heiles und die Ausstrahlung des Pontifex Maximus auf die Welt. Paul VI. entwarf eine gegenläufige Dynamik. Sein Heiliges Jahr sollte in den lokalen Kirchen schon am Pfingstfest 1973 beginnen und bis Weihnachten 1974 gefeiert werden. Von da an sollte eine weltweite Pilgerschaft die katholischen Massen – man sprach von 25 Millionen – zum römischen Heiligen Jahr in die Ewige Stadt führen. Der Papst erhoffte sich von einer solchen konzentrischen Bewegung einen spirituellen Sog, der auch Nichtkatholiken, Nichtchristen, selbst Atheisten erfassen würde.

Der Plan war komplex, wie alles, was Paul VI. erdachte. Er zeigte erstmalig, wie die erneuerte Hierarchie funktionieren sollte. Auf die Schultern der Bischöfe und ihres Diözesan-Klerus wurde die praktische Arbeit gehäuft. Das Bewußtsein der Katholiken war mit neuer Sozialverantwortung zu erfüllen, ihr Versäumnis in der Vergangenheit mußte Gegenstand der Reue werden. Zentrale Aufgabe war der zeitgenössische Mensch, der sich nicht als Individuum, sondern als Gemeinschaftswesen zu begreifen hatte. Ein kollektiv verstandenes Christentum als Ziel würde das politische Umdenken von selbst erbringen. Nicht von ungefähr berief sich Paul VI. auf das »Jobeljahr« des Alten Testaments, dessen von Moses aufgestelltes Gebot gewesen sei, die ursprüngliche Verteilung des Landbesitzes wiederherzustellen, Schulden zu erlassen und Sklaven zu befreien. Ein von der Kirche postulierter Ausgleich der Besitzverhältnisse, praktiziert von ihren Mitgliedern, mußte sowohl die »getrennten Brüder« als auch die Angehörigen nichtchristlicher Religionen kontaktfreundlich stimmen. Gespräche mit ihnen anzubahnen, war wiederum bischöfliche Aufgabe. Schließlich würden selbst die Atheisten vor der neu aufsteigenden Kraft des christlichen Sozialimpetus nachdenklich werden, sobald dessen konkrete Resultate nicht mehr zu übersehen waren. Auch um die solcherart revisionsbereiten Gottesleugner hatte sich der Episkopat zu kümmern.

Damit nicht genug. Der Papst forderte die katholischen Gemeinden auf, zur alten Tradition der Wallfahrt zurückzukehren, die seine eigenen Kultreformer so lange als Magie diffamiert hatten. Nicht nur aus der Pilgerreise nach Rom sei der Gewinn des Jubeljahres zu ziehen, sondern auch aus den örtlichen Gnadenstätten. Die Pilgerfahrt dorthin, so empfahl der Papst, möge nach altem asketischen Brauch zu Fuß angetreten werden. Die Benützung moderner Verkehrsmittel sei aber gestattet, sofern nur der Akt der Buße verbunden werde mit einer Übung brüderlicher Caritas. Kaum ein Passus in den Ankündigungsdekreten des Heiligen Jahres zeigte deutlicher, daß der Papst die totale Mobilmachung der Kirche im Sinne hatte.

Während die Bischöfe in ihren Amtsbereichen die konzentrische Bewegung in Gang setzten, durch welche die Welt 1975 nach Rom geführt werden sollte, plante Paul VI. einzig für seine Person eine Großinitiative in der Gegenbewegung. Er allein konnte eine Pilgerfahrt antreten, die von Rom in die Welt hinausging. Ihr Ziel sollte vor allem die romferne Christenheit sein. Im Laufe des Jahres 1974 wollte der Papst die wichtigsten Oberhäupter der getrennten Kirchen in ihren Residenzen aufsuchen, um den ältesten Vorbehalt zu erörtern, den sie gegen Rom hegten: den Primat des Petrus-Amtes. Bisher war die Schlüsselgewalt Petri von der römischen Kirche stets als die höchste Vollmacht geistlichen Rechtes aufgefaßt worden. Der jurisdiktionelle Aspekt des Primates sollte aber nun durch eine neue Sinngebung überdeckt werden. Der Papst propagierte den »Primato della carità«, den Primat der christlichen Liebe. Über eine solche Auslegung des eigenen Amtes wollte Paul VI. in Genf mit den protestantischen Kirchen sprechen, in Canterbury mit den Anglikanern, in Alessandria mit den Kopten, in Istanbul mit den Orthodoxen. Durch die Demut des ersten Schrittes würde die christliche Welt den Ernst seines Versöhnungswillens begreifen. In Alessandria war überdies die zweite persönliche Berührung mit dem Islam zu erwarten, die ein tieferes Monotheismus-Verständnis wecken und die ansteigenden Sympathien festigen konnte. Der einzige Ort, an dem man mit einer delikaten Situation rechnen mußte, war Istanbul.

Dort residierte der Patriarch von Konstantinopel. Er besaß als letztes Relikt aus byzantinischen Zeiten den Anspruch auf einen Ehrenvorrang innerhalb der Orthodoxie. Folglich wäre es naheliegend gewesen, das Haus des Patriarchen am Bosporus zum Ort zu wählen, an dem Paul VI. der Gesamtheit der Orthodoxie begegnen konnte. Diesem Vorhaben widersetzte sich Moskau. Die Russen hatten den Ehrenvorrang Konstantinopels stets und ausdrücklich nur als nichtssagenden Titel gelten lassen. Sollte nun aber in Konstantinopel eine Versammlung der Repräsentanten aller orthodoxen Kirchen einschließlich der russischen stattfinden, so würde sich der dortige Patriarch de facto in dem Recht bestätigt sehen, als Sprecher der Orthodoxie aufzutreten. Einen solchen Sachverhalt konnte das dritte Rom in seinem Sendungsbewußtsein niemals dulden. Wenn der Patriarch von Moskau anwesend war, durfte kein anderer der Erste sein. Also war zu befürchten, daß die Russen fernbleiben würden – und mit ihnen selbstverständlich alle orthodoxen Delegierten aus den moskau-orientierten Oststaaten, im ganzen die Vertreter von 92 Prozent der Orthodoxie. Der Rest würde den Papst zwar immer noch veranlassen, nach Istanbul zu gehen. Aber eine Sonderregelung mit Moskau schien unvermeidlich. Denn wenn das Zusammentreffen des Papstes mit dem allrussischen Patriarchen Pimen scheiterte, war die große Pilgerfahrt Pauls VI. zur Hälfte um ihren Wert gebracht.

Es war schwer, an die Stelle von Konstantinopel einen Ort zu setzen, an dem der Papst und der moskowitische Patriarch einander unbefangener begegnen konnten. Am ehesten kam dafür noch Jerusalem in Frage, denn es war für Paul und Pimen im gleichen Sinne ein Pilgerziel. Allerdings lag in diesem Falle das letzte Wort bei der Regierung von Israel. Von ihr war kaum Toleranz zu erwarten. Denn Paul VI. favorisierte den Islam und damit die arabische Seite im Nah-Ost-Konflikt, und die russische Orthodoxie hatte über die Juden-Repressalien in der UdSSR kein Wort verloren. Überdies mußte Israel ein geistliches »Gipfeltreffen« in Jerusalem fraglos als neue, nunmehr durch Rußland gesteigerte

Demonstration kirchlicher Ansprüche auf die Heilige Stadt interpretieren – Ansprüche, die Golda Meïr gegenüber dem Papst soeben erst zurückgewiesen hatte. Von Rom aus gab es noch zusätzliche Einwände. Durch ein Treffen in Jerusalem entfiele, ausgerechnet bei den Russen, die Geste päpstlicher Demut, die allen anderen zuteil geworden war – die Pilgerfahrt an den Amtssitz des getrennten Bruders. In der jugoslawischen Presse sprach man als politische Befürchtung aus, was in manchen Zirkeln des Vatikans als ökumenische Hoffnung geflüstert wurde: Um der Einheit der Christen willen werde Paul VI. auch nach Moskau gehen.

»Eine absurde Idee«, sagten die offiziellen Vatikandiplomaten. Ausgeschlossen, daß der Kreml zustimme – unmöglich für den Papst, das Risiko der Abweisung einzugehen. Das mochte durchaus richtig gewesen sein – bis Sagorsk. Aber seither? Durch das Sagorsker Dokument war zwar nicht ein neuer Zustand, wohl aber die Möglichkeit geschaffen, bislang absurde Ideen der Verwirklichung beträchtlich näher zu rücken.

Durch die Pilgerreisen im Namen des Liebesprimats wollte Paul VI. neben zukunftsträchtigen Gesprächen auch noch ein gegenwärtiges Resultat zustande bringen. Die getrennten Kirchen, so hoffte er, würden seinen Besuch nicht unerwidert lassen. Warum sollten sie, sofern man ihnen mit Noblesse begegnete, unter allen Wegen nach Rom nicht auf den ihren finden? Den ungewöhnlichen Entschluß konnte das geniale Losungswort erleichtern, das der Papst für das Heilige Jahr ausgegeben hatte: »Versöhnung«. Vor diesem Imperativ mußten geschichtliche Ressentiments verblassen. Denn hier war eine Herausforderung an den guten Willen erfolgt, in dessen Erweis die getrennten Brüder nicht hinter Rom zurückbleiben konnten. Durch die Universalität des Versöhnungsgedankens war aber auch der oft erhobene innerkirchliche Vorwurf entkräftet, Paul VI. habe mit der veränderten Idee des Heiligen Jahres insgeheim ja doch nur dem alten Triumphalismus aufhelfen wollen, indem er ihm ein modernes Kleid überwarf, unter dessen Hülle sich der traditionelle römische Machtanspruch nur ungeschickt verbarg. Indessen war die

Rom-Idee des Montini-Papstes weder auf Macht noch auf Triumph gerichtet, auch nicht auf jenen Triumph des Gottesreiches am Ende der Tage, dessen Glanz die Kirche früherer Zeiten in sinnenfälliger Erhabenheit darzustellen wußte. Vielmehr verstand Paul VI. Rom und das Papsttum als eine Stätte der Konfliktminderung für die zerrissenen Menschen seiner Zeit. Die Menschheit des Jahres 1975 bedurfte der Erkenntnis, daß Friedfertigkeit auch dann Gewinn bringt, wenn sie mit Verzicht verbunden ist. Also mußte man der Welt den Willen einflößen, sich mit dem Überlegenen zu versöhnen – mit Gott, soweit sie an ihn glaubte, und mit dem bösen Nachbarn, auch wenn es diesem nicht gefiel. Der Gedanke war die kühnste Utopie des paulinischen Pontifikates und die erste mit einem konkreten Programm. Zunächst Versöhnung zwischen den feindlichen Strömungen innerhalb der katholischen Kirche. Dann Versöhnung zwischen den getrennten Brüdern und Rom. Gleichzeitig Versöhnung der katholischen Kirche mit allen Nichtchristen. Schließlich Versöhnung der Christen mit allen Gottesleugnern. Gemeinsame Basis aller dieser Vorhaben war die Überzeugung, die Menschheit, christlich oder nicht, werde ihre Identität nur wiederfinden, wenn sie zu der ihrer Würde gemäßen Moral zurückkehre. Der Anstoß dazu sollte von dem Papste ausgehen, der am meisten von allen Päpsten der Geschichte bereit war, Schuld zu bekennen und zu bereuen.

In einer vom Mißbrauch der demokratischen Idee erschütterten Zeit rang Paul VI. um die Glaubwürdigkeit des katholischen Gesinnungswandels. Er kannte die divergenten Kräfte, die in der Kirche aufgebrochen waren. Er wußte, wie viele Katholiken seiner vielschichtigen Sendung kritisch, oftmals skeptisch gegenüberstanden. Es war ein Teil seiner Tragik, daß er sich von der Kritik verletzt fühlte, während er die Skeptiker verstand. Durch seine eigene Duldung war die ganzheitlich denkende Kirche versunken, die einst der Welt ihre Überzeugung geschlossen dargeboten hatte. Was blieb ihm als Sicherheit, glaubwürdig zu erscheinen? Seine eigene Person als Papst. Im Papste, der er selber war, sollte die Menschheit den guten Willen der Kirche verkörpert sehen.

In der Fastenzeit des Jahres 1973 gab es im Vatikan die üblichen vorösterlichen Exerzitien, an denen auch der Papst teilnahm. Prediger war der Rektor der päpstlichen Hochschule der Salesianer, der spanische Pater Antonio Maria Javierre, Consultor am Sekretariat für die Einheit der Christen. Ihm sagte Paul VI. im Privatgespräch: »Für euch Ökumenisten stelle ich das Maximum der Schwierigkeiten dar. Ich bin das höchste Hindernis. Nicht als Person, das versteht sich, aber in meiner Eigenschaft als Papst, ich weiß. Und ich wäre sehr zufrieden, wenn ich jedes Hindernis beseitigen könnte. Es fehlt unter euch nicht an Leuten, die mir den Rücktritt nahegelegt haben. Aber scheint Ihnen das die richtige Lösung? Kann jemand von sich behaupten, ein wahrer Theologe zu sein, wenn er empfiehlt, was im Widerspruch zu dem ausdrücklichen Willen Christi steht? Andererseits wäre ich dankbar für jeden wirklich guten Rat. Es kränkt mich nicht, wenn man mir sagt, ich müsse die Ausübung meines Amtes einer Änderung unterziehen, denn ich weiß selbst, sie ist unvollkommen und unangemessen. Es würde mich unendlich freuen, wenn man mir positiv sagen würde, wie ich meine persönlichen Grenzen mit meiner Aufgabe zur Übereinstimmung bringen könnte. Denn ich würde gerne verbessern und korrigieren. Ich würde nicht zögern, diesen Palast (den Vatikan) aufzugeben, wenn er sich als ein Hindernis erwiese, und ich würde das gleiche mit diesem Tempel tun (der Peterskirche), wenn ich um diesen Preis die Einheit der Christenheit erreichen könnte. Was alleine zählt, ist die Erfüllung des Willens Christi um jeden Preis, auch wenn man ihn persönlich bezahlen muß, und auch wenn der Preis der denkbar höchste ist.«

Er wolle preisgeben, er wolle bezahlen, sagte Paul VI., stets als Person stellvertretend für die ganze Kirche. Der Papst hatte erkannt, daß das Zeitalter der Kollektive es sehr schlecht verträgt, wenn der Gipfel der Macht durch ein Team besetzt ist. Daraus zog er seine dialektische Ideenkette, die weit in die Zukunft reichte. Dort eine Menschheit, international organisiert zu größeren sozialistischen Gemeinschaftsformen, die das Überleben ermöglichen. Hier eine die Gerechtigkeit und den Frieden vertretende Kirche mit demokratischen Umgangsformen und hierarchischem Rückgrat. Dort eine kleine Anzahl von Personen im Besitz der wirklichen Macht. Ihnen gegenüber der Papst als Vertreter der christlichen Liebe.

Ein solcher Papst mußte persönlich demütig sein. Paul VI. war es. Aber umgeben von Kardinälen, eingebettet in das Bischofs-Kollektiv mußte er um seine Glaubwürdigkeit bangen. Denn aufgeteilte Verantwortung würde die Welt zwar anerkennen, aber nur relativ überzeugend finden. Weit eher war sie bereit, einem Alleinverantwortlichen Glauben zu schenken, der die einst und jetzt begangene Schuld eingestand, die Buße dafür auf sich nahm und bewies, daß er den Menschen unterschiedslos wohltun wollte. Ein solcher Papst zu sein, war Paul VI. entschlossen. Es ging ihm um den Teil der Menschheit, der augenblicklich am Leben war und um die Bedingungen, unter denen die Zeitgenossen ihre zugemessene Frist verbrachten. Kaum jemals hat er vom Tod gesprochen, und wenn er es tat, dann mit Ausdrücken des Schreckens und des Mitgefühls für jene, die ihn erlitten hatten oder von ihm gestreift worden waren. Paul VI. sah die Welt der Lebendigen als seine Aufgabe an. Ihr zuliebe hatte er die Hierarchie neu formiert und die Kirche erheblich verändert. Die alte Stufenfolge war vertikal verkürzt und horizontal erweitert worden. Darüber gab es fürderhin weder Kardinäle noch einen großen geistlichen Hofstaat, sondern nur einen anonymen Apparat, der reibungslos zu funktionieren hatte. Und weit über allem, der Welt und Gott gleichermaßen ausgesetzt, stand ein einzelner Mensch.

Mein Widerspruch

Ein gründlicher Kenner Pauls VI. erfand die Metapher: »Der Papst gleicht einem Menschen, der auf einem Bahnsteig hin und her geht, auf dem sechs zur Abfahrt bereite Züge stehen. Zum Schluß besteigt er einen siebenten, der anderswohin fährt, als seine Aufschrift besagt.« Das Wort kann verständlich machen, warum ich jetzt, da die Arbeit getan ist, das Buch am liebsten noch einmal schreiben würde. Das Gestrüpp von Nachrichten und Hypothesen zu lichten, das den Lebensraum des Vatikans heute ausmacht, bringt kein handgreifliches Resultat. Niemand weiß, ob das Schiff Petri gegen den Wind kreuzt oder mit ihm segelt. Was heute mit Grund dementiert wird, kann morgen neugeborene Wahrheit sein.

Der Chronist fühlt sich verwirrt, sein Hang zum Vorurteil steigt. Will er sich davon frei halten, so wird er den allseitigen Vorwurf in Kauf nehmen müssen, ein Phantast zu sein. Ein solcher wird er für den Vatikan auch bleiben, wenn er richtig geurteilt haben sollte. Das Zeitalter verzeiht dem Engagierten, daß der unfair ist. Ich habe mich das ganze Buch hindurch bemüht, fair zu sein. Auf diesen letzten Seiten möchte ich sagen, worin ich engagiert bin.

»Ich glaube an Gott, den allmächtigen Vater, Schöpfer des Himmels und der Erde.« So lautet der erste Satz des Glaubensbekenntnisses von Nicaea. Weder der Zustand der heutigen Welt noch die Verhältnisse in der katholischen Kirche lassen es zu, sich in der Frage nach Gott mit Nebensächlichkeiten aufzuhalten. Wer behauptet, er könne erst an Gott glauben, sobald dieser durch das Aufhören des namenlosen irdischen Unrechts seine Existenz bewiesen habe, ist sicher gleich jedem Zweifler ernst zu nehmen. Er mag auch, vor allem in seinem sozialen Verhalten, durchaus ein latenter Christ sein. Aber ist er berechtigt, sich katholisch zu nennen? Pius XII. hätte nein gesagt und für ihn gebetet. Johannes XXIII. hätte sich gescheut, der Barmherzigkeit Gottes Grenzen zu setzen. Paul VI. war geneigt, ihn aufzunehmen, bevor er sich bekehrte. Gegner und Anhänger des Montini-Papstes hatten eines mit ihm gemeinsam: Sie hielten den Menschen für ein entwicklungsfähiges Geschöpf, über die Grenzen seiner Natur hinaus. Das Stückchen Welt, das ihre Lebenszeit umfassen konnte, war ihnen eine Aufgabe, deren Lösung darin bestand, das moralische Bewußtsein des Menschen voll zu verwirklichen. War dieses nur erst erweckt, so mußte der Mensch ganz von selbst zur Anerkennung Gottes gelangen. Dem widerspreche ich. Gott ist im Leben des Menschen keine Folgeerscheinung. Wer überhaupt an ihn glaubt, gleichviel nach welcher Religion, wird ihn als Ursprung sehen, nicht als Konsequenz. Würde Gott durch menschliche Übereinkunft entstehen, so gäbe es ihn nicht.

Frage: Woher nehmen Papst, Bischöfe, Priester, Laien das Recht, ein Urteil über den Gang der Weltgeschichte zu fällen, von der sie nur sieben, acht, bestenfalls neun Jahrzehnte selbst erleben können? Reicht das aus, um heute zu bestimmen, was einer künftigen Menschheit frommen wird? Für einen Anhänger des dialektischen Materialismus bedarf die Gesetzmäßigkeit geschichtlicher Entwicklung keines Beweises. Somit errechnet er mühelos den wünschenswerten Zustand der Gesellschaft von morgen. Tut jedoch die Kirche das gleiche – was bedeutet dann noch der »allmächtige Vater«, der den Sinn seiner Schöpfung unbewiesen läßt, weil er die menschliche Erkenntnis übersteigt? Er schmilzt zusammen zu einem vagen Prinzip, das man Liebe nennen kann, sofern man darunter nichts anderes als eine hilfreiche zwischenmenschliche Beziehung versteht. Deren Kraft beschränkt sich auf die soziale Ordnung, die wiederum die Basis des Zusammenlebens bildet. Die Opfer, die das Zusammenleben erfordert, bedürfen der geistigen Orientierung auf ein gemeinsames Ziel, das in der Zukunft liegt und den Namen Fortschritt trägt. Auguste Comte, der Vater des Positivismus, hat die Definition seines para-religiösen Programms einmal in die Worte gekleidet: »Die Liebe als Prinzip, die Ordnung als Basis, der Fortschritt als Ziel« – ein Leitsatz, der von Paul VI. stammen könnte. Ihm widerspreche ich. Die Liebe ist eine lebenszeugende Kraft, nicht ein Prinzip, die Ordnung ist eine lebenserhaltende Form, nicht eine Basis, der Fortschritt ist ein Weg, aber nicht das Ziel – auch wenn man ihn im Vatikan gegenwärtig dafür hält.

Frage: Was, bitte, geschieht in einer so rational organisierten Kirche mit Menschen wie mir, die ihr Dasein herrlich und abscheulich, ihr Schicksal wunderbar und erniedrigend zugleich finden? Ihnen hat die Kirche einst das Leben erträglich gemacht, indem sie das Geheimnis der menschlichen Existenz aus dieser dumpfen Zeitlichkeit hinausverlegte. Und was geschieht mit den Millionen menschlicher Wesen, die durch Hunger, Verelendung und Krieg ihr irdisches Geschick als eine einzige Ungerechtigkeit erleben? Soweit sie der Kirche angehörten, haben sie sich bisher an den Trost des ewigen Lebens gehalten, den die christliche Verheißung in katholischer Sinnenfälligkeit darbot. Sollen sie nun lernen, daß der Glaube die Gewißheit ausschließt, sollen sie die karge Vorläufigkeit des zeitlichen Daseins nicht mehr mit der Hoffnung auf eine zeitlose Herrlichkeit erfüllen dürfen, sollen sie sich statt dessen bemühen, Meister des Zweifels zu werden – und noch stolz darauf sein? Dem widerspreche ich. Denn ich habe zu oft gesehen, wie leicht der Tod ist und wie schwer das Sterben. Das Paradies mag ein Wahn sein. Aber es hilft.

Frage: Wenn in der Zeit des Urchristentums die religiöse Vorstellungskraft so verarmt gewesen wäre wie heute, hätten die damaligen Märtyrer dennoch die Begeisterung für den Tod in der Arena aufgebracht? Hand aufs Herz – wo sind heute die Katholiken, die sich ohne Zögern hinrichten lassen für ihren Glauben? Nur noch dort, wo die Kirche verfolgt wird, aber sicher nicht, wo sie sich »reformiert«. Wie immer die der modernen Welt angeglichene Kirche aussehen mag, sie wird es als peinlich empfinden, Märtyrer zu haben. Um diesen Zustand erst gar nicht aufkommen zu lassen, paktiert der Vatikan mit Mächten, die Gott leugnen – und er rechtfertigt sich dabei mit deren hoher Moral. Dem widerspreche ich.

Gott sei Dank ist die katholische Kirche etwas anderes als die Summe ihrer Pfarrer. Deshalb bleibe ich Katholik. Ob wahr ist, was ich glaube, werde ich wissen nach meinem Tode. Mittlerweile beuge ich mich der alten Weisheit: »Gott schreibt gerade – auch auf krummen Zeilen.«